MÁXIMA
Conexión

Título original: THE PRACTICE OF GROUNDEDNESS
Traducido del inglés por Alicia Sánchez Millet
Diseño de portada: Editorial Sirio, S.A.
Maquetación: Toñi F. Castellón

© de la edición original
2021 de Bradley Stulberg

Edición publicada por acuerdo con Portfolio, un sello de Penguin Publishing Group,
una división de Penguin Random House LLC

@ fotografía del autor
Ben Krantz

© de la presente edición
EDITORIAL SIRIO, S.A.
C/ Rosa de los Vientos, 64
Pol. Ind. El Viso
29006-Málaga
España

www.editorialsirio.com
sirio@editorialsirio.com

I.S.B.N.: 978-84-19105-30-1
Depósito Legal: MA-1409-2022

Impreso en Imagraf Impresores, S. A.
c/ Nabucco, 14 D - Pol. Alameda
29006 - Málaga

Impreso en España

Puedes seguirnos en Facebook, Twitter, YouTube e Instagram.

 El papel utilizado para la impresión de este libro está **libre de cloro** elemental
(ECF) y su procedencia está certificada por una entidad independiente, no
gubernamental, que promueve la sostenibilidad de los bosques.

BRAD STULBERG

MÁXIMA
Conexión

Groundedness:
Un camino transformador hacia el éxito
para alimentar tu alma

Editorial
SIRIO

Este libro se apoya en los hombros de gigantes. Gracias a los científicos, escritores, filósofos, poetas, santos, monjes y todos los demás pioneros en cuyo trabajo se basa esta obra. Deseo que esta suponga una pequeña contribución al ya largo y poderoso linaje de pensadores y escritores.

Mientras trabajaba en este libro tenía presente todo el tiempo que el resultado fuera algo de lo que mi hijo, Theo, pudiera estar orgulloso. Así que este libro es para él.

También es para ti.

ÍNDICE

Primera parte - El *groundedness* y sus principios del éxito

1. Conectado a tierra antes de volar 13
2. Acepta donde estás ahora para llegar a donde quieres ir 33
3. Permanece presente para controlar tu atención y tu energía ... 63
4. Ten paciencia, llegarás antes 93
5. Acepta la vulnerabilidad para desarrollar la verdadera
   fortaleza y autoconfianza 121
6. Construye una comunidad sólida 145
7. Mueve tu cuerpo para que tu mente no se disperse 177

Segunda parte - Una vida conectada

8. De los principios a la acción 209
9. Concéntrate en el proceso, deja que los resultados
   vengan por sí mismos 233

Conclusión 243
Agradecimientos 245
Libros recomendados 249
Notas 257
Índice temático 277

EL *GROUNDEDNESS* Y SUS PRINCIPIOS DEL ÉXITO

1

CONECTADO A TIERRA ANTES DE VOLAR

El verano de 2019, empecé a observar una preocupante tendencia en mis clientes de *coaching* (ejecutivos de alto nivel, empresarios exitosos, directores médicos y deportistas de élite). Mientras que antes solíamos pasar la mayor parte del tiempo hablando de hábitos y rutinas de alto rendimiento, en los últimos años lo que más he oído ha sido algo totalmente distinto. «Me muero por hacer una pausa —me dijo mi cliente Tim, director médico de medicina de familia de una importante aseguradora médica—. Pero incluso cuando intento tomarme un fin de semana libre, parece que no puedo pasar más de unas pocas horas sin abrir mi correo electrónico del trabajo. Como es lógico, sé que no debo hacerlo, y en realidad no quiero, pero siento el impulso de revisarlo. Sinceramente, estoy inquieto y me siento inseguro si no lo hago».

Otros clientes se angustian cuando no tienen «nada que hacer» a la vista. Y aunque lo tengan, les preocupa quedarse cortos. Tienen la necesidad profundamente arraigada de esforzarse siempre por hacer algo, por temor a que se cree una brecha cada vez mayor, a sentir un mayor vacío en sus vidas. «Pensaba que cuando

por fin asegurara la inversión y lanzara mi negocio estaría conten-
ta —me dijo Samantha, emprendedora de una empresa tecnológica
en plena expansión—. Pero me equivoqué. Y me preocupa un poco
que si ni siquiera esto sea suficiente, no estoy segura de lo que pueda ocurrir».

Algunos de mis clientes también dicen sentirse dispersos, si
no física, sí mentalmente, se pasan mucho tiempo mirando atrás,
planificando el futuro, cuestionando sus decisiones o atrapados en
situaciones utópicas. «Hace tiempo que estoy distraído y que les
doy muchas vueltas a las cosas —me explicó Ben, director ejecutivo
de una gran compañía de *software*—. Sin embargo, ahora, parece que
se intensifica. Es como un estado de hiperdistracción. Es más duro
que nunca estar presente. Puedo afrontarlo, pero no me gusta».

La mayoría de estas personas, incluidos Tim, Samantha y Ben,
han sido ambiciosos desde que tienen uso de razón. Cuentan con
determinación y están orientados a una meta, les preocupa mucho su trabajo y su vida privada. Están acostumbrados a la adversi-
dad. Los deportistas de élite tienen que soportar terribles lesiones.
Los ejecutivos que son considerados como una minoría se tienen
que enfrentar a favoritismos y a la discriminación. Los empresarios
han tenido que hacer frente a muchas horas de sacrificios. Todo el
mundo ha tenido que lidiar con una significativa cantidad de estrés,
especialmente los médicos, que tienen que enfrentarse a la vida y la
muerte a diario. Sin embargo, después de superar estos obstáculos,
todos mis clientes —personas a las que admiro profundamente— siguen luchando con fuerza.

No son solo mis clientes de *coaching*. Estos temas han estado
presentes en mis investigaciones y escritos, donde me he centrado
en el rendimiento, el bienestar y la satisfacción general en la vida.
Muchas de las personas a las que he conocido gracias a este trabajo
(deportistas de élite, intelectuales y creativos) me han compartido

un descontento similar. Según las reglas convencionales, son personas que tienen mucho éxito. Pero en lo más profundo de su ser, también sienten que algo no anda bien, que les falta algo. Curiosamente, muchos de ellos me dicen que aunque no les pasa nada, se sienten bastante desanimados. No quiere decir que tengan una depresión clínica, sino que suelen experimentar una insatisfacción duradera. Un atleta de élite mundial me dijo: «Si dejo de mirar hacia delante, empiezo a sentir el bajón de después de la competición, ¡aunque haya ganado la maldita competición! Sería maravilloso tener un poco más de paz y más profunda».

No quiero decir que todas estas personas no experimenten momentos de felicidad y alegría, pero los momentos son solo eso: momentos, más pasajeros de lo que les gustaría. Con demasiada frecuencia, sienten que son vapuleadas y arrastradas por los caprichos del destino, que van de una cosa a otra, sacrificando su autonomía y perdiendo el control. Se dicen a sí mismas (y a mí) cuánto desean desconectar de esto: de las noticias, de estar siempre ocupadas, del correo electrónico, de las notificaciones de las redes sociales y de pensar qué es lo que toca a continuación. Y sin embargo, cuando lo hacen, se sienten incómodas e inquietas, su estado de ánimo fluctúa entre la angustia y la falta de objetivos. Saben que estar siempre activas no es la respuesta, pero nunca se sienten del todo bien cuando no hacen nada. Muchos hombres lo describen como una desagradable necesidad de ser a prueba de balas, invencible. Muchas mujeres dicen sentir que se ven en la obligación de ser siempre polivalentes, que siempre se quedan cortas ante expectativas imposibles. Yo lo denomino *individualismo heroico*: un juego ininterrumpido de superioridad, tanto respecto a uno mismo como a los demás, emparejado con la creencia limitadora de que el logro tangible es la única medida del éxito. Aunque seas muy hábil guardando las apariencias, en el individualismo heroico, siempre sientes que nunca llegas a la línea de meta, que es la realización personal definitiva.

El individualismo heroico no es algo ajeno a mi técnica de *coaching*, mis investigaciones y escritos. Sus problemas suelen ser un tema de conversación habitual en mi círculo social, así como en los de mis primos más jóvenes y colegas de más edad. Independientemente de la edad, la raza, el sexo, la zona geográfica o el tipo de trabajo, el sentimiento de no estar a la altura parece ser una parte importante de la vida. Esto no es precisamente nuevo. Desde el principio de la historia escrita, los seres humanos han anhelado sentir cierta seguridad y plenitud, a pesar de la temporalidad de la vida. Pero este sentimiento se ha intensificado. El individualismo heroico es tan ubicuo como el aire que respiramos, y es perpetuado por una cultura moderna que dice de manera incesante que has de ser mejor, sentirte mejor, pensar más positivamente, tener más y «optimizar» tu vida; solo para ofrecerte soluciones banales y superficiales, que en el mejor de los casos te dejan con tu carencia.

Si algo de esto te suena, no eres el único. Tal vez varíen los detalles de los ejemplos que he puesto. Quizás no te guste tu trabajo o hayas tenido que afrontar muchas dificultades. Puede que acabes de terminar tus estudios o lleves veinte años ejerciendo tu profesión. O que estés a punto de jubilarte o ya te hayas jubilado. Pero el individualismo heroico y sus síntomas más relevantes (intranquilidad, sentir que has de correr, grado leve de angustia, dispersión, agotamiento, *burnout* [síndrome del trabajador quemado], periodos de vacío, compulsión por pasar a hacer otra cosa y anhelo recurrente), todos ellos respaldados por el creciente número de datos que pronto examinaremos, describen lo que tantas personas sienten actualmente. Hay algunos aspectos que también me describen a mí.

CUANDO SE DESPLOMA LA BASE

En mi primer libro, *Máximo rendimiento*, exploré los principios para un progreso sostenible en cualquier proyecto. En mi segundo libro, *The Passion Paradox* [La paradoja de la pasión], reconocí que algunas personas están hechas para mantener un esfuerzo constante, y mostré a los lectores cómo desarrollar pasión e ímpetu para orientarlos hacia una dirección productiva. Pensaba que la receta para el éxito y la felicidad consistía en cultivar una pasión fructífera y en usar los principios de *Máximo rendimiento* para canalizarla y llegar a la maestría. Así es como muchos de mis clientes de *coaching* y yo mismo habíamos vivido hasta entonces, y con bastante éxito. Forzando, forzando y forzando. Venga, venga y venga. Nunca satisfechos. Nunca suficiente. Un ímpetu incesante y una intensidad orientada hacia lo que viene a continuación.

Entonces, después de que *Máximo rendimiento* se convirtiera en un superventas y de que hubiera escrito el borrador de *The Passion Paradox*, el trastorno obsesivo compulsivo (TOC), una enfermedad malentendida y con frecuencia discapacitante, me pilló por sorpresa. Lejos de suponer una tendencia a ser extremadamente organizado o revisar las cosas dos veces, la clínica del TOC se caracteriza por pensamientos y sentimientos descontrolados que dominan tu vida. Pasas cada hora que estás despierto intentando descifrar qué significan y cómo acallarlos, solo para que vuelvan con más fuerza y violencia. Provocan descargas eléctricas de ansiedad de la cabeza a los pies. Intentas distraerte de ellos compulsivamente, pero siempre están como telón de fondo, al acecho de cualquier espacio para colarse durante el día. Te vas a dormir con esos pensamientos reptando por tu mente y tu cuerpo, y te despiertas en el mismo estado. Están ahí cuando comes. Cuando trabajas. Cuando intentas estar presente con tu familia. Te persiguen incluso cuando duermes, atormentándote en tus sueños. Estos pensamientos y sentimientos invasivos son tan persistentes que empiezas a cuestionarte si deberías creértelos.

En mi caso, los pensamientos y sentimientos (obsesiones) invasivos se centraban en la desesperación, el vacío, la autodestrucción y la aflicción existencial. Aunque vivir con el TOC era deprimente, sin lugar a dudas, en el fondo, sabía que no quería lesionarme, pero mi mente no me dejaba en paz. Era una espiral de terror caótica y sin fondo. Esta fue mi realidad diaria durante gran parte del año, hasta que empecé a observar los efectos positivos de la terapia y de otras prácticas que cambiaron mi trabajo y mi vida para mejor.

Mi TOC no se debía necesariamente a características de mi personalidad sumamente arraigadas: mi deseo de resolver todos los problemas, mi ímpetu e inquietud constantes, mi actitud de prever siempre el futuro y mi imposibilidad de estar satisfecho. Pero el diagnóstico hizo que tuviera que echar el freno y reflexionar sobre estas cualidades. Parecía existir un vínculo entre ellas. Como si todo ese esfuerzo para progresar me colocara en un lugar donde era más fácil que se desplomara mi base. Como si el TOC fuera la versión extrema de mi forma de ser habitual, solo que orientada hacia el lado oscuro.

LOS PELIGROS DE LA OPTIMIZACIÓN INCESANTE

Después de escribir sobre mi experiencia con el TOC en un ensayo para la revista *Outside*,[1] recibí cientos de notas de lectores que también padecían TOC, ansiedad y otros trastornos de la conducta, o un sentimiento de intranquilidad generalizado. Muchos también expresaron que sentían un ímpetu insaciable, que antes del inicio de su trastorno, lo consideraban positivo. Ese ímpetu y energía para hacer cosas les había ayudado a conseguir grandes logros. Era una fuente de entusiasmo. Pero que ahora les pasaba como a mí, se preguntaban si su incapacidad de sentir satisfacción y su orientación desproporcionada hacia el crecimiento y el progreso (siempre querían más, más y más, siempre intentando avanzar) había contribuido de alguna manera a un impulso patológico; a una mente incapaz de reducir la marcha, incapaz de encontrar su centro.

Estas notas me ayudaron a darme cuenta de que hacemos todo lo posible por optimizar toda nuestra existencia para sentir que somos lo suficientemente buenos. Pero, tal vez, esto no sea lo mejor. En la psicología oriental antigua existe el concepto del fantasma hambriento. Este fantasma tiene un estómago infinito. Come y se atiborra, pero jamás se sacia. Tiene un grave trastorno, que todavía es muy común.

El innovador sociólogo Émile Durkheim escribió: «La ambición arrogante supera a los resultados obtenidos, por grandes que sean, puesto que no existe el deseo de parar. Nada aporta satisfacción y toda esta agitación se mantiene ininterrumpidamente sin tregua alguna [...] ¿Cómo no va a verse afectada [la salud mental] bajo estas condiciones?».[2] Aunque las siguientes aflicciones no tienen una existencia separada, muchas de ellas parecen estar relacionadas con el individualismo heroico, cuando no son consecuencia directa de él. Los índices de ansiedad clínica y depresión son más altos que nunca: se calcula que una de cada cinco personas padecerá estas enfermedades en algún momento de su vida.[3] Las adicciones a sustancias nocivas están en las cifras más altas de la historia moderna, como lo demuestra el creciente índice de alcoholismo y la epidemia de opiáceos.[4] Hemos experimentado un aumento de lo que los investigadores llaman *muertes por desesperación*, es decir, la fatalidad provocada por las drogas, el alcohol o el suicidio. En 2017, el año más reciente del que tenía datos al escribir este libro, más de ciento cincuenta mil estadounidenses murieron por desesperación. Es la cifra más alta hasta ahora,[5] y supone casi el doble que en 1999.

Según los estudios más recientes en ciencia cognitiva, psicología, conducta organizativa, medicina y sociología, grandes franjas de la población lidian con sentimientos de insatisfacción.

Los estudios de Gallup, una gran empresa de encuestas, ponen de manifiesto que el bienestar general y la satisfacción en la vida, en Estados Unidos, está nada menos que al diez por ciento desde 2008. Los datos «dejan entrever una tendencia de que no todo está bien en la vida de los ciudadanos estadounidenses», concluye *The American Journal of Managed Care*.[6] Existen múltiples razones para ello. Incluso antes de la pandemia del COVID-19,[7] ya se había observado una acentuada disminución de congregaciones de personas en los lugares públicos típicos, la mayor de la historia reciente. El tribalismo político va en aumento. Al mismo tiempo, los expertos creen que la soledad y el aislamiento social han alcanzado proporciones epidémicas.[8] En 2019, la Organización Mundial de la Salud aceptó el síndrome del *burnout*[9] como una disfunción médica y la definió como «estrés laboral crónico que no ha sido bien gestionado». El insomnio es más común que nunca,[10] como lo es el dolor crónico. Cuando empezamos a relacionar todo esto, no es tan descabellado decir que los sentimientos profundos de no estar a la altura o no tener suficiente están aflorando cada vez más. Lo irónico del caso es que muchas de las personas que experimentan estas aflicciones son productivas y tienen éxito, al menos según el concepto tradicional de éxito. Pero es evidente que este no es el tipo de éxito que buscan.

SIGNOS DE QUE PUEDES ESTAR PADECIENDO INDIVIDUALISMO HEROICO

Estos sentimientos se pueden manifestar de distintas formas, pero los síntomas más frecuentes son los siguientes:

- Ansiedad leve y sensación de estar siempre bajo presión o de tener prisa, física o mentalmente.
- Sensación de que la vida gira a tu alrededor a un ritmo trepidante, como si fueras empujado y arrastrado de una cosa a otra.
- No querer estar siempre activo, pero tener que luchar por desconectar y sentirte mal cuando lo haces.
- Estar muy ocupado, pero inquieto cuando tienes tiempo y espacio libre.
- Distraerte con facilidad, dificultad para sentarte en silencio sin mirar el móvil.
- Querer hacerlo mejor, ser mejor y sentirte mejor, pero no tener idea de por dónde empezar.
- Estar saturado de información, por los productos y por las ideas opuestas respecto a lo que conduce al bienestar, la automejora y el rendimiento.
- Sentirte solo o vacío interiormente.
- Esforzarte por estar contento.
- Triunfar según los baremos convencionales, pero sentir que nunca estás a la altura.

Este conjunto de características representa una forma de ser muy generalizada en nuestro mundo actual. Puede que incluso sea la que prevalece. Pero como verás en las páginas siguientes, no tiene por qué ser así.

EL *GROUNDEDNESS*, UNA ALTERNATIVA MEJOR

Un día que salí de excursión con mi amigo Mario tenía todos estos conceptos en mi mente. Ambos estábamos pasando nuestros respectivos calvarios, nos sentíamos más inquietos de la cuenta. Era un día fresco y ventoso con un cielo nublado y brillante. Las ramas superiores de las inmensas secuoyas californianas se agitaban con violencia, pero un centenar de metros más abajo, los árboles no se movían ni un ápice. Sus troncos eran sólidos como una roca, sujetos a tierra mediante una red de raíces fuertes e interconectadas. Entonces, se me encendió la bombilla. Recuerdo que miré a Mario y le dije: «Esto es. Esto es lo que nos falta. Esto es lo que hemos de desarrollar. Hemos de dejar de invertir tanto tiempo en preocuparnos de nuestro entramado de follaje metafórico, de nuestras ramas superiores, y dedicarnos a nutrir nuestras raíces profundas e internas. Lo que nos mantiene estables haga el tiempo que haga. La base. Los principios y prácticas que solemos pasar por alto, que están menguando en una vida demasiado orientada hacia la implacable y demasiado frecuente persecución unilateral del logro externo».

En ese momento, me di cuenta de qué era lo que yo anhelaba, lo que anhelaba Mario, lo que anhelaban mis clientes de *coaching* y los deportistas de élite sobre los que escribo y, estoy bastante seguro, que también es lo que anhela todo el mundo: sentirse conectado y experimentar un éxito más profundo y gratificante.

El *groundedness* (literalmente, 'enraizamiento' o 'conexión a tierra') es una fuerza interna inquebrantable que nos sostiene en los altibajos de la vida. Es nuestra reserva profunda de integridad, fortaleza y plenitud, de la cual surge el rendimiento, el bienestar y la realización duraderos. Sin embargo, esta es la trampa más frecuente: cuando te concentras demasiado en la productividad, la optimización y el crecimiento, y en los objetos que llaman nuestra atención, estás descuidando tus raíces. Al final, acabas sufriendo. A la inversa, y esto es algo que en este libro desarrollaré con bastante detalle, cuando das prioridad al *groundedness*, no estás negando la pasión, el rendimiento o la productividad. Tampoco elimina todas las formas de ambición. Más bien, tiene el efecto de situar y estabilizar estas cualidades, para que tu esfuerzo y tu ambición no sean tan frenéticos, estén más enfocados, sean más sostenibles y satisfactorios; que se basen menos en conseguir un logro material y más en vivir de acuerdo con tus valores internos, que persigan tus intereses y te ayuden a expresar tu auténtico yo en el aquí y ahora, y de una forma de la que puedas sentirte orgulloso. Cuando has reforzado tus raíces ya no necesitas mirar arriba o abajo. Estás donde estás, y tienes verdadera fuerza y poder en esa posición. El éxito que experimentas se vuelve más duradero y sólido. Solo cuando has echado raíces puedes volar realmente, al menos de una manera sostenible.

¿Cómo sería, entonces, en vez de estar siempre forzando el éxito convencional, que te enfocaras en cultivar el *groundedness*? ¿Y si la respuesta estuviera en no sentir tanto entusiasmo por el futuro y vivir más el presente? ¿Y si dejaras de intentar con tanto empeño sobresalir siempre en todo, dejaras de concentrarte en los resultados externos y te enfocaras en crear una base sólida, un tipo de *groundedness* que no sea un resultado o algo que sucede una sola vez, sino una forma de ser? Un *groundedness* del cual el máximo rendimiento, el bienestar *y* la realización personal pudieran florecer y prevalecer durante toda la vida. ¿Cómo podemos desarrollar este poderoso *groundedness* que no es susceptible a los patrones cambiantes de nuestra vida? ¿Podría haber una forma de estar más cómodos y satisfechos, de sentirnos más firmes y completos, y seguir rindiendo al máximo de nuestro potencial?

Para responder a estas preguntas, he recurrido a las investigaciones científicas, a la sabiduría antigua y a la práctica moderna.

¿QUÉ PUEDEN APORTARNOS LOS ESTUDIOS CIENTÍFICOS?

Los estudios muestran que la felicidad es una función de la realidad menos las expectativas. Es decir, la llave de la felicidad no es estar siempre deseando y luchando por conseguir más. Por el contrario, la felicidad se encuentra en el momento presente,[11] en crear una vida con sentido e implicarte totalmente en ella, aquí y ahora. No cabe duda de que satisfacer las necesidades básicas, como tener un techo, comida y cuidados sanitarios, es imprescindible para cualquier definición de felicidad o bienestar. Sin esos elementos cubiertos, poco más se puede hacer. Mientras que existen estudios que concluyen que los ingresos están correlacionados con el bienestar y la felicidad, hay otros, como el dirigido por el psicólogo ganador de un Nobel, Daniel Kahneman, que concluyen que por encima de cierto umbral, más o menos entre los sesenta y cinco mil y los ochenta mil dólares anuales, quizás con ligeras variaciones según el país, los ingresos adicionales en el hogar no están asociados con más felicidad o bienestar.[12] Aunque pueda ser un factor adicional, en ningún caso es el principal.

Es más, a todos nos afecta lo que los científicos de la conducta denominan «adaptación hedónica» o el «*set-point*» (punto de referencia) de la teoría de la felicidad: cuando adquirimos o logramos algo nuevo, nuestra felicidad, bienestar y satisfacción aumentan, pero solo durante unos cuantos meses, para luego regresar a sus niveles anteriores. Esta es precisamente la razón por la que es tan difícil, cuando no imposible, lograr la realización personal a través del individualismo heroico. En todo caso, pensar que sí puedes es el quid de la trampa de dicho individualismo.

A propósito de la lucha común para hallar la felicidad y el bienestar duraderos, el psicólogo de la Universidad de Harvard, Tal Ben-Shahar,[13] creador de la expresión *falacia de la llegada*, dice:

«Vivimos bajo la ilusión –bueno, la falsa esperanza– de que cuando lo consigamos seremos felices». Pero cuando por fin hemos «llegado», puede que sintamos una felicidad pasajera y muy efímera. Esto por no mencionar todas las veces que no lo conseguimos, cuando sufrimos los inevitables reveses de la vida. Ben-Shahar afirma que si el ciclo de buscar la felicidad fuera de nosotros mismos y no encontrarla se repite lo suficiente acabamos perdiendo la esperanza. Sin embargo, no tiene por qué ser así. Como verás en este libro, hay una forma de cambiar el *set-point* (para seguir aumentando la felicidad, el bienestar, la satisfacción y el rendimiento) que nada tiene que ver con concentrarnos en los logros externos o en perseguir un estatus social. Más bien tiene relación con enfocarnos en el *groundedness*.

En psicología clínica, la terapia de la aceptación y del compromiso (TAC), la terapia cognitivo-conductual (TCC) y la terapia dialéctica conductual (TDC) son tres de los métodos más eficaces para mejorar los estados de ansiedad, de ánimo y de confianza en uno mismo. Todas estas terapias tienen en común la creencia de que la felicidad, la estabilidad y la ecuanimidad son el resultado de estar conectado. Estas terapias solo se suelen usar para recuperarse de problemas de salud mental y adicciones graves, pero esto es una pena. Como verás en los capítulos siguientes, sus filosofías y prácticas pueden ser tremendamente beneficiosas para todo el mundo, desde personas normales y corrientes hasta personas con un rendimiento excepcional.

Entretanto, el campo emergente de la ciencia del rendimiento está revelando que cualquier tipo de éxito duradero requiere una base sólida de salud, bienestar y satisfacción general. Sin este pilar, alguien puede tener un buen rendimiento a corto plazo, pero inevitablemente acabará hundiéndose y quemándose, por lo general, al cabo de unos pocos años en el mejor de los casos. Una característica que comparten los deportistas de élite, que lidian con lesiones y enfermedades —tanto físicas como emocionales—, es que descuidan el *groundedness* en favor del seguir adelante. No obstante, las personas que priorizan cuidar sus raíces suelen gozar de carreras más largas, satisfactorias y exitosas. Podemos ver esto en diversos campos, desde el atletismo hasta el ámbito de la creatividad, pasando por los negocios y la medicina.

Por último, décadas de investigaciones sobre la motivación y el síndrome del *burnout* demuestran que esforzarse por conseguir una meta es más sostenible y gratificante cuando la energía para hacerlo surge de lo más profundo, no de la necesidad —o en algunos casos, de la adicción, difícil de superar— de recibir aprobación externa.

¿QUÉ PUEDE APORTARNOS LA SABIDURÍA ANTIGUA?

Casi todas las tradiciones antiguas del mundo enfatizan la importancia de cultivar el *groundedness*. Cuando los practicantes han construido este refugio (un sentido de fuerza y estabilidad interior, de profunda y sincera confianza en uno mismo, de autopertenencia), quedan menos atrapados en los deseos pasajeros o les afectan menos los retos cotidianos.

El budismo, el estoicismo, el taoísmo y otras fuentes de sabiduría antigua nos han enseñado esto durante miles de años. Buda enseñó que el único lugar donde se puede hallar la paz duradera es en nuestra «amorosa conciencia» o lo que los occidentales llamamos el alma, esa parte de nosotros subyacente a cualquier actividad y satisfacción de la vida diaria, nuestra naturaleza esencial y eterna imperturbable ante las idas y venidas del mundo. El budismo también enseña el concepto del «esfuerzo correcto»,[14] que afirma que cuando nuestro esfuerzo tiene una base sólida produce una contribución más significativa, más satisfacción y más realización personal. Los estoicos creían que para gozar de una buena vida, teníamos que dejar de perseguir el estatus o la aprobación de los demás, ambas cosas efímeras, y concentrarnos en estar «adecuadamente conectados», renunciar a la necesidad de buscar la felicidad fuera de nosotros y encontrarla en nuestro interior. El famoso filósofo taoísta Lao Tzu enseñó que el viento del mundo tiene altibajos, pero si aprendes a mantenerte firme sobre la tierra podrás conservar el equilibrio pase lo que pase a tu alrededor. San Agustín, el teólogo cristiano del siglo IV, reconoció la tendencia humana de ansiar logros mundanos, pero augurando la falacia de la llegada, alertó de que si te convertías en esclavo de la ambición externa siempre estarías insatisfecho, siempre desearías más, siempre estarías atrapado en lo efímero y lo pasajero buscando el amor en los lugares incorrectos. Más tarde, las enseñanzas del Maestro Eckhart, místico cristiano del siglo XIII, se centraron en desarrollar un *groundedness* inquebrantable del cual pudieran surgir acciones auténticas. «La interioridad se convierte en acción real y la acción real nos devuelve a la interioridad y nos acostumbramos a actuar sin compulsión —dijo Eckhart—. Cuanto más profunda y baja sea la base, más alta e inconmensurable la elevación y la altura».[15]

El tema recurrente está claro: si quieres actuar correctamente y estar bien a largo plazo, has de tener una base sólida. Un aspecto interesante, que trataré con más detalle en los capítulos finales, es que ninguna de estas tradiciones antiguas promueve la pasividad. Todas fomentan la *acción sabia*. Esta es muy distinta de nuestra programación por defecto de la *reacción*. Mientras que esta última es precipitada e impulsiva, la primera es deliberada y considerada. La acción sabia emerge de la fortaleza interior, del *groundedness*.

¿QUÉ PUEDEN ENSEÑARNOS LOS PRACTICANTES MODERNOS DEL *GROUNDEDNESS*?

Cuando revisé los perfiles de los individuos más productivos del mundo y los más realizados personalmente descubrí que también desarrollaban su *groundedness*. Veamos el proyecto Caballo Negro, de la Universidad de Harvard, un estudio a largo plazo donde se investiga cómo hombres y mujeres de diversos y con frecuencia inusuales campos —desde músicos hasta entrenadores caninos, escritores, *sommeliers* y pilotos de globos aerostáticos— desarrollan un proceso único para crear sus propias versiones de máximo rendimiento y, lo más importante, de realización y satisfacción. Los descubrimientos, que se publicaron en el libro *Dark Horse* [Caballo negro], escrito por el investigador del desarrollo humano Todd Rose y el neurocientífico Ogi Ogas, se centraban en dos aspectos principales que seguían quienes tomaban caminos no convencionales para tener una buena vida: estos «caballos negros» se enfocaban en hacer las cosas que más les interesaban a ellos y no se comparaban con nadie ni con las definiciones convencionales del éxito.

«Lo primero es conocerte a ti mismo —dice Rose—. La mayoría de las personas, cuando pensamos en quiénes somos, solemos hablar de lo que hacemos bien o de nuestro trabajo [...] Y lo que hemos observado en los caballos negros es que se enfocan increíblemente en lo que les importa y motiva, y eso supone el eje de su identidad. Y creo que cuando echas raíces en torno a lo que realmente te motiva, eso te conduce al sendero de la realización personal».[16]

También puede ser instructivo estudiar las experiencias de otras personas de alto rendimiento que han padecido distrés,* que

---

* N. de la T.: Es un estado de angustia o sufrimiento en el cual una persona o animal es incapaz de adaptarse completamente a factores amenazantes, que puede afectar gravemente a la salud física y mental. (Fuente: Wikipedia).

experimentaron cómo su rendimiento se desplomaba, pero luego tuvieron un efecto rebote. Este es el caso de la triatleta olímpica Sarah True, la música Sara Bareilles, estrellas del baloncesto como Kevin Love y DeMar DeRozan, Andrea Barber, la actriz de la serie televisiva *Padres forzosos* y el científico pionero Steven Hayes. Como verás en las páginas siguientes, todos ellos lidiaron con periodos de individualismo heroico y sus correspondientes *burnout*, ansiedad y depresión. Sus bajones tenían al menos una cosa en común: solían venir a continuación de periodos de haber estado totalmente concentrados en la lucha por conseguir el éxito convencional. Solo cuando volvieron a cultivar su *groundedness* empezaron a sentirse mejor y a tener mejor rendimiento.

LOS PRINCIPIOS DEL *GROUNDEDNESS*

Un principio que me sirve de guía en mi trabajo, tanto de escritor como de *coach*, es el reconocimiento de patrones. No me interesan los «atajos», las soluciones rápidas o los estudios pequeños y únicos: todo ello suele prometer mucho, pero es de dudosa eficacia en el mundo real. Digan lo que digan los expertos en *marketing*, los ciberanzuelos y los evangelistas de las pseudociencias, no hay lociones, pócimas o píldoras mágicas en lo que respecta a la verdadera felicidad, el bienestar y el rendimiento perdurables.

A mí me interesa su convergencia. Si los múltiples campos de la investigación científica, las principales tradiciones de sabiduría del mundo y las prácticas de las personas de alto rendimiento sumamente realizadas comparten las mismas verdades, probablemente valga la pena prestarles atención. En este caso, la felicidad, la realización, el bienestar y el rendimiento sostenible surgen cuando te concentras en estar presente en el proceso de vivir, en vez de estar obsesionado con los resultados y, sobre todo, cuando estás firmemente consolidado dondequiera que te encuentres.

El resto del libro trata de cómo vivir esta verdad. En primer lugar, desvelaré lo esencial, los principios del *groundedness* basados en la evidencia, donde existe una clara convergencia entre la ciencia moderna, la sabiduría antigua y la experiencia de las personas felices, sanas y de alto rendimiento. Gracias al compromiso con estos principios –aceptación, presencia, paciencia, vulnerabilidad, sentido de comunidad y movimiento– puedes construir una base firme y audaz. Los seis principios resumidos son los siguientes:

- **Acepta donde estás ahora para llegar a donde quieres ir.** Ve con claridad, acepta y empieza desde donde te encuentras. No desde donde quieres estar. Ni desde donde piensas que deberías estar. Ni desde donde otras personas piensan que deberías estar. Sino desde donde estás ahora.

- **Estate *presente* para controlar tu atención y tu energía.** Permanece presente, física y mentalmente, para lo que tienes delante. Pasa más tiempo real en *esta* vida, en vez de pensando en el pasado o en el futuro.

- **Ten *paciencia*, llegarás antes.** Da tiempo y espacio para que las cosas sigan su propio curso. No intentes escapar de la vida yendo a la velocidad de la luz, ni esperando resultados inmediatos y abandonando cuando estos no llegan. Pasa de ser un buscador a ser un practicante. Prepárate ahora para el éxito futuro. Sigue el mismo camino, en lugar de cambiar de vía constantemente.

- **Acepta la *vulnerabilidad* para desarrollar la verdadera fortaleza y autoconfianza.** Muéstrate tal como eres. Sé sincero contigo mismo y con los demás. Elimina la disonancia cognitiva entre tu yo laboral, tu yo virtual y tu yo real para que puedas conocer tu verdadero yo y confiar en él, y a cambio ganar la libertad y la confianza para dedicar tu energía a lo que más te importa.

- **Construye una *comunidad* sólida.** Alimenta la verdadera conexión y pertenencia. No priorices solo la productividad, sino también a las personas. Intégrate en lugares solidarios que te brinden su apoyo cuando lo necesites y que te den la oportunidad de hacer lo mismo con los demás.
- ***Mueve* tu cuerpo para que tu mente no se disperse.** Mueve tu cuerpo regularmente para habitarlo de verdad, conéctalo con tu mente y sitúate con firmeza dondequiera que estés.

Exploraremos todo el alcance de cada uno de los principios con las distintas pruebas de diversas disciplinas. Veremos cómo todos están interconectados, como las raíces de las gigantescas secuoyas con el suelo. Igualmente, examinaremos una interesante paradoja: cómo el hecho de desvincularnos de los resultados, como la felicidad y el logro —o al menos no aferrarnos con tanta fuerza a ellos—, y concentrarnos en construir unos sólidos cimientos de *groundedness* es la vía más segura para ser más felices y tener más éxito.

SALVAR LA DISTANCIA ENTRE EL CONOCIMIENTO Y LA ACCIÓN

Si bien los conceptos e ideas de este libro deberían tener un impacto positivo en tu actitud mental, solo harás realidad su auténtico poder cuando las apliques. Esta es la razón por la que no solo aprenderás sobre los principios del *groundedness*, sino que también hallarás prácticas concretas y probadas para que puedas aplicar lo que has leído. En mi trabajo como *coach*, lo llamo salvar la distancia entre el conocimiento y la acción. Primero, has de entender algo y estar convencido de su valor. Luego, has de ponerlo en práctica. El resto de los capítulos están estructurados de forma que realizo un análisis detallado de cada principio y las prácticas concretas van a continuación.

No obstante, vale la pena reconocer que los principios del *groundedness* no solo van en contra de las normas sociales, sino que puede que también vayan en contra de tu energía personal de los hábitos, tu forma de ser y hacer en el pasado. Aunque tal vez sientas que muchas de tus formas habituales de hacer las cosas son contraproducentes, quizás todavía tengas que esforzarte para cambiarlas. Esto es normal. Todo cambio es un reto. La inercia de lo que siempre has hecho es real, y bastante fuerte. Como irás descubriendo, vivir conectado es una práctica constante.

Una cosa es entender algo intelectualmente; otra bien distinta es ponerla en práctica cada día. Como dice el maestro zen Thich Nhat Hanh: «Si quieres ser jardinero, tendrás que agacharte y tocar la tierra. La jardinería es una práctica. No una idea».

El momento de empezar a construir un *groundedness* sólido y duradero es ahora. Empezaremos con el primer principio, aprender lo que significa aceptar donde estás y comprender por qué es el quid para llegar a donde quieres ir.

2

ACEPTA DONDE ESTÁS AHORA PARA LLEGAR A DONDE QUIERES IR

A gosto de 2016. Era un caluroso día de verano en Río de Janeiro, Brasil. El escenario era el Fuerte de Copacabana, una base militar al borde del océano Atlántico Sur. Los mejores triatletas del mundo estaban a punto de lanzarse al agua, de iniciar una prueba deportiva en la que nadarían, irían en bicicleta y correrían por la gloria olímpica. Una de las tres atletas mujeres que representaban a Estados Unidos se llamaba Sarah True.

No era su primera vez. En los Juegos de 2012, quedó en cuarto lugar, a unos dolorosos diez segundos del podio y de una medalla. En 2016, no solo estaba decidida a terminar lo que había dejado a medias, sino que estaba compitiendo por su esposo, Ben True, un corredor de fondo de fama mundial por derecho propio, uno de los mejores corredores de media distancia que ha tenido jamás Estados Unidos. Sin embargo, nunca había ganado unos Juegos Olímpicos. Ben tenía la esperanza de que su dedicación plena a su entrenamiento diera fruto en 2016, pero en las pruebas preliminares, no pudo acceder al equipo olímpico por menos de un segundo.

Para una pareja que dedicaba toda su vida a perseguir la excelencia y que había llegado tan cerca de alcanzar sus metas, pero que al final no lo habían conseguido por unos segundos, no una vez, sino dos, fue muy doloroso.

Sarah True se lanzó al agua en Copacabana con una doble carga. «Aunque no nos gustara, *nuestra* experiencia olímpica se había convertido en *mi* experiencia olímpica».

True nadó bien, como siempre, y quedó en un puesto que le permitía competir por el oro. Pero cuando llegó a tierra y se montó en su bicicleta, empezó a tener espasmos en una pierna. Supuso que se le había tensado la musculatura y que una vez empezara a pedalear se relajaría. Pero no fue así. Puso todo su empeño sobre la bicicleta, con una mueca de dolor en su rostro. Al final, tuvo que abandonar la prueba. «Me falló mi cuerpo».[1] Esa fue la cruda realidad (y fue muy dura).

True hizo lo que pudo por mantener la cabeza bien alta, pero fue una pantomima. Estaba destrozada. Al poco tiempo de haber regresado a su país, cayó en una espiral de depresión oscura y profunda. «Solo podía dormir unas cuatro horas cada noche y con la ayuda de somníferos y analgésicos de prescripción facultativa. Le fallé a Ben. Me fallé a mí misma. Nada de esto tiene sentido», pensaba.

Hizo lo que cualquier atleta de fondo obstinada habría hecho. Intentó seguir a pesar del dolor. Se decía a sí misma que aquello pasaría. Que podría soportarlo. Por desgracia, se equivocó. Ni siquiera le funcionó su mecanismo infalible de pedalear muchas horas para insensibilizarse. «Estaba obsesionada con quitarme la vida —me confesó—. Dedicaba muchas horas a entrenar en bicicleta y siempre tenía la idea en la cabeza de desviarme en el tráfico para que me atropellaran. Cada camión se convertía en un objeto que podía poner fin a todo».

Esa espiral perduró hasta 2017. Mes tras mes de depresión, True pensaba que esta no podía ir a peor. Pero no fue así.

Al final, a mediados de ese año, se abrió a lo que le estaba pasando y aceptó plenamente la inmensidad de su dolor y su depresión. Dejó de resistirse a ella, de intentar luchar sola contra esa enfermedad, e inició una terapia intensiva. Cuando le pedí que recordara, no podía identificar un solo día, acontecimiento o razón que fuera lo que la impulsó a buscar ayuda. Pero ante todo, estaba cansada y seguía viva. «Los atletas de resistencia están entrenados para resistir, para seguir presionando. Cuando algo no va bien, sigues forzando, sigues haciendo. Pero era evidente que esa actitud mental ya no me iba a funcionar en este caso».

True, que había estado lidiando con la depresión intermitentemente, desde el instituto, me explicó que se había dado cuenta de que nunca había encontrado el momento adecuado para dar un paso atrás y afrontar su enfermedad en toda su dimensión. Pero me explicó que ahora estaba furiosa porque había reconocido que vivía sobre unos pilares muy frágiles, si es que tenía alguno. No podía soportar seguir de este modo. Para ella, bajar el ritmo era mucho más difícil que seguir aguantando en el triatlón más duro, aceptar donde estaba, afrontarlo y tratarse su depresión y sus causas, ninguna de las cuales le apetecía especialmente afrontar o trabajar.

SEGUIR ADELANTE IMPLICA ACEPTAR DONDE ESTÁS

Aunque no sea públicamente o en la misma medida, todos, igual que Sarah True, hemos experimentado altibajos emocionales, tanto en el ámbito profesional como personal. La vida no es fácil. Las cosas no siempre salen como pensábamos. La condición humana es caótica. Hay muchas más cosas fuera de nuestro control de lo que nos gustaría: la edad, la enfermedad, la muerte, la economía o las acciones de las personas que nos importan, por nombrar algunas. Esto puede suponer la dura, y a veces estremecedora, realidad de aceptar.

En lugar de aceptar esta verdad, cuando las cosas no salen como nos hubiera gustado solemos decantarnos por el pensamiento mágico, intentamos convencernos de que estamos en mejor lugar que antes. Los científicos sociales lo denominan *razonamiento motivado* o nuestra tendencia a no ver las situaciones con claridad, pero nos aferramos a un razonamiento que nos hace ver las cosas como nos gustaría que fueran. Un ejemplo bastante común es cuando sigues trabajando en un lugar que no te gusta, pero en vez de afrontar la desagradable verdad, buscas (y encuentras) numerosas razones por las que tu puesto actual —ese que no soportas— es fantástico. O, lo que es más fácil, ignoramos nuestros factores de estrés. Metemos la cabeza bajo el ala o hacemos justamente lo que el individualismo heroico de la sociedad y la cultura del éxito superficial nos dicen que hagamos: piensa en positivo, insensibilízate o distráete, compra cosas o tuitea. Nos implicamos en una actividad frenética y compulsiva para distraernos de nuestros problemas y miedos. Esperamos que las cosas mejoren sin tan siquiera reconocer o aceptar nuestro verdadero punto de partida. Aunque esto nos evita algo de sufrimiento a corto plazo, no es una buena solución a la larga. Eso se debe a que estamos encallados en un patrón de no afrontar lo que hemos de afrontar, tanto si se trata de hábitos poco saludables como de soledad en una relación, estar quemados en el trabajo, un sistema cuerpo-mente que está al límite o una comunidad a punto del desasosiego. El resultado es que nunca llegamos a sentirnos suficientemente conectados con el lugar en el que estamos, porque nunca acabamos de vivir verdaderamente toda nuestra realidad.

El primer principio del *groundedness* es la *aceptación*. Cualquier tipo de progreso, grande o pequeño, exige reconocimiento, aceptación y empezar desde donde estás ahora. No desde donde quieres estar, desde donde crees que deberías estar o desde donde los demás creen que deberías estar, sino desde donde estás. Como pronto verás, la aceptación es la clave de la felicidad y del rendimiento en el presente y también para un cambio productivo en el futuro. El psicólogo humanista y pionero Carl Rogers dedicó décadas a trabajar con las personas en el ámbito del crecimiento y la realización personal. Tal vez su observación más relevante, por la que se hizo famoso, fue: «La curiosa paradoja es que cuando me acepto tal como soy, entonces, puedo cambiar».[2]

Cuando escuchas la palabra *aceptación* por primera vez, tal vez lo asocies a rendirte, a la complacencia, a hacer algo con desgana o a comprometerte con la mediocridad. Pero no es así. La aceptación no es resignación pasiva, sino analizar la situación y verla claramente por lo que es, tanto si te gusta como si no. Solo cuando adquieres una visión clara de la situación, o al menos te sientes lo bastante cómodo con ella, puedes actuar de manera inteligente y productiva para llegar a tu destino.

Mi propia historia de aceptación empezó durante mi recuperación del TOC, pero ahora hago todo lo posible para aplicar este principio en todas las áreas de mi vida y con mis clientes de *coaching*. Antes de que apareciera el TOC, solía lidiar con las dificultades negándolas, resistiéndome, pasando de ellas o, lo más habitual, intentando aplicar la técnica de resolución de problemas[*] a mi manera. Estas tácticas me funcionaron bastante bien cuando me

---

[*] N. de la T.: Una técnica de la terapia cognitivo-conductual que se fundamenta en una estrategia de afrontamiento general, que ayuda al individuo a mejorar su habilidad para resolver problemas basándose en varios puntos, como reconocer el problema, definirlo, buscar alternativas de solución, tomar decisiones y ponerlas en práctica.

expulsaron del equipo de baloncesto, cuando me dejó mi novia de la universidad —con la que creía que me iba a casar— o cuando no conseguí el trabajo que quería, perdí posibles clientes y rechazaron mis escritos. El TOC, sin embargo, es una bestia muy distinta.

Los pensamientos y sentimientos de miedo y desesperación, y los impulsos de autolesión continuos ya son bastante malos cuando están justificados. Pero son aún peor cuando no lo están. Esto último es típico del TOC, y cuando me alcanzó su violenta tormenta (en el embarazo de mi esposa de nuestro primer hijo, uno de los peores momentos para que te suceda algo así) hice lo único que sabía hacer. En primer lugar, lo negué todo, me decía a mí mismo que era algún tipo de enfermedad física misteriosa pasajera, tal vez algún virus que afectaba a mi mente. Luego, me resistí y apliqué la técnica de la resolución de problemas. Intenté por todos los medios hacer que los pensamientos, sentimientos e impulsos desaparecieran. No dejaba de repetirme una versión parecida a: «Esto es una pesadilla, no me puede estar pasando a mí. Al fin y al cabo, soy el "experto" y el *coach* de habilidades mentales y rendimiento. Ha de haber alguna manera de obligarme a mejorar». Falso. Falso y falso otra vez. Mi negación a aceptar mi situación y mi resistencia no solo fueron inútiles, sino que empeoraron las cosas. Cuanto más luchaba contra mi experiencia del TOC, más fuerte se volvía. Intentar reprimir mis pensamientos, sentimientos e impulsos —o distraerme de ellos— tuvo el efecto contrario. Lo que hacía era echar más leña al fuego.

Al final, con la ayuda de un terapeuta amable, compasivo y hábil, empecé a rendirme. Acepté el hecho de que estaba enfermo, de que estos pensamientos, sentimientos e impulsos eran reales y que no iban a desaparecer de la noche a la mañana. La técnica de resolución de problemas no servía. Tuve que aprender a hacer lo que fue (y todavía es) el trabajo más difícil de mi vida: aceptar los pensamientos, sentimientos e impulsos desagradables, y dejar que estuvieran presentes. Mientras empezaba a hacer las paces con todo esto, mi terapeuta me decía que no tenía por qué gustarme el TOC, pero sí tenía que aceptarlo. Como mínimo, tenía que verlo tal como era. Tenía que aprender a dejar de resistirme a la realidad y querer que las cosas fueran de otro modo. Por el contrario, tenía que aprender a estar con lo que estaba sucediendo, incluso, o quizás especialmente, si no podía soportarlo. Este fue mi primer paso real en mi recuperación. Solo cuando reconocí y acepté justamente lo que no quería reconocer ni aceptar, pude comenzar a dar pasos para mejorar mi situación. No puedes trabajar en serio en algo si estás luchando contra ello al mismo tiempo. Y es más, para empezar, no puedes trabajar seriamente en ninguna cosa si te niegas a aceptar que está sucediendo. Muchas veces nos enfocamos en los retos que nos pone la vida sin darnos cuenta de sus verdaderas causas, aceptarlas y tratarlas.

ACEPTACIÓN Y FELICIDAD

El abismo que existe entre tus fantasías y la realidad no solo impide que tus acciones sean productivas para mejorar tu situación en el futuro, sino que también crea insatisfacción aquí y ahora. En 2006, epidemiólogos de la Universidad del Sur de Dinamarca empezaron a investigar la razón por la que sus ciudadanos siempre puntúan más alto que los de ningún otro país occidental en las valoraciones sobre la felicidad y la satisfacción en la vida. Los resultados, publicados en *The British Medical Journal* [Revista Británica de Medicina], se centraban en la importancia de las expectativas. «Si las expectativas eran desproporcionadamente altas podían ser la causa de posibles decepciones y falta de satisfacción en la vida —escribieron los autores—. Los daneses están satisfechos, pero sus expectativas son bastante bajas».[3]

En 2014, un estudio del Colegio Universitario de Londres analizó la felicidad de las personas momento a momento. Observaron que «la felicidad momentánea en respuesta a los resultados de una tarea de recompensa probabilística no se explica por las ganancias que proporciona la tarea en sí, sino por la influencia combinada de las expectativas de recompensa recientes y los errores de predicción derivados de ellas».[4] Simplificando, la felicidad en un momento dado equivale a la realidad menos las expectativas. Si tus expectativas son sistemáticamente más altas que tu realidad, nunca estarás contento. Jason Fried, fundador y director ejecutivo de la exitosa empresa de *software* Basecamp y autor de múltiples artículos sobre la satisfacción profesional, lo expone como sigue: «Tenía la costumbre de ponerme expectativas continuamente. Comparar incesantemente la realidad con la realidad imaginaria es agotador y te pasa factura. Creo que muchas veces impide que sintamos la felicidad de haber experimentado algo por lo que es».[5]

El mensaje no es necesariamente tener expectativas bajas. Esforzarse por conseguir más y perseguir retos asumibles es necesario para el crecimiento y la realización personal. Está bien, incluso es admirable, ponerse el listón alto, pero (y es un gran pero) has de estar presente y aceptar durante el esfuerzo. En vez de desear que las cosas sean distintas y decepcionarte cuando no lo son, has de saber estar con tu realidad tal cual es, no solo en los subidones, sino también en los bajones. Solo entonces puedes actuar con inteligencia para conseguir el cambio que deseas. Viene a ser algo así: intentar desesperadamente ser feliz o tener éxito es una de las peores formas de conseguirlo.

Mucho antes de que se realizaran dichos estudios, Joseph Campbell, uno de los grandes expertos del mundo en mitología y heroísmo *real*, escribió: «El quid de la curiosa dificultad del héroe radica en el hecho de que nuestras visiones conscientes de lo que *debería* ser la vida rara vez se corresponden con su realidad».[6] Campbell, durante sus décadas de investigación, observó que en las historias que abarcan diversas culturas y tradiciones, el héroe mítico, en alguna parte de su viaje, ha de salvar la distancia entre su realidad y sus expectativas. En general, el héroe en ciernes se resiste a su realidad durante algún tiempo. Sin embargo, al final, aprende a confrontar y a superar su reto; en esencia, aprende a aceptar. Esto le abre la puerta a actuar con contundencia y de manera apropiada, para llegar a convertirse en héroe.

Lejos de la actividad frenética y reactiva tan común en el individualismo heroico, podemos ser más como los héroes de Campbell y aprender a practicar la aceptación y a actuar con sabiduría en el transcurso de nuestra vida, incluso en las dificultades. Afortunadamente, existe un método establecido de ayudar respaldado por casi cuarenta años de investigaciones y más de un millar de estudios científicos.

ACEPTACIÓN Y COMPROMISO

Steven Hayes es psicólogo clínico y catedrático de la Universidad de Nevada, Reno. Ha escrito cuarenta y cuatro libros, ha asesorado a innumerables estudiantes de doctorado y es uno de los cincuenta eruditos más citados del mundo, vivos o ya fallecidos.[7] Indiscutiblemente, es uno de los psicólogos clínicos más influyentes de nuestro tiempo. El viaje del héroe de Hayes empezó en 1982, a las dos de la madrugada, sobre una alfombra de pelo largo marrón y dorada, en una segunda planta, en un estudio de una habitación donde vivía con su entonces novia, en Greensboro, Carolina del Norte.

Me contó que durante tres años había estado «descendiendo por la espiral al infierno que es el trastorno del pánico». Para un recién estrenado doctor en Psicología, esto era especialmente desconcertante y doloroso. Hayes suponía que lo tenía todo controlado, pero en las reuniones de su departamento experimentaba una ansiedad insoportable. Al final, la ansiedad acabó filtrándose en su vida personal, le afectaba cuando estaba con sus amigos, haciendo ejercicio y, por último, también en su casa. Una noche en particular, en 1982, se despertó con lo que él describe como un monstruoso ataque de pánico. El corazón le latía con fuerza. Sentía su pulso en el cuello, en la frente y en los brazos. El pecho se le contraía, los brazos se le agarrotaban. Le costaba respirar.

«Quería llamar a emergencias. Pensaba que estaba teniendo un ataque al corazón —me dijo—. Sí, era consciente de mi trastorno de pánico. Y como psicólogo era muy consciente de que eran síntomas de mi propia variedad de trastorno, pero mi cerebro no dejaba de decirme que esto era distinto. Esto era real, auténtico». Hayes deseaba desesperadamente correr, luchar, ocultarse, cualquier cosa menos soportar aquello. Recuerda que pensó que no podía conducir en aquel estado y que era mejor llamar a una ambulancia. «Llama, diles que se preparen en urgencias, haz esa maldita llamada, Steven, te estás muriendo... Eso es lo que pensaba». Pero no llamó. Por el contrario, recuerda haber tenido lo que él llama una «experiencia extracorporal», en la que pudo diferenciar lo que le estaba pasando de su conciencia de lo que le estaba pasando: ya no estaba en esa situación, la contemplaba desde fuera. En ese espacio, Hayes imaginó lo que sucedería si llamaba a la ambulancia. «Me llevarán corriendo al hospital. Me entubarán y conectarán a aparatos. Y cuando venga el doctor, un joven con una sonrisa de superioridad en sus labios, entrará en el *box* y me dirá: "Steven, no tienes un infarto"». Hayes sabía que así era. «Era un nivel más en mi descenso a los infiernos. Hacia tocar fondo».

Pero esta vez remontó, y de esa experiencia surgió un camino nuevo. Lo condujo a un lugar profundo y que rara vez había visitado de sí mismo. Recuerda que esa parte de él le dijo: «No sé quién eres, pero aparentemente puedes hacerme daño. Puedes hacerme sufrir. Pero te diré algo que no puedes hacer. No puedes alejarme de mi propia experiencia». Y se levantó. Miró la alfombra de pelo largo marrón y dorada y se prometió que jamás volvería a huir de sí mismo o de sus circunstancias. «No sabía cómo cumplir esa promesa, ni tenía idea sobre cómo la cumpliría en las vidas ajenas. Pero sabía que lo haría. Huir se había acabado».

Hayes salió de esta desgarradora experiencia con el compromiso de entender lo que le había sucedido y cómo aplicar lo que había aprendido, no solo en su propia vida, sino para ayudar a los demás. Esto puso en marcha su investigación científica de cuatro décadas. A través de cientos de experimentos, descubrió que cuanto más intenta uno evitar situaciones, pensamientos, sentimientos e impulsos desagradables, justamente lo que había estado haciendo hasta entonces, antes de su revelación de esa fatídica noche, con más fuerza y frecuencia aparecen. «Si no te puedes abrir al malestar sin reprimirlo, es imposible que afrontes los problemas difíciles de una manera saludable», dice.

Del trabajo de Hayes surgió un modelo terapéutico denominado terapia de la aceptación y del compromiso o TAC para abreviar. Resumiendo, la TAC aconseja que cuando estemos en una situación difícil o que nos asusta, ya sea física, emocional o social, resistirse a ella casi siempre la empeora. Es mucho mejor aceptar lo que está pasando, estar abiertos a ello, sentirlo en lo más profundo y dejarlo ser. Entonces, nos hemos de comprometer a vivir de acuerdo con nuestros valores más profundos. Sientes lo que es. Aceptas lo que es. Ves con claridad lo que es. En lugar de huir de la realidad, la llevas contigo y realizas acciones productivas.

Una parte integral de la TAC es la de darte permiso para *no* tenerlo siempre todo a la vez. Se trata de permitirte sentir dolor, sufrimiento, malestar, codicia, ira, celos, tristeza, inseguridad, vacío y todas las demás emociones desagradables propias de nuestra especie, aunque el individualismo heroico de nuestra cultura nos indique falsamente que no deberíamos sentirlos. Una antigua enseñanza budista afirma que todos experimentaremos diez mil alegrías y diez mil penurias a lo largo de nuestra vida. Si no aceptas la oscuridad inherente de la condición humana, jamás encontrarás la felicidad duradera. Esto se debe a que cuando se producen experiencias o situaciones desagradables, lo único que deseas es que desaparezcan. Pero como demuestra el trabajo de Hayes y mi propia experiencia con el TOC,[8] esta resistencia es lo que las hace más persistentes y fuertes, y por consiguiente, provoca que se afiancen. En vez de negar tu realidad, haciendo ver que ciertas circunstancias son diferentes, has de aprender a aceptarlas y a verlas con claridad.

El objetivo de la TAC no es eliminar las dificultades, sino estar presente en todo lo que nos envía la vida y actuar de acuerdo con nuestros valores, aunque hacerlo sea difícil en su momento. A pesar de que la investigación de Hayes y sus colaboradores (experimentos que demostraban que la TAC mejoraba notablemente la depresión, la ansiedad, el TOC, el *burnout* e incluso el rendimiento) es pionera, la premisa de esta terapia no es exactamente nueva. Hayes es el primero en decir que, de muchas formas, su ciencia moderna solo aporta soporte empírico a la sabiduría milenaria.

Las enseñanzas más poderosas de la TAC, que expondré con más detalle más adelante, en este mismo capítulo, se pueden resumir como un proceso de tres partes, que coinciden con el acrónimo TAC (ACT en inglés*):

1. **A**ceptar lo que está sucediendo sin identificarte con ello. Distanciarte para tener una perspectiva más amplia o un estado de conciencia desde el cual puedas observar tu situación sin sentirte atrapado en ella.
2. **E**legir cómo quieres seguir progresando sin dejar de ser fiel a tus valores más profundos.
3. **P**asar a la acción, aunque te dé miedo o te resulte incómodo.

LA SABIDURÍA DE LA ACEPTACIÓN: NO TE DEJES HERIR DOS VECES POR LA MISMA FLECHA

Hace más de dos mil años, el emperador estoico Marco Aurelio, en su diario de meditaciones, escribió: «Es normal que sientas dolor en tus manos y tus pies, si usas las manos como manos y los pies como pies. Y para un ser humano es normal sentir tribulación, si vive una vida humana normal».[10] Epicteto, otro respetado estoico, enseñó que cuando odiamos o tememos nuestras circunstancias, estas se convierten en nuestros dueños.[11] A diferencia de los tiempos modernos, donde predomina el culto al pensamiento positivo y somos bombardeados con mensajes como «si no eres siempre feliz y no estás arrasando, es que lo estás haciendo mal», los estoicos

---

* N. del T.: Las tres partes del proceso en el idioma original serían **A**ccept ('aceptar'), **C**hoose ('elegir'), **T**ake action ('pasar a la acción), que forman el acrónimo ACT ('actuar').

tenían una visión de la vida más sincera y sensata psicológicamente. Es totalmente normal estar estresado. Es totalmente normal que nos encontremos en situaciones poco agradables. Esto no significa que estés hundido. Significa que eres humano. Cuanto más miedo tengas, más niegues los problemas, el dolor y las circunstancias difíciles —desde nimiedades hasta grandes problemas— o te resistas a ellos, peor estarás. Cuanto más te centres en lo que puedes controlar y dejes de preocuparte por lo que no puedes controlar, tanto mejor.

Por las mismas fechas que, en Grecia y en Roma, los estoicos hablaban sobre la aceptación, en el otro extremo del mundo, en la India y el resto del sudeste asiático, los budistas llegaban a conclusiones parecidas. Una bella parábola budista habla de no dejarte herir dos veces por la misma flecha. La primera (ya sea un pensamiento, sentimiento, acontecimiento o circunstancia negativo) no siempre la puedes controlar. Pero la segunda, o tu reacción a la primera, sí puedes controlarla. Normalmente, es una reacción de negación, represión, juicio, resistencia o acción impulsiva, que suele crear más dificultades y distrés, no al contrario. Buda enseñó que esta segunda flecha es la que más duele, y también es la que impide que hagas nada sensato respecto a la primera.

La segunda flecha es un concepto inherente en las enseñanzas budistas. Cuenta la leyenda que la víspera del día de su iluminación, Buda recibió la visita del dios Mara, que representa el miedo, el antojo, el sufrimiento, la ira, lo ilusorio y un montón de padecimientos más. Durante la noche, Mara asedió a Buda con tormentas, ejércitos y demonios. Lo atacó con las flechas de la codicia, el odio, los celos y la falsedad. Sin embargo, en vez de protegerse de esas flechas, él afrontó cada una de ellas con una conciencia de presencia, ternura y amplitud. A medida que lo iba haciendo, las flechas se iban transformando en flores. Al rato, los pétalos se fueron amontonando y Buda iba sintiendo cada vez más tranquilidad y claridad. Mara siguió atacándolo y este seguía respondiendo con aceptación y compasión. Al final, Mara se dio cuenta de que Buda no se resistiría ni reprimiría sus ataques y se retiró. Así es como se iluminó. Por fin, pudo ver con claridad y la totalidad. Pudo permanecer totalmente estable, por más flechas que le lanzara Mara.

Mara no fue un visitante esporádico, aparece repetidamente en los textos budistas antiguos. Cada vez que Buda se enfrenta a Mara, en lugar de sentirse tentado por su ciclo de negación, ilusión y sufrimiento, simplemente dice «Mara, te veo», y procede a aceptar lo que está sucediendo y actúa con sensatez, una expresión clara del *groundedness* inquebrantable. La psicóloga y erudita budista Tara Brach, en su libro *Aceptación radical*, escribe: «Del mismo modo que Buda se abrió voluntariamente al encuentro con Mara, nosotros también podemos parar y estar dispuestos a aceptar lo que la vida nos ofrece en cada momento».[12] Nosotros también podemos transformar las flechas del sufrimiento en flores, o al menos suavizar los bordes, y con ello, desarrollar un sólido *groundedness*.

Esta visión puede ser contraria a las formas de ser y hacer habituales, especialmente para los que hemos nacido en una sociedad occidental. Estamos programados para reaccionar a las circunstancias, intentar controlar nuestras situaciones, forzar los pensamientos positivos y pasar inmediatamente a resolver el problema. Pero es el paso de la aceptación lo que hace que el resto de las estrategias sean eficaces. Sin aceptación, nos arriesgamos a estar siempre dando vueltas en círculo, a no trabajar en aquello que hemos de trabajar, a no hacer ningún progreso. No aceptar nuestra realidad hace que nos sintamos débiles e inestables, como si jamás pisáramos tierra firme. También nos impide desarrollar nuestro potencial.

LA ACEPTACIÓN Y EL MÁXIMO RENDIMIENTO VAN DE LA MANO

Existe la creencia popular de que si quieres alcanzar el máximo rendimiento, siempre has de querer más y esforzarte más, nunca puedes estar satisfecho o contento. Pero, como suele suceder con los axiomas inspiracionales, la verdad es algo más complicada. Algo que suelo mencionar a mis clientes de *coaching* es la diferencia entre actuar con libertad y amor y actuar con opresión y miedo. Lo primero se produce cuando aceptas el lugar donde estás, confías en tu entrenamiento, tienes expectativas realistas y estás contigo mismo. Es decir, cuando estás conectado con tu realidad. El segundo caso es la consecuencia de la duda, la negación, la resistencia a la realidad, sentir la necesidad o la compulsión de estar en algún otro lugar o ser otra cosa distinta a lo que eres.

Cuando te mientes sobre tu situación, casi siempre surgen dudas y ansiedad. Pasas de jugar para ganar a jugar para no perder. Los psicólogos se refieren a esta diferencia como el enfoque del rendimiento y el de la evitación del rendimiento. Cuando adoptas la actitud del rendimiento, juegas para ganar y te concentras en las recompensas potenciales del éxito. Te resulta más fácil abstraerte en el momento presente y entrar en un estado de *flow*. No obstante, con la actitud de evitación del rendimiento, te concentras en evitar los errores y en esquivar los peligros. Estás siempre buscando amenazas y problemas, porque en el fondo sabes que no perteneces a ese lugar.

Una investigación de la Universidad de Kent, Inglaterra, concluyó que cuando los atletas competían con un enfoque de rendimiento, solían rendir por encima de sus expectativas y llegaban al nivel de prodigio.[13] La actitud de evitación del rendimiento, por el contrario, suele ser perjudicial. Un estudio publicado en el *Journal of Sport and Exercise Psychology*[14] concluyó que las metas de la evitación del rendimiento conducían a un menor rendimiento y fomentaban niveles de angustia, miedo y tensión en comparación con las metas del enfoque de rendimiento. Otros estudios concluyen que aunque el miedo pueda funcionar como motivador a corto plazo, no funciona bien a largo plazo y provoca más estrés y *burnout*.[15] Aunque estos estudios se centraban en los atletas, he observado los mismos patrones en los ejecutivos, los emprendedores y los médicos que contratan mis servicios de *coaching*. Cuando alguien se engaña a sí mismo y no acepta su realidad, se vuelve dubitativo e inseguro. Cuando alguien es sincero consigo mismo y acepta su realidad, adquiere una sólida confianza en sí mismo y serenidad.

La feminista y activista por los derechos civiles Audre Lorde fue un ejemplo de este tipo de seguridad en uno mismo. Lorde luchó incansablemente contra el racismo, el sexismo y la homofobia. No tenía miedo de denunciar la marginalización dondequiera que la viera; y por desgracia, vio mucha. Sufrió muchos reproches por estas observaciones por parte de una sociedad que prefería esconder la basura debajo de la alfombra. Aun así, sus obras transmitían un mensaje de esperanza. Sus escritos eran poderosos y tiernos, cuando le hubiera sido más fácil escribir con desesperación. «Nada que yo acepte de mí misma puede ser utilizado en mi contra», escribió en *Sister Outsider: Essays and Speeches* [Hermana forastera: Ensayos y charlas], publicado en 1984.[16] Su aceptación no era una forma de librarse de su responsabilidad o de hacer esfuerzo. No era conformidad o sumisión. La aceptación de Lorde de sí misma y de la situación de los marginados le otorgó lo contrario. Esto le permitió superarse y abrir su corazón, para seguir luchando de la manera correcta, aunque hacerlo supusiera ir a contracorriente.

Otro ejemplo de aceptación y rendimiento desde el amor tuvo lugar durante los primeros días de la pandemia del COVID-19, en la primavera de 2020. Entre tanto dolor y sufrimiento, con la sanidad a punto de desbordarse, el doctor Craig Smith, jefe del Departamento de Cirugía del Centro Médico Irving de la Universidad de Columbia, enviaba memorandos diariamente a la facultad y al personal sobre las prioridades del hospital y la respuesta a la pandemia. No trató de eludir el asunto ni de disfrazarlo pintándolo de color de rosa. Como verás en los siguientes ejemplos, sus memorandos eran realistas, sinceros y, a menudo, desalentadores.[17] Pero también estaban cargados de amor, y por consiguiente, alentaban a jugar para ganar durante una etapa crítica de la historia moderna.

Nada me proporcionaría mayor placer que poder disculparme profusamente dentro de unas semanas por haber exagerado la amenaza... [Pero] el mes que viene o los próximos dos meses serán una pesadilla si subestimamos el peligro. Entonces, ¿qué podemos hacer? Cargar el trineo, revisar los esquíes, alimentar a Balto[*] y partir. Nuestro cargamento ha de llegar a Nome. Recordad que nuestras familias, amigos y vecinos están asustados, ociosos, sin trabajo, y se sienten impotentes. Cualquiera que trabaje en el campo de la salud todavía disfruta del éxtasis de la acción. ¡Es un privilegio! Hemos de seguir adelante. [20 de marzo, 2020].

The New York Times actualmente dedica una página entera a la necrológica del COVID-19. Esto continuará durante algún tiempo. La primera expedición occidental que cruzó África recorrió 11.263 kilómetros, durante tres años, desde 1874 hasta 1877. Los peligros, privaciones y brotes de enfermedades fueron de dimensiones bíblicas. Empezó con doscientas veintiocho almas (incluidas

---

[*] N. de la T.: En la epidemia de difteria en Alaska, en 1925, Balto fue un perro *husky* siberiano que se convirtió en héroe por guiar a su equipo (veinte *mushers* y cien perros) en el último tramo del trayecto hasta la ciudad de Nome. En el trineo transportaban la antitoxina para la difteria. Partieron desde Anchorage, en tren, y luego hasta Nome en trineo, y recorrieron más de 1600 kilómetros.

treinta y seis mujeres y diez niños). Hubo gente que se alistó y también que desertó, y ciento catorce murieron, el cincuenta por ciento de mortalidad. Consiguieron regresar con ciento ocho personas. Habrían sido ciento cinco, pero nacieron tres niños en el viaje y sobrevivieron hasta el final. La vida encuentra su camino. [29 de marzo, 2020].

Los memorandos del doctor Smith tuvieron una gran difusión por los hospitales de todo el país. Su liderazgo ayudó a Estados Unidos a capear la tormenta inicial de COVID-19. Por desgracia, la falta de aceptación, la negación, el autoengaño y un descarado individualismo heroico por parte de demasiados líderes condujeron a la catastrófica prolongación de la crisis.

Desgraciadamente, una gran parte de nuestra cultura actual empuja a las personas hacia la no aceptación, a actuar desde la evitación y el miedo. Esta actitud mental provoca el deseo de obtener resultados específicos y cuantificables, pues, según esta idiosincrasia, solo si conseguimos estos resultados, somos merecedores e íntegros. Pero este tipo de deseo no está relacionado con el máximo rendimiento, sino con la ansiedad, la depresión, el *burnout* y la conducta poco ética.[*] El estrés y la presión de soportar esta carga es inaguantable. Solo cuando aceptas realmente tus habilidades y circunstancias puedes actuar desde la libertad y jugar para ganar. Después de años de estar encadenado, es como si te sacaran los grilletes.

Blair, uno de mis clientes de *coaching*, no soportaba que antes de las reuniones y presentaciones importantes le preguntaran: «¿Estás preparado?». Le ponía nervioso, le hacía sentir como si hubiera tenido que prepararse más o haber hecho más. Blair y yo trabajamos juntos para que entendiera que realmente eso no

---

[*] N. del A.: Para más información sobre este tema, ver mi libro, *The Passion Paradox*, con Steve Magness.

importaba: iba a estar todo lo preparado que podía estar. Aceptar esto suponía libertad. Blair llegó a aceptarlo, a sentirlo sinceramente y hacerlo suyo. Cuando los demás le preguntaran si estaba preparado, o si se lo preguntaba a sí mismo, respondería: «Estoy todo lo preparado que puedo estar». Se sintió más suelto, relajado y abierto. Se encontró mejor y empezó a rendir más. Creo que vale la pena repetir que la aceptación no significa que no puedas cambiar o mejorar. Con el tiempo, Blair consiguió ambas cosas. Solo significa que donde estás ahora es donde estás, donde tienes que estar, y que es la clave para llegar a donde quieres ir.

Sarah True se sometió a meses de terapia para tratar su depresión. Aunque cuando escribí este libro ya estaba mucho mejor, todavía no se le puede poner el broche a su historia. Está haciendo un trabajo, y esa es la cuestión. «Ahora, la aceptación forma parte de mi vida. Implica reconocer que no todos los días van a ser perfectos, y eso está bien. Es aprender a ser humildes. Es saber siempre dónde me encuentro. Siento una profunda libertad gracias al reconocimiento de mi dolor, de mis debilidades y mis fracasos, y de seguir avanzando a pesar de todo». True, como todos nosotros, sigue teniendo sus luchas internas. Pero se siente más fuerte de lo que se ha sentido en mucho tiempo. En vez de negar sus dificultades y de intentar esconderlas debajo de la alfombra, las acepta como parte de su condición humana, de ser una atleta de élite. Al aceptar plenamente su realidad y confrontarla, por fin, ha encontrado tierra firme. Su siguiente gran reto será seguir avanzando y encarar su retiro, algo que a los atletas de fondo les suele suceder alrededor de los cuarenta años. Ahora se está preparando para acceder a la escuela de posgrado, donde quiere hacer un grado en Psicología Clínica. «¿No es increíble cómo la vida puede conducirnos hacia lugares inesperados?», me escribió.

PRÁCTICA: CULTIVA LA ACTITUD DEL «OBSERVADOR SABIO»

En lugar de implicarte tanto en tu experiencia, es muy útil dar un paso atrás y ver las cosas desde la distancia. Esto ayuda a crear espacio entre tú y tu situación, para que puedas aceptarla y verla con más claridad. La actitud del observador sabio se puede cultivar tanto como práctica formal como desarrollando herramientas que puedas utilizar en tu vida cotidiana. Veremos ambas opciones, pero primero nos dedicaremos a la práctica formal.

- Siéntate o túmbate en una postura cómoda. Programa un avisador para un mínimo de cinco minutos y un máximo de veinte. Cierra los ojos y enfócate en tu respiración. Puedes concentrarte en la sensación del aire cuando entra y sale de tus orificios nasales, en el movimiento de ascenso y descenso de tu vientre o en cualquier otra parte de tu cuerpo donde notes el aire que mueve tu respiración. Siempre que tu atención se aleje de esta, simplemente sé consciente de ello y vuelve a centrarte en la respiración, sin reprocharte tu distracción.

- Cuando te hayas estabilizado, tal vez al cabo de uno o dos minutos, aunque a veces se tarda más, visualízate como una fuerza vital separada de tus pensamientos, sentimientos y circunstancias. Imagina que eres conciencia, el lienzo de donde surgen todos tus pensamientos, sentimientos y circunstancias, el recipiente que lo alberga todo. También puedes visualizar tu conciencia como un cielo azul y todo lo que va surgiendo como nubes flotantes.

- Observa tus pensamientos, sentimientos y circunstancias siendo consciente. Te parecerá que estás viendo una película, en lugar de ser el protagonista. Cuando te distraes o te quedas atrapado en tu experiencia, date cuenta de ello sin juzgarte y vuelve a concentrarte en la sensación de tu respiración moviéndose por tu cuerpo. Una vez has estabilizado tu conciencia en la respiración, vuelve a contemplar tus pensamientos y sentimientos desde lejos.

- Permite que este estado de conciencia se convierta en un recipiente que pueda atrapar aquello a lo que te estés aferrando. Desde este espacio, puedes aceptar y ver las situaciones con claridad, y así tomar mejores decisiones. El resultado de adoptar esta perspectiva se parece al efecto observador de la física cuántica: cuando cambias tu relación con el objeto observado, cambia la naturaleza de este. En este caso, las dificultades dejan de ser permanentes e irresolubles y se vuelven impermanentes y manejables.

- Sigue practicando. Tal vez notes que cuanto más fuerte es el pensamiento, sentimiento, impulso o situación, más te cuesta mantener ese espacio que os separa. Pero aunque solo sea un poco de separación, ya supone mucho. Cuanto más practiques, más podrás distanciarte y antes podrás adoptar la actitud del observador, cuando veas que te enfrentas a una experiencia difícil.

Cuanto más refuerces la perspectiva del observador sabio en la práctica formal, más fácil te resultará aplicarla en tu vida cotidiana. La maestra de meditación Michele McDonald ha desarrollado un método de cuatro pasos denominado RAIN ('lluvia'),[18] que tal vez te pueda ayudar. Cuando te des cuenta de que te estás resistiendo a una experiencia o situación, detente un momento y haz unas cuantas respiraciones. Mientras las haces:

1. **R**econoce lo que está sucediendo.
2. **A**utoriza a la vida a que sea tal como es.

3. Indaga en tu experiencia interior con amabilidad y curiosidad.

4. Nota o practica la no identificación, la no fusión con tu experiencia, sino verla desde una perspectiva más amplia.

Cuando aceptas y evalúas tu situación desde una perspectiva más amplia, tu habilidad para gestionarla con inteligencia mejora. Las investigaciones confirman que esto es cierto en todos los casos, desde el dolor físico[19] hasta el emocional,[20] pasando por la ansiedad social[21] y por tomar decisiones difíciles.[22] Cuanta más distancia puedas poner entre tu experiencia y tú, tanto mejor.

Otra forma de conectar rápidamente con la visión del observador sabio es utilizar lo que los investigadores llaman *autodistanciamiento*. Imagina que tienes un amigo que está pasando por lo mismo que tú. ¿Cómo verías su situación? ¿Qué consejo le darías? Estudios llevados a cabo en la Universidad de California, en Berkeley, demuestran que este método ayuda a las personas a aceptar sus situaciones, a verlas con más claridad y a tomar mejores decisiones cuando hay mucho en juego.[23] También puedes imaginar una versión más mayor y sabia de ti mismo, quizás con diez, veinte o treinta años más. ¿Qué consejo te ofrecería el futuro tú para tu situación actual? ¿Puedes seguir este consejo ahora?

Al crear espacio entre tú y tus circunstancias, es más probable que te cueste menos aceptarlas por lo que son y que puedas gestionarlas de una manera más productiva. Dejas de negarlas y de resistirte a las situaciones duras, sin identificarte por completo con ellas. Empiezas a cultivar un sentido del yo más profundo, sólido y sensato que el momento a momento, que tu experiencia siempre cambiante.

PRÁCTICA: EN VEZ DE JUZGARTE ELIGE LA COMPASIÓN HACIA TI MISMO

Aceptar y ver tu situación no es fácil, pero hacer algo productivo al respecto puede ser aún más difícil, sobre todo si no te gusta demasiado lo que has visto. Adopta la compasión hacia ti mismo. La compasión es un puente entre la aceptación de los hechos y la acción inteligente. Si tu voz interior es exageradamente crítica y moralista, es probable que te quedes encallado, o peor aún, que hagas un retroceso. Has de ser amable contigo mismo. Si no estás acostumbrado a serlo, puede que te parezca una cursilería y una tontería, pero te recomiendo que pongas a prueba tus ideas preconcebidas. Hay muchos estudios que demuestran que las personas que reaccionan a las situaciones con compasión responden mejor que las que se juzgan a sí mismas con dureza. El razonamiento es muy claro: si te juzgas a ti mismo, eres candidato a sentir vergüenza o culpa, y suele ser esa vergüenza o culpa lo que te atrapa en situaciones no deseadas e impide que realices acciones productivas. Por otra parte, si además puedes ser amable contigo mismo,[24] adquirirás la fuerza para seguir avanzando con sentido. Los efectos de esta compasión dirigida hacia uno mismo los nota tanto un niño de ocho años, al que le encantan los cuentos de hadas de Disney, como un jugador de fútbol profesional de treinta años o una persona de sesenta y cinco que se acaba de retirar.

Este tipo de compasión no surge espontáneamente, en especial si eres una persona de tipo A* que ha estado bien adiestrada a ser dura consigo misma. Considéralo una práctica constante de darte el beneficio de la duda. No significa renunciar a la autodisciplina, sino conciliar esta última con la compasión. Cuando lo

---

* N. de la T.: Tienen una personalidad de tipo A los individuos con tendencia a la ambición, competitividad, impaciencia, urgencia temporal y actitudes hostiles.

consigues, adquieres la capacidad para confrontar todo lo que te está pasando con más fortaleza y claridad. También te conviertes en una roca donde otros pueden apoyarse. «¿Qué progreso he hecho?[25] —escribió el filósofo estoico Séneca, hará unos dos mil años—. Estoy empezando a ser mi amigo. Esto es verdaderamente un progreso. Una persona así jamás estará sola, y puedes estar seguro de que es amiga de todos».

- **Abandona los debería.** Cambia tu diálogo interior de «No debería estar en esta situación» por el de «Desearía no estar en esta situación» o «Debería estar viviendo esto de otro modo» por «Quiero vivir esto de otro modo». El lenguaje da forma a la realidad, y estos sutiles cambios hacen mucho para ayudarnos a eliminar la culpa, la vergüenza y los juicios, y fomentar la compasión hacia uno mismo. Cuando observes que estás empleando un verbo de obligación, prueba a usar otro verbo y a ver qué sucede.

- **Trátate como si fueras un bebé que llora.** Cualquiera que haya tenido alguna vez un bebé llorando en sus brazos sabe que gritarle es lo peor que se puede hacer. Hay dos buenas formas de tratar a un bebé que llora: 1) sostenerlo, acunarlo y darle amor, o 2) dejarlo llorar. Intervenir rara vez sirve de algo. Lo mejor que puedes hacer es crear un espacio seguro para que el bebé llore hasta agotarse. No sería una mala idea hacer lo mismo con nosotros. Cuando estamos desconcertados, tendemos a regañarnos por habernos equivocado y nos juzgamos por quedarnos atrás. Pero esa reacción casi siempre empeora las cosas. Es mucho mejor controlar nuestro impulso de gritarnos y, en su lugar, querernos un poco más. Si eso no funciona, hemos de dejar de implicarnos en la situación y crear espacio para hacer el equivalente de llorar a voz en grito.

- **«Esto es lo que está pasando ahora mismo. Lo hago lo mejor que sé».** Este es uno de mis mantras favoritos. Cuando te enfrentas a una situación difícil y te das cuenta de que estás lanzando segundas, terceras y cuartas flechas, simplemente, detente y repite en silencio o en voz alta: «Esto es lo que está pasando ahora mismo. Lo hago lo mejor que sé». Las investigaciones han demostrado que este tipo de mantras son eficaces para disolver los juicios negativos y devolvernos al presente, para que podamos actuar de manera productiva, en lugar de resistirnos o darle vueltas al asunto.[26] Yo lo utilicé con frecuencia como padre novato. Cuando mi bebé me despertaba infinidad de veces durante la noche, caía en una espiral de pensamientos negativos: «Esto es insoportable», «No puedo dormir», «Mañana estaré fatal», «Nunca más podré volver a dormir bien», «Tal vez hemos cometido un error». Sustituir este monólogo negativo con un firme, pero amable, «esto es lo que está pasando ahora mismo. Lo hago lo mejor que sé» me devolvía al presente, de modo que podía aceptar la situación y actuar de forma productiva, que muchas veces solo suponía cambiarle el pañal y volver a dormirme. No era el llanto de mi bebé lo que me mantenía despierto y nervioso, sino la historia que me estaba contando: la segunda, tercera y cuarta flechas. Esto es bastante habitual en muchas situaciones difíciles que nos plantea la vida, aparte de la de ser padre o madre.

PRÁCTICA: EL ESTADO DE ÁNIMO SIGUE A LA ACCIÓN

No siempre puedes controlar las circunstancias, pero sí tu respuesta. La creencia popular defiende que la motivación conduce a la acción: cuanto mejor te sientes y mejor es tu situación, más probable es que tus acciones sean constructivas. Aunque en ocasiones puede ser cierto, la mayor parte de las veces es justo al revés. No es necesario que te sientas bien para ponerte en marcha. Pero has de ponerte en marcha para tener la posibilidad de sentirte bien.

Además de la terapia de la aceptación y del compromiso, hay otros enfoques clínicos ampliamente probados, como la terapia cognitivo-conductual (TCC) y la terapia dialéctico conductual (TDC), que se centran especialmente en el aspecto de la conducta. Esto se debe a que es muy difícil, cuando no imposible, controlar los pensamientos, sentimientos y circunstancias externas. Una investigación psicológica a largo plazo concluyó que cuanto más intentas pensar o sentir de cierto modo, menos probable es que pienses o sientas como deseas.[27] No puedes forzar un estado mental, como hemos visto en este capítulo; tampoco puedes forzar una nueva realidad. Pero lo que sí puedes controlar es tu conducta, es decir, tus acciones. Actuar conforme a tus valores (independientemente de cómo te sientes) suele ser el catalizador para que mejore tu situación. En la literatura científica, esto recibe el nombre de *activación conductual*. Para neófitos, y parafraseando lo que escuché decir en el *podcast* de Rich Roll, el estado de ánimo sigue a la acción.

La idea de que el estado de ánimo sigue a la acción está implícita en la terapia de la aceptación y del compromiso: *elegir* tu respuesta, en vez de reaccionar impulsivamente y *actuar* de manera productiva. Empieza por conocer tus valores esenciales. Son los principios fundamentales que representan tu mejor versión o la persona en la que deseas convertirte. Algunos ejemplos son la autenticidad, la salud, la comunidad, la espiritualidad, la presencia, el amor, la familia, la integridad, las relaciones y la creatividad. Vale la pena dedicar algún tiempo a reflexionar sobre tus valores fundamentales. Te recomiendo que identifiques al menos entre tres y cinco.

Una vez los hayas identificado, se convertirán en las directrices para tus acciones. Por ejemplo, si entre tus valores principales están la creatividad, la familia y la autenticidad, podrías preguntarte: «¿Qué haría una persona creativa en esta situación? ¿Cómo sería dar prioridad a la familia? ¿Cuál sería la forma más auténtica de actuar?». Tus respuestas a estas preguntas serán las directrices para tus acciones. Al principio, puede que te parezca que te estás forzando a arrancar. Eso está bien. Hazlo de todos modos. Los estudios sobre la activación conductual y la TAC confirman que tu situación mejorará a raíz de ello.

Así es como encajan las piezas:

- Acepta donde estás. Esta suele ser la parte más difícil para llegar a donde quieres ir.
- Utiliza la lente del observador sabio para ver tu situación con claridad sin identificarte con ella. Si tu situación y tu percepción de esta empiezan a naufragar, haz una pausa, observa qué está pasando, respira profundo unas cuantas veces y retrocede para ganar perspectiva.
- Si comienzas a juzgarte a ti mismo o a tu situación con dureza, o te das cuenta de que le estás dando vueltas, intenta practicar la compasión: «Esto es lo que está pasando ahora mismo. Lo hago lo mejor que sé».
- Una vez que sientas que has evaluado tu situación desde la aceptación y la claridad, elige la respuesta que esté en línea con tus valores esenciales. Estás tomando una

decisión consciente, estás respondiendo en vez de reaccionar con impulsividad. En muchos aspectos, esto es la encarnación de la sabiduría.

• Actúa según tus valores, aunque no te apetezca. El estado de ánimo sigue a la acción.

Todo esto es más fácil decirlo que hacerlo. Pero con repetición y práctica este ciclo se vuelve gradualmente más natural.

PRÁCTICA: RELÁJATE Y GANA

Cuando estás tenso, inquieto o inseguro sobre algo importante que has de hacer en tu vida, haz una pausa y recuerda que estás todo lo preparado que puedes estar. Respira una o dos veces e imagina que no pasa nada. ¿Cómo te sentirías? Cuando hago este ejercicio con mis clientes de *coaching* suelen decirme que sienten que se les abre el pecho, respiran más lento y se les relajan los hombros. Ahora pregúntate: «¿Qué estado físico induce más al máximo rendimiento? ¿El de ansiedad y tensión o el de relajación y estar abierto?». Mis clientes eligen unánimemente el segundo.

Judson Brewer, neurocientífico de la Universidad de Brown y autor de *Deshacer la ansiedad*, descubrió que cuando dejamos de preocuparnos y de intentar controlar una situación, y la aceptamos y estamos con ella, la actividad en la corteza cingulada posterior (CCP) disminuye. La CCP es una región del cerebro que se asocia al pensamiento autorreferencial o de quedarse atrapado en la propia experiencia. Cuanta más actividad en esta zona, menos probabilidad de que entremos en un estado de *flow* de máximo rendimiento. «En cierto modo, si intentamos controlar una situación (o nuestra vida) hemos de trabajar duro *haciendo* algo para conseguir los resultados deseados —escribió Brewer—. Por el contrario, podemos relajarnos en una actitud que se parece más a una danza con el objeto, por el mero hecho de *estar* con él a medida que se desarrolla la situación; no hay necesidad de esforzarse o luchar, a medida que vamos dejando de ser un obstáculo en nuestro propio camino.[28]

Bud Winter, uno de los mejores entrenadores de atletismo del mundo, era conocido por decir: «Relájate y gana».[29] Intuitivamente, tiene sentido. Preocuparse por una situación o negarla por completo no la cambia, pero consume mucha energía. Lo que sucede ahora sucede ahora. También puedes aceptarlo, porque estás todo lo preparado que puedes estar.

REFLEXIONES FINALES SOBRE LA ACEPTACIÓN

La aceptación es estar con tu realidad, sea cual sea. De este modo, alivias el distrés provocado por desear que las cosas sean distintas de lo que son y por juzgarte a ti mismo. Te libra de la distancia entre tus expectativas y tu experiencia, y elimina la segunda, tercera y cuarta flechas. Solo encontrarás la paz, la fuerza y la estabilidad cuando hayas aceptado tu realidad, o al menos entiendas las acciones que has de realizar para alcanzar esos estados. La aceptación no significa no hacer nada. Implica reconocer lo que tienes delante para abordarlo de la mejor manera posible. La aceptación es necesaria para estar satisfecho y ser feliz aquí y ahora, y es el primer paso para progresar en el futuro. Se puede aplicar a todos los niveles de la vida. Sea lo que fuere lo que te propongas (grande o pequeño, micro o macro), la aceptación es una práctica esencial y constante. Si aceptas tu realidad te sentirás más conectado. Estarás donde estés y tendrás muchas más oportunidades de llegar a tu destino.

3

PERMANECE PRESENTE PARA CONTROLAR TU ATENCIÓN Y TU ENERGÍA

Las sociedades occidentales, con su ensalzamiento del individualismo heroico (del más, más y más; de la superioridad entusiasta), colocan la optimización en un pedestal. Nos maravillamos ante la inteligencia artificial, alabamos la productividad y lo medimos todo, desde el número de pasos que damos hasta las horas que dormimos. Como verás por los datos que menciono en este capítulo, siempre estamos buscando hacer más y más, más y más deprisa, en un intento de superarnos más y más. Esto es un deseo racional. Salvo porque existe un problema principal. Al revés de lo que te habría hecho creer el individualismo heroico, no somos máquinas. Los ordenadores y los robots pueden procesar dos cosas a la vez. No se cansan. Ni tienen una vida emocional intensa que dependa de la calidad de su atención. Nosotros, los humanos, somos distintos. Cuando nos esforzamos para estar en todas partes y hacerlo todo, sentimos que no estamos experimentando nada plenamente. Si no tenemos cuidado y protegemos nuestra atención, nos puede parecer que perdemos el control de nuestra vida, que vamos rebotando de una distracción a otra. Este dilema no es nuevo. Hace miles de años, el filósofo estoico Séneca nos advirtió sobre quedarnos atrapados en el ciclo de la «ocupación ociosa» o, como él dijo, «tanto correr, como hacen muchas personas [...] dando siempre la impresión de estar ocupadas [cuando en realidad no están haciendo nada]».[1]

Si estar sumamente ocupado y disperso es un problema eterno, hay razones para creer que también es especialmente actual. Vivimos en medio de un *ethos** que enfatiza la velocidad, la cantidad y el estar siempre haciendo algo, con una tecnología que nos permite estar siempre conectados y lo fomenta, y una economía que se basa cada vez más en productos y servicios cuyo incentivo es persuadirnos y controlar nuestra atención.

Un ejemplo típico de los esfuerzos fútiles del individualismo heroico para hacer más y más rápido a expensas de la atención profunda es la multitarea, tanto física como psicológica. Contrariamente a lo que piensa la mayoría de la gente, no hacemos o pensamos dos cosas a la vez. Investigadores de la Universidad de Míchigan descubrieron que aunque creamos que estamos haciendo el doble de cosas cuando hacemos multitarea, en realidad solo estamos haciendo la mitad y con menos calidad y disfrutando menos.[2] Un estudio realizado en el King's College de Londres concluyó que las interrupciones persistentes, como las que se producen en la multitarea, conducen a una disminución de diez puntos en el coeficiente intelectual (CI). Es el doble de descenso que experimentamos cuando tomamos cannabis y está a la par con el descenso que puedes esperar si no has dormido en toda la noche.[3] La multitarea es fantástica, nos decimos. ¡Significa ser superproductivos, optimizar, hacer muchas cosas! Pero esta historia es un engaño.

---

* N. de la T.: Conjunto de rasgos y modos de comportamiento que conforman el carácter o la identidad de una persona o una comunidad. (Fuente: DRAE).

Cuando estamos dispersos no solo afecta a nuestro rendimiento, sino también a nuestro bienestar emocional. Las interrupciones constantes y el estar siempre ocupados se cobran un alto precio en salud mental. Investigadores de la Universidad de Harvard observaron que cuando las personas están totalmente presentes en sus actividades, son mucho más felices y se sienten más realizadas que cuando están pensando en otra cosa. Cuanto más dispersas están, más probabilidades tienen de estar angustiadas y descontentas. «Una mente dispersa es una mente infeliz», escribieron los investigadores.[4] Probablemente esta sea una de las razones por las que las videollamadas en el ordenador se vuelven tediosas y agotadoras al poco rato; esto es lo que algunos han llamado *fatiga Zoom*, cuando tenemos en marcha otros programas (o cuando nos desconectamos de la conversación para revisar el correo electrónico, las noticias o las redes sociales).

Lo que asusta es cuánto tiempo pasa la persona media bajo la atención fragmentada. Se está convirtiendo en nuestra forma de funcionar habitual. Gracias a los estudios se ha podido confirmar que, en general, pasamos el cuarenta y siete por ciento de nuestras horas de vigilia pensando en otra cosa que no es lo que tenemos delante. Nos han condicionado a creer que si no estamos haciendo esquemas o estrategias, revisando el pasado o pensando en el futuro, nos perderemos algo y nos quedaremos atrás. Pero quizás sea justo lo contrario. Si siempre estamos haciendo esquemas o planificando estrategias, mirando atrás o pensando en el futuro, nos lo perderemos todo.

El segundo principio del *groundedness* es la *presencia*. Se trata de estar plenamente en el ahora con lo que tienes delante. La presencia es una cualidad mental de atención consciente que se presta a la fuerza y a la estabilidad. Si la practicas deliberadamente, puede mejorar tu vida de manera notable, tanto en el ámbito personal como profesional. Pero antes de ahondar en sus beneficios, primero dedicaremos algo más de tiempo a explorar sus barreras. Por desgracia, la presencia es cada vez más difícil de conseguir. Una vez hayamos entendido por qué sucede esto, podremos empezar a superarlo.

ADICTOS A LA DISTRACCIÓN

Los dispositivos electrónicos, más que ninguna otra cosa, son los que han facilitado que estemos en un estado de distracción constante. Una investigación realizada por las autoridades reguladoras de las telecomunicaciones en Reino Unido han revelado que la persona tipo revisa su móvil cada doce minutos (esto no incluye los casos en que piensa en hacerlo, pero no lo hace).[5] Otras investigaciones revelan que el setenta y uno por ciento de las personas jamás apagan su móvil y que el cuarenta por ciento lo mira a los cinco minutos de haberse despertado, sin contar la alarma del reloj.[6] Y no me refiero a que nuestra atención se resiente solo cuando miramos físicamente nuestros dispositivos. Se debe a que tanto revisar nos crea el hábito de la distracción. Básicamente, estamos entrenando a nuestro cerebro a permanecer en un estado de hiperalerta constante, siempre pensando en lo que pueda estar pasando en alguna otra parte y con el impulso de revisar y ver. Aunque este tipo de conducta era ventajosa en las primeras etapas de la evolución de nuestra especie (nos ayudaba a evitar los depredadores y a hallar presas en tiempos de escasez), no es la mejor fórmula para vivir felices, sanos y realizados en el siglo XXI.

Stuart McMillan ha estado los últimos veinte años de su vida inmerso en culturas del máximo rendimiento y ha entrenado a más de treinta y cinco medallistas olímpicos en atletismo. Stu (como yo lo conozco) se ha convertido en un buen amigo. Cuando hablamos de los grandes retos a los que se enfrenta hoy, no nos referimos solo a lesiones en las corvas o a la ansiedad anticipatoria, sino también a la distracción digital. «Para ti y para mí los móviles son una distracción que nos aleja de la vida. Para algunos de mis atletas la vida es una distracción que los aleja de sus móviles, incluso durante los malditos Juegos».

Según Adam Alter, autor del libro *Irresistible: ¿quién nos ha convertido en yonquis tecnológicos?* y científico de la conducta, que se dedica al estudio de los dispositivos digitales en la Universidad de Nueva York, una de las principales razones por las que todos nosotros, incluidos los atletas de McMillan, no podemos separarnos de nuestros móviles o cerrar nuestro correo electrónico es porque hemos asociado la recepción constante de notificaciones con la confirmación de nuestra importancia en el mundo. Todas y cada una de las notificaciones que recibimos (*likes*, retuits, comentarios, correos electrónicos, mensajes de texto) nos transmite el mensaje, aunque sea superficial, de que existimos e importamos.[7] Y esto es una recompensa lo bastante importante como para justificar que le prestemos nuestra atención. Agarrar y revisar nuestros dispositivos digitales es como jugar en una máquina tragaperras existencial. No es de extrañar que seamos tantos los que nos enganchemos.

Más allá de nuestro deseo de sentirnos importantes, los comerciantes del mercado de la atención se aprovechan de la naturaleza de nuestro sistema neuronal. Todo en las aplicaciones que tenemos en el móvil —Internet, noticias, redes sociales: desde los titulares sensacionalistas hasta la música de fondo, o los colores de la pantalla (muchos tonos rojizos, que según los expertos es uno de los colores con más fuerza emocional, si no el que más)— está diseñado para despertar nuestros impulsos innatos de prestar atención a lo que *parece* importante y excitante.[8] La forma en que nos transmiten las noticias en la televisión, en los sitios web o en las aplicaciones de nuestros móviles suele producir una descarga de dopamina, un potente neurotransmisor que clasifica las experiencias como significativas y nos hace desear ir tras ellas una y otra vez. El catedrático de Ciencia Cognitiva de la Universidad de Carleton, en Ontario, Jim Davies, en su libro *Riveted* [Remachado], escribe: «Un nivel alto de dopamina hace que todo parezca importante [...] Las noticias necesitan un miedo para difundir, sin tener en cuenta su verdadera importancia. Le restan valor a la rutina y a la constancia, y hacen que nos fijemos en lo anómalo».[9]

En 1951, el filósofo Alan Watts, en *La sabiduría de la inseguridad,* se lamentaba de que «esta droga que llamamos vida de alto *standing*, una violenta y compleja estimulación de los sentidos, hace que seamos cada vez menos sensibles, y por ende, necesitemos estímulos más violentos. Anhelamos la distracción: un panorama de vistas, sonidos, emoción y cosquilleo, que hay que llenar al máximo en el menor tiempo posible».[10] La adicción no es nueva. Solo que la droga de hoy es más accesible y poderosa exponencialmente.

MENOS CARAMELOS, MÁS ALIMENTO: UNA FORMA MEJOR DE OPTIMIZAR

Todas las notificaciones, noticias y otras distracciones ubicuas en nuestra sociedad actual son como caramelos. Los deseamos y saben bien mientras los comemos, pero son calorías vacías, nunca nos llenan, no aportan verdadero alimento. Si algún efecto tienen es el de hacer que nos sintamos mal, especialmente cuando comemos en grandes cantidades. No hay ningún retuit, *like*, los nueve mensajes del jefe, *post* de Instagram o historia de las «últimas» noticias que sea más significativo o satisfactorio que estar presente con las personas y en las actividades que más nos importan.

Thich Nhat Hanh, en *El arte de vivir*, escribe: «Se ha convertido en costumbre tomar el teléfono o sentarnos delante del ordenador y sumergirnos en otro mundo. Lo hacemos para sobrevivir. Pero hemos de hacer más que limitarnos a sobrevivir. Queremos vivir».[11] Yo suelo estar de acuerdo. Buscamos optimizar todas las cosas incorrectas: el estar ocupado, la información ininterrumpida, la importancia de estar en el mundo digital. Es fácil autoconvencernos de que hacemos muchas cosas, cuando en realidad apenas hacemos nada, al menos nada de valor. No es de extrañar que las distracciones constantes hagan que las personas se sientan insatisfechas. No te llenas comiendo muchos caramelos. Lo único que obtienes es un subidón efímero seguido de enfermedad y lamentaciones.

La optimización en y por sí misma no es mala. Pero la forma en que la buscamos es incorrecta. Según el diccionario Merriam-Webster, la definición de *optimizar* es «hacer lo más perfecto, eficaz o funcional posible». *Optimizar* viene de la palabra latina *optimus*, que simplemente significa 'mejor'. Si nuestra meta es optimizar, no deberíamos concentrarnos en hacer más porque sí. Más bien, deberíamos centrarnos en estar totalmente presentes en las cosas y para las personas que más nos importan. Como pronto verás, cuando optimizamos de este modo, nos sentimos de maravilla y también rendimos al máximo. Hacer cosas tiene valor solo si lo que hacemos es valioso.

Ed Batista es un orador de la prestigiosa Escuela de Posgrado de Negocios Stanford (EPNS) y asesor de numerosos ejecutivos de primera clase de Silicon Valley. Su curso «El arte del *autocoaching*» es uno de los más populares de la EPNS, famosa por centrarse en la humanidad de sus alumnos, no solo en su capacidad de gestión. Batista hace hincapié con sus alumnos y clientes, y por supuesto en su propia vida, en la importancia de la presencia y en controlar nuestra atención. Para él, esto empieza con la evaluación sincera de los sacrificios. «Muchas veces pensamos en el valor potencial de las cargas que añadimos a nuestra vida, pero rara vez pensamos a qué precio», afirma. Es decir, es importante recordar que cuando decimos sí a algo estamos diciendo no a otra cosa.

La actitud mental de la que habla Batista no es solo para reuniones o proyectos. También es para las pequeñas decisiones que tomamos durante el día. Cada vez que miras el móvil sacrificas tu potencial para el pensamiento creativo que podría estar llenando ese espacio. Cada vez que cambias tu enfoque para responder un correo electrónico, lo haces a expensas de progresar en algo que podría ser importante. Cada vez que te pones a pensar en algo que sucedió en el pasado o que puede suceder en el futuro, pierdes capacidad para conectar con la persona o el trabajo que tienes delante. «La atención es un recurso finito —según Batista—. Y los vampiros de atención están al acecho por todas partes, absorbiendo literalmente nuestra vida».

Batista es un gran partidario de diseñar deliberadamente su entorno de manera que le ayude a proteger esta atención. «Crear el entorno correcto externamente me facilita mucho las cosas internamente, en mi cabeza». Esto puede suponer dejar su móvil apagado y en otra habitación o el buscador de Internet o el correo electrónico cerrados. Los estudios demuestran que el mero hecho de tener estas distracciones potenciales a la vista reduce la calidad de nuestra presencia, aunque no las usemos.[12] Según los investigadores, existen dos razones para ello: 1) hace falta una gran dosis de energía mental para resistirse a revisar estos medios y 2) a través de ellos te puedes enterar de lo que pasa en el mundo, lo cual supone una distracción masiva en sí mismo. Aunque tu teléfono móvil esté bocabajo y en silencio, es difícil no pensar en lo que está sucediendo al otro lado. Si tu teléfono está a la vista, es probable que contribuya al deterioro de tu presencia y atención.*

Otro de los conceptos que enseña y encarna Batista es el de establecer unos límites sólidos. No tiene el menor reparo en rechazar comprometerse con personas o proyectos que no le interesan o que lo dispersarán y acelerarán. «Si nos encontramos en situaciones en las que no podemos controlar nuestra atención, entonces vale la pena que nos preguntemos: "¿Qué estoy haciendo aquí?". No me refiero a que siempre tengamos que estar absortos en lo que tenemos delante. Pero si siempre estamos distraídos y aburridos, tal vez sea una señal de que le estamos dedicando demasiado tiempo, atención y energía a una persona o cosa en particular».

Aquí, Batista me recuerda al filósofo estoico Séneca y a su obra maestra, *Sobre la brevedad de la vida*, que escribió allá por el año 49 d. C. «No es que tengamos poco tiempo para vivir, sino es que perdemos mucho [...] La gente es estricta en preservar su patrimonio, pero cuando se trata de perder el tiempo, son los que más derrochan la única cosa en la que es honroso ser avaro».[13] Séneca y los estoicos enseñaron que la vida en realidad es bastante larga si sabemos vivirla. Cuando protegemos nuestro tiempo, energía y atención, y los gestionamos bien, cuando estamos presentes con las personas, lugares y actividades que nos interesan, nuestra experiencia general de estar vivos mejora extraordinariamente.

---

* N. del A.: Para más información sobre este tema, ver mi libro *Máximo rendimiento* (Editorial Sirio, 2018), en coautoría con Steve Magness.

TOCAR LA GLORIA: CUANDO LA CIENCIA PUNTERA COINCIDE CON LA SABIDURÍA ANTIGUA

Cuando estás totalmente presente para lo que tienes delante, es más probable en entres en *flow*, es decir, en un estado en el que estás totalmente absorto en una actividad, ya sea correr, hacer el amor, pintar, programar un ordenador, resolver problemas de matemáticas, conversar, meditar, surfear o lo que se te ocurra. Cuando estás en *flow* se altera tu percepción del espacio y del tiempo. Entras en lo que coloquialmente se conoce como «la zona». Décadas de estudios psicológicos respaldan la idea de que rendimos más y nos sentimos mejor cuando entramos en este estado. Un prerrequisito esencial para el *flow* es eliminar las distracciones para poder concentrarnos por completo en lo que estamos haciendo.[14]

Otra característica habitual de este estado es la pérdida de la autoconciencia. Es como si te fusionaras con tu experiencia. La distinción entre objeto y sujeto, entre tú y la actividad, desaparece. Aunque hace solo un par de décadas que los científicos modernos han definido el elemento del *flow*, hace miles de años que las principales tradiciones de sabiduría del mundo hablan de ello. Veamos lo siguiente: en el budismo, la meta de su senda espiritual, si es que existe alguna, es nirvana o la disolución del yo en relación con algo mayor, con una eternidad y espaciosidad en continua expansión. El principal concepto del taoísmo, el Camino, es descrito como una experiencia no dual, la fusión entre sujeto y objeto que, con frecuencia, se representa con el símbolo del yin y del yang. Los estoicos escribieron que la satisfacción duradera se consigue cuando la atención está totalmente absorta en el trabajo o en la conversación.[15] En la Grecia clásica, la *areté* o la excelencia a través de estar totalmente presentes al realizar aquello que mejor se nos da era una virtud moral primordial. Los griegos creían que expresamos todo nuestro potencial a través de la *areté*. Damos lo mejor de nosotros mismos y, de este modo, compartimos nuestros talentos únicos con nuestra comunidad. Aunque estas tradiciones evolucionaron en distintas partes del mundo, su mensaje era claro. Nuestra mejor versión se manifiesta cuando estamos totalmente absortos en el momento presente.

Los psicólogos de la Universidad de Harvard Matthew Killingsworth y Daniel Gilbert realizaron un estudio para entender mejor la relación entre la presencia de alguien y su estado emocional. Diseñaron una aplicación para iPhone (la ironía de esto no se me pasa por alto) que contactaba con más de dos mil quinientos voluntarios a intervalos aleatorios para preguntarles cuál era su grado de felicidad, qué estaban haciendo en ese momento y si se estaban concentrando en su actividad actual o si estaban pensando en el pasado o en el futuro. Killingsworth y Gilbert descubrieron que la calidad del estado de presencia determina nuestra calidad de vida. «La frecuencia con la que nuestra mente abandona el presente y hacia dónde suele dirigirse es mejor indicador de nuestra felicidad que las actividades en las que estamos inmersos», dice Killingsworth.[16] Cuanto más presentes estemos, mejor. Los paralelismos entre sus hallazgos y las enseñanzas de la sabiduría antigua no les pasaron desapercibidos a estos psicólogos. «Muchas tradiciones filosóficas y religiosas enseñan que la felicidad se encuentra en vivir el momento», escribieron en la revista *Science*. Los resultados de su estudio demuestran que estas antiguas tradiciones tenían razón.[17]

En otro estudio, también en Harvard, los investigadores rastrearon el bienestar físico y emocional de más de setecientas personas que se criaron en Boston, en las décadas de 1930 y 1940. Este ha sido uno de los estudios más largos y exhaustivos de esta índole: un seguimiento estrecho de los sujetos desde el final de su adolescencia y principios de los veinte hasta los ochenta y noventa años. De este modo, el Estudio de Harvard sobre el desarrollo en adultos es un buen referente para responder a preguntas sobre lo que significa vivir una vida buena y satisfactoria. Muchos de sus hallazgos son lo que cabía esperar: no beber demasiado alcohol, no fumar, hacer más ejercicio, alimentarnos correctamente, mantener un peso saludable y tener un aprendizaje constante. Pero según George Vaillant, un psiquiatra y terapeuta clínico que dirigió dicho estudio durante más de tres décadas, el componente más importante para una vida buena y longeva es el amor. «Los setenta y cinco años y los veinte millones de dólares invertidos en el Gran Estudio sirvieron para indicar una conclusión muy directa. La felicidad equivale al amor, y punto», escribe Vaillant.[18]

¿Qué es el amor (por una persona, actividad o la propia vida) si no es presencia, si no es atención y empatía absolutas? Cuando estamos totalmente presentes, entramos en un espacio sagrado, un espacio donde, según dijo el filósofo y maestro de aikido George Leonard, «habita Dios».[19] Tal vez también sea donde vive el amor. ¿Quién sabe? Tal vez Dios, el amor, el nirvana, el Camino, el *areté* y el *flow* sean la misma cosa.

LA VIDA ES AHORA

En 2008, cuando Mike Posner tenía veintiún años y estudiaba en la Universidad Duke, escribió la letra de una canción que se llama «Cooler Than Me» [Más *cool* que yo] en su dormitorio del campus. Era un sencillo único, una fusión de pop y música electrónica, antes de que este tipo de música se pusiera de moda. Las cadenas de radio de Detroit, su ciudad natal, adoraban su canción. Lo sé porque por aquel entonces, poco después de que saliera «Cooler Than Me», yo vivía en las afueras de la ciudad, y durante unos cuantos meses, la escuchaba cada vez que iba en mi coche, en la barbería, en el gimnasio y en los cafés. La canción no tardó en traspasar las fronteras de Detroit, y en el mes de mayo de 2010, era la número dos de la lista de éxitos Billboard Hot 100.[20] Posner, que cuando era pequeño preocupaba a sus progenitores porque, según sus propias palabras, «no hablaba con nadie, solo hacía ritmos», lo había conseguido.[21] En 2016, sacó su segundo álbum, *At Night Alone* [De noche a solas], que incluía su gran éxito «I Took a Pill in Ibiza» [Me tomé una pastilla en Ibiza], un reflejo de los altibajos y de los más que esporádicos vacíos del estrellato. Posner creía que sacar un álbum que llevara su nombre y alcanzar la fama le haría feliz, pero se equivocó. El dinero, el sexo, las drogas y los conciertos de masas no eran todo lo que se suponía que iban a ser.

No sacó su siguiente álbum hasta 2019, *A Real Good Kid* [Un niño bueno]. Le habían sucedido muchas cosas en los últimos cuatro años. Su buen amigo, el icónico artista de la música electrónica Tim Bergling, más conocido por su nombre artístico, Avicii, se suicidó. Posner rompió con su novia. Y su padre y mejor amigo en el mundo falleció a los setenta y tres años, a causa de un tumor cerebral de crecimiento rápido. Mientras que sus álbumes anteriores eran joviales y marchosos, *A Real Good Kid* reflejaba su reciente y oscuro pasado. Según dice Posner, este álbum le ayudó a procesar su duelo. Toda la obra emana vulnerabilidad y crudeza. Hay partes en las que el autor expresa su absoluta consternación, gritando y llorando. Recuerdo que la primera vez que lo escuché me quedé muy impresionado. Su presencia (dolor, sufrimiento, dudas, curación, alegría, todo ello) entró a través de mis auriculares y me llegó directamente al corazón. Me ayudó a entrar en el espacio sagrado de George Leonard. No fue por casualidad. *A Real Good Kid* empieza con una breve introducción, en la que Posner implora al oyente: «El álbum dura cuarenta minutos y está hecho para escucharlo del tirón, desde el principio hasta el final. Está diseñado para ser escuchado sin escribir mensajes de texto, correos electrónicos, sin ninguna distracción de ningún tipo. Si en este momento no puedes dedicarle los cuarenta minutos de atención unidireccional, educadamente te pido que lo dejes por el momento y vuelvas a él más tarde».

Hablé con Posner al cabo de un año de haber lanzado *A Real Good Kid*, y me dijo que cuando salió el álbum al principio tuvo un bajón. Temía las interminables autopromociones, los altibajos de las giras y la fachada superficial de conexión que implica interpretar el papel de estrella del pop. La pérdida seguía siendo un pensamiento muy presente en su mente. Tenía la sensación visceral de que él también iba a morir. «Así que dije: "¡Que se jodan!". Quiero caminar por América. Siempre he soñado con hacer eso y no voy a esperar más. No sé cuánto tiempo más voy a estar en este mundo. Así que voy a hacerlo ahora». A su compañía discográfica no le entusiasmó la idea, pero a él no le importó. No iba a ir de gira. No iba a actuar por las noches. Quería cruzar el país a pie, huyendo del ruido con la esperanza de encontrar alguna señal, con el deseo de calmar su sed de realización personal duradera.

El 15 de abril de 2019, Posner partió de Asbury Park, Nueva Jersey, para cruzar Estados Unidos. Seis meses después, un viernes, 18 de octubre, terminó su peregrinación en Venice Beach, California. El trayecto de 4.588 kilómetros superó todas las expectativas que había albergado. Al este de Colorado, le mordió una serpiente de cascabel y casi muere. Lo trasladaron al hospital en helicóptero, donde pasó cinco días en la UCI y varias semanas de rehabilitación. Pero él estaba decidido. Cuando recuperó fuerzas para caminar, volvió al lugar donde sufrió la mordedura y siguió caminando desde ese punto. Sin embargo, más que los problemas físicos, me dijo que lo que más le afectó fue el viaje emocional. «Llegué a lugares que no sabía que existían. Aprendí a estar presente en lo bueno y en lo malo y a superarlo, incluso permaneciendo fuerte y firme».

En algunas de las comunidades que descubrió, hizo pequeñas actuaciones acústicas. Me dijo que esos bolos le habían recordado lo que más le gustaba de componer música: la conexión profunda y hacer sentir su presencia, tanto en sus canciones como con la audiencia. «Cuanto más apreciado me sentía por la comunidad, menos me importaban las distracciones, el ruido, los retuits, los *likes*, los comentarios... Sencillamente no me importaba. La vida se volvió más lenta. Por primera vez en mucho tiempo me sentí conectado. Fue hermoso». Posner se dio cuenta de que sus conceptos de felicidad y realización eran erróneos. «Pensaba que había una zona final o línea de meta. Pero eso no es así. No existe una zona final. Es una decisión diaria. ¿Cómo voy a presentarme? ¿Hacia dónde quiero dirigir mi energía y mi atención? ¿En qué quiero estar presente? Respondiendo a estas preguntas con integridad, así es como encuentras la felicidad».

Al poco tiempo de terminar su aventura, Posner subió un vídeo a YouTube. Es el vídeo de una de sus canciones, «Live Before I Die» [Vive antes de morir]. Hacia la mitad del vídeo, sale escrito en la pantalla, en letras mayúsculas y negritas, «LA VIDA ES AHORA»;[22] tal vez sea esto más que ninguna otra cosa lo que hacer a pie ese camino le enseñó a Posner y lo que puede enseñarnos a todos nosotros. Estar conectado es estar aquí —estar realmente *aquí*— en nuestra vida ahora mismo. Sí, el viaje de Posner fue dramático. Pero puedes realizar un viaje parecido siendo padre o madre, en el ámbito de la creatividad, el arte, los deportes o cualquier otra actividad. Si prestas mucha atención a cómo prestas atención, tendrás la experiencia visceral del poder que tiene afianzarte para luego perderte, y ser consciente de que este par de aparentes opuestos, en realidad, son lo mismo. La gente suele valorar su vida por el número de años que vive. Pero tal vez, más que la cantidad de años de vida, lo más importante sea la cantidad de presencia en dichos años.

OLVÍDATE DE LA PRODUCTIVIDAD: PÁSATE A LA *ACTIVIDAD PRODUCTIVA*

Cuando Posner inició su travesía a pie declaró repetidas veces: «No estoy caminando para demostrar a la gente quién soy. Estoy caminando para descubrir en quién me voy a convertir».[23] Este sentimiento encierra una paradoja de presencia crucial. Cuando estás totalmente presente, no solo modelas tu experiencia del presente, sino también del futuro.

Alguien que entendió bien esto fue Erich Fromm, un judío alemán que huyó del régimen nazi y se fue a Estados Unidos, en 1933. Era polímata: psicólogo, sociólogo y filósofo humanista brillante. En 1976, escribió un libro titulado *Del tener al ser*. En él acuñó la expresión *actividad productiva*, en la que nuestra actividad «es una manifestación de nuestros poderes, donde la persona, su actividad y el fruto de esta son uno». Si te resulta familiar es porque lo es. La actividad productiva de Fromm es asombrosamente familiar a lo que los científicos modernos llaman *flow*, los budistas nirvana, los taoístas el Camino y los griegos clásicos *areté*.

Fromm creía que la actividad productiva no solo genera la excelencia en nuestro trabajo, sino también en nuestra vida. En su teoría, la calidad de tu actividad productiva da forma a lo que haces hoy, y lo que haces hoy da forma a lo que serás mañana. Su actividad productiva se sustenta sobre la base que denominamos *concentración* y *preocupación suprema* o lo que aquí hemos llamado *presencia*.[24] Según Fromm, para lograr la excelencia en tu trabajo y convertirte en tu mejor versión has de cultivar la presencia y luego canalizarla hacia actividades productivas y significativas. Su concepto de actividad productiva es muy diferente de la forma actual de pensar acerca de la productividad. Mientras que esta última suele ser frenética y dispersa, la primera es deliberada y reflexiva. La actividad productiva nada tiene que ver con dejarse llevar por la inercia de estar ocupado. Tampoco es una cuestión de cantidad. Más bien se trata de la elección intencionada de hacia dónde y cómo vamos a dirigir nuestra atención.

Todo énfasis en la importancia de esta elección es poco. Las investigaciones han demostrado que lo que es importante no necesariamente llama nuestra atención, pero lo que llama nuestra atención se vuelve importante.[25] Esto refleja un concepto de la antigua psicología budista, al que se suele hacer referencia como *riego selectivo*. Resumiendo, la mente contiene una gran variedad de semillas: dicha, integridad, ira, celos, codicia, amor, engaño, creatividad, etcétera. La psicología budista nos enseña que nosotros somos los jardineros, y nuestra presencia y atención es el agua para esas semillas. Las semillas que regamos son las que crecerán. Las que crecen son las que modelan el tipo de persona en la que nos convertimos. En otras palabras, la calidad de nuestra presencia (su intensidad y hacia dónde la canalizamos) determina la calidad de nuestra vida.

Más de dos mil años después de las primeras enseñanzas budistas conocidas, el escritor David Foster Wallace, en su célebre discurso de graduación «Esto es agua», en el Kenyon College de Ohio, en 2005, dijo: «Aprender a pensar significa realmente ser lo bastante consciente y estar lo bastante despierto para elegir a qué prestas atención y para decidir la manera de convertir la experiencia en algo significativo. Porque si no ejercitas este tipo de elección en tu vida de adulto, estás bien jodido». Foster Wallace tenía razón.

Espero que a estas alturas del libro los peligros de la distracción y los beneficios de la presencia estén claros. Comprender esto es una cosa, pero ponerlo en práctica es otra. La presencia no es un proceso automático. Solo porque puedas entenderla mentalmente no significa que seas capaz de encarnarla. Has de entrenarla como si fuera un músculo cualquiera. Casi todos mis clientes de *coaching* ejecutivos tienen problemas con la distracción y el estar siempre ocupados. A veces, a mí también me pasa. Como le pasa a todo el mundo, pienso. Todos queremos estar más presentes. Todos entendemos las ventajas de estar más presentes. Sin embargo, todos seguimos esforzándonos por cómo *estar* más presentes. A continuación encontrarás algunas prácticas que pueden ayudarte. No es fácil abandonar toda una vida de distracciones por una vida de presencia. Pero puedes progresar gradualmente. El esfuerzo vale la pena.

PRÁCTICA: SAL DE LA DISTRACCIÓN DE LA TIENDA DE GOLOSINAS

No es fácil elegir arroz integral y verduras si siempre estás rodeado de M&M's de cacahuete. La presencia, el *flow* y la actividad productiva se vuelven más accesibles cuando eliminas los caramelos, las distracciones. Muchos dispositivos electrónicos que acaparan tu atención han sido diseñados por ingenieros y expertos altamente cualificados en conductas adictivas. Su finalidad es tenerte enganchado y son muy hábiles en ello. Intentar resistirte a las distracciones que provocan estos dispositivos suele ser una batalla perdida. Por consiguiente, tal vez sea más eficaz pensar en la fuerza de voluntad como algo que se materializa no en el momento en que queremos estar presentes, sino cuando vamos a contracorriente. Quizás la escena más famosa del relato épico *La odisea* de Homero, sea cuando el protagonista, Ulises, quiere escuchar el canto de las sirenas, pero sabe que hacerlo acabará con su cordura. Su irresistible belleza lo distraería de su misión y lo tentaría a unirse a las fuerzas enemigas. Así que Ulises pone cera en los oídos de los miembros de su tripulación para que no puedan oír y les da instrucciones para que lo aten a un mástil del barco y que no lo suelten bajo ninguna circunstancia. De este modo, podrá escuchar su canto sin convertirse en su esclavo. En los círculos filosóficos, esto se conoce como el pacto de Ulises. Su lección es que cuando nos enfrentamos a grandes tentaciones, nunca basta con la fuerza de voluntad.

Contrarrestar las distracciones tentadoras es un proceso de dos partes: primero, has de identificar cuándo quieres implicarte a fondo en una tarea o estar totalmente presente para jugar, navegar y conectar, y segundo, debes eliminar las distracciones antes de esos momentos.

- Reserva horas en tu agenda para la presencia plena o introdúcela en tu rutina habitual. La clave está en saber que vas a hacerlo en esos periodos que has reservado. Sin este paso de planificar y de intencionalidad, la distracción se cuela fácilmente en tu presencia.
- Planifica dónde vas a dejar tus dispositivos electrónicos y cómo vas a eliminar las distracciones. Recuerda que incluso el simple hecho de que el móvil o el ordenador estén a la vista, puede interferir en tu capacidad para estar presente. Puede que no baste con apagarlos. Fuera de la vista *en realidad* es fuera de la mente. He tenido clientes que han dejado sus móviles y ordenadores en el sótano o que se marchan de la oficina a tomar un café sin conexiones wifi. Este paso es especialmente importante si tienes costumbre de revisar tu correo electrónico, los *likes*, los retuits o los comentarios en las redes sociales. Recuerda que pasar el dedo por estas notificaciones es como jugar en una máquina tragaperras

existencial. Cuando vas a un casino, no es fácil prestar atención a otra cosa que no sea el juego.

- No te sorprendas si te encuentras peor antes de sentirte mejor. Si estás acostumbrado a estar siempre pegado a tus dispositivos electrónicos, separarte de ellos puede ser estresante. Empieza con pequeños espacios de tiempo libre de distracciones, incluso solo veinte minutos, y aumenta gradualmente su duración. Los psicólogos lo llaman proceso de *exposición y prevención de la respuesta* o EPR. Este es el tratamiento estrella para la ansiedad. Te expones a lo que te provoca ansiedad y luego previenes la respuesta que haría que desapareciera tu ansiedad. En este caso, la exposición es estar totalmente presente sin revisar tu dispositivo o preocuparte por el pasado o el futuro, y la respuesta que estás previniendo es revisar tu móvil o ponerte a pensar en otra cosa.

- Con la EPR, los sentimientos de inquietud o angustia tal vez aumenten al principio, pero al cabo de un tiempo remiten. Saber esto es especialmente útil si al principio te ha costado. Cíñete a la práctica. Al cabo de unas semanas, tu cerebro reaprenderá que no es el fin del mundo cuando dejas tu móvil y que no te has de preocupar constantemente por el pasado o el futuro. Por consiguiente, te será más fácil centrarte en el presente sin distraerte. Tu trabajo será más significativo, te sentirás cada vez más estable y más realizado y satisfecho.

- Un último punto: asegúrate de dedicar unos minutos a concentrarte profundamente y a estar presente. Las distracciones, como los caramelos, casi siempre resultan más atractivas en el momento. Cuesta un poco sentirse bien eligiendo el arroz integral. Nueve de cada diez veces de las que me senté para escribir este libro, me hubiera resultado mucho más fácil tuitear, responder correos electrónicos o leer páginas de noticias y de política. Pero al cabo de unos minutos de adaptación a un nuevo ritmo, siempre me alegré de haberme puesto a escribir, en vez de hacer otra cosa.

Esto puede incitarte a pensar que si algo de presencia es bueno, más será mejor, así que ¿por qué no intentar evitar las distracciones durante todo el día? Aunque es una meta muy noble, para muchos de nosotros, incluido yo, no es realista. Al final, lo que sucede es que terminamos cayendo en la tentación de la novedad y la distracción, y luego nos reprochamos el haberlo hecho. A mis clientes de *coaching* les propongo un enfoque distinto. Les pido que reserven bloques de tiempo para trabajar sin distracciones y entablar conexiones profundas, y después, durante el resto del día, que pase lo que tenga que pasar. Si miran el correo electrónico un millón de veces, no pasa nada, siempre y cuando no lo hagan durante los tiempos que se habían reservado para estar presentes. De este modo, en vez de fracasar constantemente o intentar infructuosamente no distraerse para evitar, así, un resultado negativo, están creando patrones de éxito y logrando un resultado positivo (el sentimiento de estar totalmente presente). Con el tiempo, cuanto más experimentes la presencia total, menos te atraerán las distracciones. Este proceso te acerca a una vida de presencia.

Una vez, tuve un cliente de *coaching* que se llamaba Tim, un vendedor de éxito que estaba acostumbrado a estar siempre conectado a Internet. Aunque no le gustaba cómo se sentía, apenas podía imaginar otra forma de vida. Empezamos por reservar dos bloques de treinta minutos de concentración total en el trabajo, durante el día, y por la noche, tenía que apagar su móvil y guardarlo en un cajón, a partir de las ocho. Después de cuatro meses, Tim reservaba, la mayoría de los días, tres bloques de treinta minutos para concentrarse plenamente en su trabajo y apagaba su móvil a las seis y media de la tarde. Cuando le pregunté por su transformación, me dijo que fue muy sencilla: iba acumulando pequeñas victorias. Se fue dando cuenta gradualmente de que cuanto más presente estaba, más rendía y mejor se sentía. «La primera semana o las dos primeras fueron duras. Estaba muy nervioso, me quedaba atrás y sentía el impulso de revisar el correo electrónico. Pero seguí intentándolo». Al final, aprendió a disfrutar comiendo arroz integral y verduras, en vez de M&M's de cacahuete. «Me di cuenta de que me había estado engañando a mí mismo; la mayoría de los correos pueden esperar unas horas». A medida que Tim reclamaba su atención y su capacidad para estar presente, también reclamaba horas y horas de su vida. Dedicaba más tiempo a las actividades y a las personas que le importaban y menos a lo efímero y superficial. Empezó a sentir que pisaba suelo firme. Su historia nos da una importante lección. La mejor forma de lograr vivir sin distracciones es comenzar poco a poco e ir avanzando gradualmente. Empieza por dedicar unos minutos, luego horas, y por último, días enteros.

PRÁCTICA: SURFEA LAS OLAS DE LA DISTRACCIÓN

No siempre podrás atarte al mástil (como hizo Ulises) o eliminar las distracciones. Y no siempre puedes controlar tus pensamientos, sentimientos e impulsos, que suelen interrumpir la concentración. Pero lo que sí puedes hacer es sentir la tentación de dirigirte hacia la distracción o de pensar en otra cosa y *no* hacer nada al respecto. «Cada vez que surfeas la ola del antojo sin ceder a él, estás dejando de reforzar el hábito», dice el neurocientífico de la Universidad Brown, Judson Brewer. Básicamente, aprendes a sentir las ganas de comerte un caramelo, sin necesidad de comértelo. «Estas olas son como úes invertidas, sientes cómo se elevan, su cresta y luego su bajada», dice Brewer. Tu trabajo es surfear las olas.

En tu práctica de surfear las olas de la distracción, habrá momentos en los que sucumbirás. Mirarás el móvil. Te meterás en la madriguera de las redes sociales o el correo electrónico. Pensarás en el pasado o te preocuparás por el futuro. Eso está bien. Basta con que prestes mucha atención a cómo te sientes durante y después de que suceda esto. Es posible que te sientas bien durante un rato, pero luego, como sucede después de comer mucho chocolate, tal vez empieces a encontrarte mal. Cuanto más sientas la insatisfacción de haber pasado el día distraído, o aunque solo hayan sido breves interrupciones de la presencia total, más fácil te resultará surfear la siguiente ola sin que esta te engulla. Básicamente, estás entrenando tu mente para identificar las distracciones como ruido de fondo, no como señales importantes.

Lo contrario también es cierto: sentir una presencia profunda es útil. Esto parece evidente, pero a medida que vas haciendo la transición a estar más presente, puede que descubras que sales de estados de *flow* y que regresas al mundo de la dispersión con tanta rapidez que nunca puedes apreciar lo bien que te sientes en la zona. Después de haber estado totalmente presente, dedica unos momentos a reflexionar sobre tu experiencia. Una forma sencilla de hacer esto, que suelo utilizar con mis clientes de *coaching*, es la de escribir un diario. Emplea uno o dos minutos en anotar algunas palabras para describir tu experiencia de estar totalmente presente. Cuanto más reflexiones y asimiles lo que supone estar presente, menos probabilidades tendrás de dispersarte. Sentirás en tus entrañas que las recompensas superficiales y pasajeras, las golosinas que obtienes de las distracciones —de un día revisando correos electrónicos, *likes*, comentarios y retuits— no son nada en comparación con el extraordinario don de estar plenamente presente con las personas y en los proyectos que de verdad te importan.

PRÁCTICA: DESARROLLA *MINDFULNESS*

Cuando piensas en la meditación, tal vez te imagines a alguien sentado con las piernas cruzadas y los ojos cerrados, en un estado de beatitud. Así es como suelen representar esta práctica en los medios, al menos en Occidente. Pero esta imagen genera un gran malentendido: el de que el propósito principal de la meditación es ayudarte a relajarte. Nada está más lejos de la realidad. El *mindfulness*, la variedad de meditación de la que hablaremos aquí, desarrolla la sabiduría, la compasión y la presencia para que vivas plenamente tu vida.

Cada vez que te sientas en silencio e intentas concentrarte en la respiración, surgen muchos pensamientos, sentimientos e impulsos (a menudo desagradables). La práctica de *mindfulness* conlleva no identificarte con tus pensamientos, sentimientos e impulsos y concentrarte en tu respiración. «Tu trabajo simplemente consiste en observar y soltar, observar y liberar, a veces despiadada e incesantemente, si se da el caso [...] Simplemente, observar y dejar ir», escribe el maestro de meditación Jon Kabbat-Zinn.[26]

El *mindfulness* te permite dejar que un picor, metafórico o físico, exista sin rascarlo. Lo observas y lo sientes, le sonríes y vuelves a centrarte en la respiración. Lo que descubrirás es que si no te rascas, la mayoría de los picores se resuelven por sí solos. Si practicas *mindfulness* regularmente, muchos de los picores habituales de tu vida perderán su poder sobre ti; esto te ayudará a canalizar tu atención más directamente hacia tu meta. Adquieres la habilidad de distinguir las distracciones (internas y externas) y redirigir tu atención a lo que importa, en vez de reaccionar a todo lo que se cruza en tu camino. Esto no sucede de la noche a la mañana. Has de ser constante en tu práctica.

«Los patrones de pensamiento habituales y profundamente arraigados requieren la aplicación constante de *mindfulnes,* durante el tiempo que sea necesario para acabar con su influencia —escribe el monje Bhante Gunaratana—. Las distracciones son tigres de papel. No tienen poder en sí mismas. Has de alimentarlas constantemente, de lo contrario mueren».[27] La ciencia actual también está de acuerdo. Los estudios han demostrado que la atención es como un músculo.[28] Prestar atención ahora refuerza tu capacidad para prestar atención en el futuro. Asimismo, quedarse atrapado en la distracción ahora hace que sea más probable que te quedes atrapado en el futuro.

Puedes practicar *mindfulness* formal e informalmente.

- **Durante la práctica formal,** programa un avisador o una alarma para un periodo de tiempo de entre tres y cuarenta y cinco minutos y siéntate o túmbate en una posición cómoda. Empieza por poco y aumenta la duración gradualmente. Vale más comenzar por unos cuantos minutos de práctica formal al día y aumentar poco a poco que empezar por mucho y no poder cumplir con tu objetivo. A continuación dirige tu atención hacia la zona de tu cuerpo donde sientas más tu respiración, la nariz, el pecho o el abdomen. Cuando notes que tu atención se ha desviado de la respiración y se dirige hacia tus pensamientos, sentimientos o impulsos, obsérvalo sin juzgar y vuelve a centrarte en tu respiración. Si empiezas a juzgarte por haberte distraído, ¡procura no juzgarte por estar juzgándote! Solo presta atención a lo que está sucediendo, observa cómo se desarrolla todo, no te aferres a nada. Eso es todo. Esta práctica es tan sencilla y tan difícil como esto. Si te cuesta meditar, no es malo. Es una señal de que estás mejorando. Simplemente, observar lo difícil que puede ser concentrarte en tu respiración sin distraerte es en sí mismo una importante y valiosa revelación. Y darte cuenta, por experiencia propia, de con qué frecuencia te juzgas y lo poco que obtienes de ello te ayuda a ser más compasivo contigo mismo. Al final, puede que hasta aprendas a reírte de este monólogo interior.

- **La práctica de *mindfulness* informal durante el día** es observar cuándo se dispersa tu atención de aquello o aquellos para los que quieres estar presente y reconducirla hacia tu objetivo.

Tanto en la práctica formal como en la informal el objetivo es no dispersarte. Hasta los monjes de toda la vida se distraen. La meta es darte cuenta cuanto antes de que te has distraído sin juzgarte y redirigir tu atención hacia donde deseas. El resultado será que controlarás más tu atención y, por ende, controlarás más tu vida.

La práctica formal de *mindfulness* también se puede combinar con la de adoptar la visión del observador sabio, del capítulo dos. Puedes trabajar tus habilidades de presencia durante los primeros minutos usando siempre tu respiración como punto de referencia, luego distánciate y adopta una visión más amplia, la del observador. También puedes hacerlo a la inversa.

PRÁCTICA: HAZ UNA LISTA DE COSAS QUE DEBES EVITAR

Aunque no se conoce la fecha exacta, allá por el 1200, el maestro zen chino Wumen Huikai escribió: «Si tu mente no está nublada con cosas innecesarias, estás en la mejor estación de tu vida».[29]

En 2019, cuando empecé a trabajar con mi clienta Michelle, recordé estas palabras de Huikai. Ella es gerente de una gran empresa. Entiende perfectamente el valor de la presencia, pero estaba teniendo dificultades en practicarla desde que la habían ascendido a su nuevo puesto, con más empleados y proyectos a su cargo. A raíz de ello, Michelle sentía que tenía poco o ningún control sobre su día a día. Agravada con el paso del tiempo, esta sensación de dispersión la estaba hundiendo y cada vez se encontraba más cerca de quemarse. No dedicaba su tiempo, energía y atención a las actividades que quería, lo cual le provocaba una gran frustración, resentimiento e ira. Sus compañeros de trabajo se daban cuenta de ello y también su pareja. Michelle no estaba regando las semillas de su vida que quería regar y se empezaba a notar.

Le dije que me contara todos sus temores respecto a su trabajo (todas las cosas de poco o ningún valor) que la estaban desviando de su meta. Escribió una larga lista. Entonces, le dije que por qué no dejaba de hacer todo lo que había en la lista. Era habitual que mostrara algo de resistencia (es decir, así es como siempre he hecho las cosas). Nos pusimos a trabajar para eliminar todas esas cosas de inmediato. Pero había una serie de actividades de su lista que involucraban a otras personas. Tenía miedo de ofender a sus compañeros si les dejaba ver que parte del trabajo que hacían juntos no era necesario. Le dije que era comprensible. Le pregunté si estaba segura de cómo estaba evaluando las actividades de su lista. «Oh, estoy muy segura. Casi todas estas cosas son inútiles», reconoció. Luego le pregunté si creía que sus compañeros pensaban como ella, si quizás les pasara lo mismo, que no se atrevían a decirle nada por el mismo motivo que no se atrevía ella. Se le iluminaron los ojos. «Nunca me lo había planteado de este modo», me respondió.

En las semanas siguientes, Michelle mantuvo conversaciones sinceras y abiertas con sus compañeros y pudo eliminar casi el setenta por ciento de la basura de su lista. No solo se sintió más liberada y presente para lo que realmente le importaba, sino que al resto del equipo le pasó lo mismo.

Es increíble cuánto tiempo, energía y atención dedicamos a hacer cosas que no nos sirven. Puede tratarse de actividades cotidianas que fueron útiles en su momento, pero que ya no lo son. O como en el caso de Michelle, puede tratarse de tareas que impliquen a otras personas. Normalmente, lo único que se interpone para que no centremos nuestra atención en estas actividades somos nosotros mismos. Pero podemos cambiarlo, especialmente si recordamos que hay mucho en juego. La forma en que pasamos las horas indica cómo pasamos el día. Como la escritora Annie Dillard señaló con tanta elocuencia: «La forma en que pasamos los días [...] indica cómo pasamos nuestra vida».[30]

En el capítulo dos definimos nuestros valores principales y reflexionamos sobre algunas de las acciones que actúan a favor de esos valores. Vale la pena preguntarte habitualmente si estás dirigiendo tu atención y tu energía hacia aquello que está en línea con tus valores. ¿Qué cambios puedes hacer en tu vida, tanto personal como profesional, para pasar menos tiempo con lo superficial y más con lo que te importa? ¿Qué semillas sueles regar, aunque no quisieras hacerlo? ¿Cómo puedes liberarte de cosas para poder regar las semillas que realmente te interesan? Piensa en escribir una lista como Michelle y no tengas miedo de tener que cortar por lo sano con algunas cosas. Aunque las listas de tareas pendientes sean útiles, si no son viables te impiden estar presente, no te dejan realizar actividad productiva y te encaminan hacia la productividad indiscriminada, o lo que Séneca llamó ocupación ociosa. Cuando se trata de reclamar tu presencia, crear una lista de cosas que debes evitar suele ser muy eficaz.

REFLEXIONES FINALES SOBRE LA PRESENCIA

Estar presente no se limita a estar conectado con el aquí y ahora, es decir, no es sentirse empujado y arrastrado por innumerables distracciones, sino sentar unas bases para el futuro. La presencia te permite dirigir activamente tu propia evolución personal, en lugar de ir a donde te lleva la corriente. Te garantiza que realizarás actividad productiva, en lugar de entregarte a la productividad sin sentido e impulsada por la inercia.

También hemos visto que cuando estás en *flow* —o lo que hace mucho tiempo Buda denominó nirvana y los taoístas el Camino—, el tiempo parece evaporarse. Esto tiene sentido. Cuando estás totalmente presente no piensas en el pasado o en el futuro. No te preocupa quedarte atrás o todo lo que tienes que hacer. Simplemente, existes en el aquí y ahora. Por consiguiente, cuando practicas la presencia sueles ir menos acelerado y eres más paciente. Este es el principio del *groundedness* que trataremos en el capítulo siguiente.

4

TEN PACIENCIA,
LLEGARÁS ANTES

D onna empezó a trabajar para una compañía Fortune 100 al finalizar sus estudios universitarios, a principios de los noventa. Durante dos décadas, fue cambiando de cargo y adquiriendo puestos de mayor responsabilidad. En 2016, tuvo el mayor ascenso y el menos esperado de su carrera. La invitaron a formar parte del C-suite,* donde iba a ser uno de los ocho líderes de una organización que cuenta con miles de empleados y oficinas por el mundo. También sería la única mujer y la única afroamericana del equipo de líderes, lo que le valió el respetuoso apodo por parte de algunos de sus compañeros de «doble única». Nos vimos para la primera sesión de *coaching* poco después de su nombramiento. Me dijo que jamás se lo hubiera imaginado. «Simplemente, perseguí mis intereses e intenté trabajar con buenas personas. Creo que soy ejecutiva por accidente. Todo esto me parece surrealista». Aunque ya había desempeñado puestos de liderazgo, no habían sido nada en comparación con esto.

---

* N. de la T.: Es considerado el grupo más importante e influyente de personas de una empresa. Ser miembro de este grupo conlleva tomar decisiones de alto riesgo, mayor carga de trabajo y una compensación más elevada. (Fuente: Forbes.es).

En parte, lo que la catapultó a su nuevo cargo fue su diligencia para llevar a término los grandes proyectos. Se ganó la fama de ser capaz de hacer avanzar el trabajo en una gran compañía, y si este no iba al ritmo esperado, ella misma se ponía manos a la obra. Era una hacedora extraordinaria, tenía el don de hacer que las cosas sucedieran. Esto puede ser una ventaja cuando diriges a diez, cien o quizás mil empleados. Pero cuando diriges decenas de miles de personas, cuando estás al timón de un buque enorme y navegas constantemente por corrientes cambiantes, el deseo de hacer que se materialicen las cosas puede empezar a suponer un obstáculo en el camino. En su nuevo puesto, cada vez que intentaba forzar algo, llevar algo a término, terminaba frustrada. Estaba estresada, trabajaba un montón de horas y apenas dormía. Entretanto, a pesar de sus intentos, los planes y proyectos que intentaba acelerar no iban ni un ápice más rápido. En todo caso, algunos iban hasta más lentos.

Donna experimentaba lo que muchos de mis clientes ejecutivos experimentan cuando asumen puestos de mayor responsabilidad y lo que todos experimentamos cuando nos esforzamos para lograr metas importantes. Queremos resultados ya. Queremos sentirnos cómodos y sentir que tenemos el control para resolver problemas y arreglar cosas. Es cierto que estas actitudes, componentes clave del individualismo heroico, pueden ser como combustible para un cohete en ciertas situaciones y que nos propulsen hasta la cima a toda velocidad. Pero en muchas otras situaciones, pueden ser contraproducentes. Donna, para ser eficiente y no perder su centro, tuvo que aprender una nueva forma de dirigir y de ser. Tuvo que aprender a tener paciencia.

Como verás, el tipo de paciencia al que me estoy refiriendo no implica esperar eternamente sin obtener resultado. Se trata de desarrollar una persistencia reflexiva y constante que nos exige ir más despacio a corto plazo para poder ir más deprisa y más lejos a largo plazo. Es lo que Donna y yo denominamos la diferencia entre hacer que las cosas sucedan y dejar que las cosas sucedan, la diferencia entre dar un paso hacia delante y ejercer tu voluntad, y dar un paso atrás y dejar que las cosas pasen a su debido tiempo. Aunque hay un momento y un lugar para ambas estrategias, la mayoría opta por la primera, aunque la segunda es la mejor.

El tercer principio del *groundedness* **es la** *paciencia.* La paciencia neutraliza nuestra tendencia a la prisa, a correr y a sobrevalorar las situaciones urgentes, en favor de hacer las cosas con calma. De este modo, se presta a la estabilidad, la fuerza y el progreso duradero.

A VECES LA PACIENCIA DUELE

En 2014, en la Universidad de Virginia, en Charlottesville, el psicólogo social Timothy Wilson tuvo la corazonada de que, quizás ahora más que nunca, a la gente no le gustaba esperar. Para probar su hipótesis, reclutó a cientos de estudiantes universitarios y a miembros de la comunidad para participar en lo que les dijo que serían «periodos de pensar». Colocaron a los participantes en salas vacías durante quince minutos, sin nada que los distrajera. Les confiscaron los móviles, ordenadores portátiles y tabletas. Wilson dio a los participantes dos opciones: sentarse y esperar los quince minutos o autosometerse a una fuerte descarga eléctrica. Los resultados fueron impactantes. El sesenta y siete por ciento de los hombres y el veinticinco por ciento de las mujeres eligieron la descarga, a menudo de forma repetida, en lugar de sentarse tranquilamente a esperar. No eran masoquistas que se hubieran prestado voluntariamente a ello. Antes de iniciar el experimento, todos los participantes habían dicho que pagarían por evitar electrocutarse. Pero cuando tuvieron que estar sentados y esperar —recuerdo que se trataba solo de quince minutos—, la mayoría de los hombres y una considerable proporción de mujeres prefirió la descarga eléctrica.

La hipótesis de Wilson era correcta. Los resultados de su estudio demostraron claramente que a la gente le desagrada el aburrimiento y le cuesta esperar. Aunque fue sorprendente que los participantes de su estudio se sometieran al dolor antes que esperar, el tema general no lo era. Nuestra sociedad hace hincapié en los resultados inmediatos. Encargamos comida haciendo clic en una casilla y esperamos que llegue a nuestra puerta en cuestión de minutos. Leemos tuits de doscientos ochenta caracteres, en vez de informes de investigación de formato largo. Siempre estamos manejando una serie de soluciones rápidas y atajos. El individualismo heroico anhela la riqueza, la salud y la felicidad instantáneas. Algunas personas incluso quieren vivir eternamente, se obsesionan con la longevidad: la ironía está en que lo quieren ahora, en una píldora o dieta mágica, o en cualquier otro formato de remedio fácil o rápido.

Una investigación dirigida por la empresa Forrester demuestra que, en 2006, los compradores por Internet esperaban que las páginas web se cargaran en menos de cuatro segundos.[1] Tres años más tarde, ese número se redujo a dos segundos. En 2012, los ingenieros de Google se dieron cuenta de que los usuarios de Internet esperan que los resultados de su búsqueda se carguen en dos quintos de segundo o lo que se tarda en pestañear. No hay motivos para creer que esto vaya ir a menos.[2] El autor Nicholas Carr, en cuyo libro *Superficiales* explora los efectos de largo alcance de Internet, dice: «A medida que nuestras tecnologías aumentan la intensidad del estímulo y el fluir de cosas nuevas, nos vamos adaptando a ese ritmo. Somos menos pacientes. Cuando se producen momentos sin estimulación, empezamos a entrar en estado de pánico y no

TEN PACIENCIA, LLEGARÁS ANTES

sabemos qué hacer con ellos, porque nos hemos entrenado para esperar dichos estímulos».[3]

Un profético informe de 2012, «Millennials Will Benefit and Suffer Due to Their Hyperconnected Lives» [Los *millennial* se beneficiarán y sufrirán debido a su estilo de vida hiperconectado], dirigido por el Centro de Investigaciones para Internet Pew y el Proyecto de Vida Estadounidense, predijo que un efecto secundario de nuestro estilo de vida hiperconectado son «las expectativas de la gratificación inmediata».[4] He puesto «efecto secundario» porque eso es justamente lo que es. No hay nada inherentemente malo respecto a la tecnología apropiada; yo confío en ella, y es tan probable que me frustre como cualquier otra persona cuando el reloj de arena de la pantalla no se vacía lo bastante rápido. Pero cuando esperamos este tipo de rapidez, de estímulo constante y gratificación inmediata en otras áreas de nuestra vida, puede convertirse en un problema.

En términos generales, lo bueno se hace esperar. La paciencia es una ventaja para el atletismo, los negocios, la creatividad, la ciencia y las relaciones. Silicon Valley nos insta a «movernos deprisa y a romper cosas». Pero, como han demostrado los fracasos y las dolorosas consecuencias de tantas empresas de Silicon Valley, si adoptas esa actitud, normalmente terminas roto. Cultivar la paciencia nos sirve para no quedarnos tan atrapados en esa energía frenética y en la angustia. Nos ayuda a compensar la tentación de estar buscando siempre la novedad y cambiar constantemente el curso. Nos invita a que nos mostremos confiados y considerados, incluso cuando parece que las cosas van lentas. Nos anima a adoptar una visión más amplia, para reconocer cuándo vale más dejar que las situaciones se desarrollen a su debido tiempo. Hasta nos ayuda a movernos con ligereza en el momento. Justin, uno de mis mejores amigos, es médico de urgencias en el centro de Oakland, California. Su mantra en los casos críticos en los que cada segundo cuenta es: «Vísteme despacio que tengo prisa».

Veamos un tema que probablemente sea familiar para la mayoría: las dietas. Atraídas por las últimas tendencias, muchas personas que se esfuerzan por adelgazar rebotan constantemente de una dieta de moda a otra: baja en grasa, baja en hidratos de carbono, South Beach, Atkins, DASH, zona, Ornish, keto, ayuno intermitente... y la lista sigue. No es que no funcionen. Pero estar cambiando constantemente no es bueno para perder peso. En 2018, un estudio realizado por la Universidad de Stanford comparó las dietas bajas en grasa con las bajas en hidratos de carbono e hizo un seguimiento de un año a participantes asignados al azar. El mejor indicativo de la pérdida de peso no fue el tipo de dieta que se les asignó, sino su constancia con ella. Dietas temerarias aparte, la mejor dieta es aquella a la que te puedes ceñir. Eso es todo. Es fácil de entender, pero según parece difícil de poner en práctica. Respecto a estos y otros resultados experimentales sobre nutrición,[5] Aaron Carroll, un médico de investigación de la Escuela Universitaria de Medicina de Indiana que escribe para *The New York Times*, explica que «las dietas que tienen éxito a la larga son las que probablemente conllevan cambios lentos y constantes».

No son solo las dietas, por supuesto. Lo mismo sucede con casi cualquier cambio duradero, ya sea en rendimiento, salud o felicidad. Si aceleras el proceso o esperas resultados demasiado rápido, terminas decepcionándote una y otra vez. Cuanto más grande y significativa es la tarea, más importante es tener paciencia. Cuando me encontraba en la cúspide de mi experiencia con el TOC, uno de los mejores consejos que me dio mi psiquiatra, el doctor Lucas V. D., fue «ten paciencia». «Es como las nueve entradas (*innings*) de un partido de béisbol», me dijo. Aunque yo deseaba estar al final de la novena con una ventaja de siete carreras, lo cierto era que, en aquel tiempo, probablemente todavía me encontraba a mitad de la segunda entrada. Me puse la expectativa de que la recuperación iba a ser a largo plazo, un viaje lleno de altibajos, con algunas entradas mejores que otras. Su consejo realmente me impactó. Hay muchas áreas de nuestra vida, personal y profesional, en las que tendemos a expandir nuestra visión y contemplar el presente en términos universales. El énfasis constante que hace nuestra cultura en la velocidad y el progreso de la noche a la mañana no es precisamente la mejor ayuda. Pero cuando expandimos nuestra visión y nos damos cuenta de que tantos de los proyectos que tenemos en nuestra vida son como partidos de nueve entradas, el sentido de inmediatez de lo que sea que tengamos entre manos se relaja. Como lo hace el distrés que originó dicha inmediatez. Los momentos difíciles se vuelven algo menos difíciles cuando nos damos cuenta de que no durarán siempre. Por consiguiente, podemos seguir progresando con más reflexión, con más coherencia y, en última instancia, con más oportunidades de conseguir el tipo de éxito que verdaderamente nos satisface, que es la característica del *groundedness*.

NO EXISTE EL TRIUNFO DE LA NOCHE A LA MAÑANA

Charles Darwin, cuando era joven, pasó casi cinco años a bordo del HMS Beagle, un gran buque que dio la vuelta al mundo en una gran expedición científica. Aunque el buque zarpó en 1831, no fue hasta 1835, en su visita a las islas Galápagos, hacia el final de su viaje, cuando Darwin empezó a formular su teoría de la selección natural, que en su momento se llamó de transmutación de las especies.[6] Tuvo que estar más de cuatro años en el mar, antes de que su revolucionaria teoría empezara a tomar forma. Pero aun así eso fue solo el principio. A su vuelta, trabajó vigorosamente en su teoría, y realizó grandes progresos entre 1836 y 1838. Sin embargo, no fue hasta 1859 cuando publicó su obra maestra *El origen de las especies*. Es decir, estuvo más de veinte años trabajando y corrigiendo sus ideas. Durante ese tiempo, tuvo que superar innumerables equivocaciones, críticas y bloqueos mentales. Según sus propias palabras, consideraba que su éxito se debía principalmente «a su amor por la ciencia e infinita paciencia para reflexionar largo tiempo sobre cada tema».[7] De hecho, el mayor descubrimiento científico de la historia moderna no fue un descubrimiento en absoluto. Fue fruto de dos décadas de trabajo. Cuando se publicó *El origen de las especies*, habían pasado veintiocho años desde que embarcó en el HMS Beagle, y el provocador y vanguardista Darwin tenía cincuenta años.

A diferencia de lo que postula el individualismo heroico, el progreso suele ser lento, y eso está bien. Para marcar la diferencia en casi cualquier cosa que sea significativa, tu trabajo ha de durar lo suficiente para atravesar las inevitables barreras y mesetas. Lo que parece un periodo estático puede no serlo en absoluto; es posible que todavía no estés viendo los efectos de tus esfuerzos. Cuando trabajas en algo importante, algo importante está trabajando para ti. Todavía no he conocido a nadie que me haya dicho que sus momentos más felices o en los que se ha sentido más realizado han sido aquellos en los que ha tenido que ir deprisa.

Mentalmente, todo esto puede parecernos muy bien. Pero, en la realidad, las mesetas pueden ser especialmente frustrantes. Sacan a relucir todo tipo de motivaciones ocultas. ¿Haces lo que haces porque eres adicto a los resultados externos? ¿Puedes seguir sin el chute constante de dopamina (el neurotransmisor del placer) que sigue al progreso visible? ¿Puedes desconectar de la sociedad de consumo que intenta desviarte de tu objetivo con infinitas promesas de éxito inmediato, trampas y otras modas, falsedades y soluciones rápidas atractivas?

La respuesta a estas preguntas es la clave para el éxito y la realización personal duraderos. A veces, has de golpear la piedra una y otra vez para que se rompa. Recuerda que eso no significa que tus golpes anteriores no funcionaran. Es posible que la tensión se esté creando, aunque todavía no te des cuenta. El descubrimiento puede estar a la vuelta de la esquina.

Los logros «inesperados» suelen ser habituales en el atletismo, donde es normal pasar de correr 1 milla en 8 minutos durante semanas y, de pronto, correrla en 7:45 minutos. O tus sentadillas levantando 124 kilos de peso a levantar, aparentemente de golpe, 138 kilos. Los científicos del ejercicio físico lo denominan ciclo de compensación y de supercompensación. El cuerpo necesita tiempo para absorber el entrenamiento duro y adaptarse a él. En el plano celular, lo más pronto que es probable que veas los beneficios duraderos de un ejercicio físico es a los diez días de haberlo realizado, y con frecuencia, es mucho más que eso.[8] En general, lo que sucede es que los atletas empeoran un poco antes de mejorar. En los niveles de élite en el deporte, es bastante habitual que los atletas entrenen durante todo un año, antes de conseguir las adaptaciones de sus ejercicios que se habían propuesto. Su cuerpo compensa la carga de trabajo —es decir, permanece igual o quizás se deteriore un poco, mientras se recupera y restablece del estrés del entrenamiento— antes de supercompensar o volverse más fuerte de manera visible.

Este patrón no solo es típico del atletismo. Un estudio publicado en 2018, en la prestigiosa revista *Nature*, examinó el rendimiento en la actividad creativa e intelectual.[9] Los investigadores observaron que aunque la mayoría de las personas tienen una «buena racha» en su carrera (un periodo específico durante el cual el rendimiento de un individuo es sustancialmente mejor que su rendimiento típico), el momento en que se produce es impredecible.

«La buena racha surge al azar, dentro de la secuencia de trabajos de una persona, se puede localizar en el tiempo, y no se asocia a ningún cambio detectable en la productividad», escribieron los científicos. Pero ¿que tienen en común todas las buenas rachas? Todas se apoyan sobre una base previa de trabajo, durante la cual la mejora observable fue mucho menos sustancial. Si estos individuos hubieran abandonado, dejado sus carreras o cambiado sus visiones demasiado pronto, no se habrían producido sus descubrimientos. Tuvieron que ser pacientes. Vincent van Gogh pintó más de veinte cuadros, en 1888, justo dos años antes de su muerte.[10] Entre estos cuadros se encuentran dos de sus obras más famosas, *La noche estrellada* y *Los girasoles*.

Otro ejemplo de paciencia y tenacidad que conduce a una revolucionaria buena racha es el de Ta-Nehisé Coates. De joven, el escritor tuvo que luchar por sobrevivir. Desde 1996 hasta 2008, había publicado varias cosas.[11] Cuando vio la luz su primer libro, *The Beautiful Struggle* [El esfuerzo hermoso], en 2008, casi nadie se enteró. Por aquel entonces, Coates había perdido tres trabajos, y su familia sobrevivía gracias al dinero que percibía por la prestación de desempleo, los ingresos de su esposa y la ayuda de familiares. Pero él seguía trabajando. En 2008, consiguió una columna *online* en la revista *The Atlantic*, donde despacio pero sin pausa fue tomando impulso y ganando lectores. Pero no fue hasta 2012, casi veinte años después y cientos de historias publicadas, cuando Coates saltó a la fama. Ese año, escribió la historia de portada de *The Atlantic*, «Miedo a un presidente negro». En 2014, su ensayo «El ejemplo de la justicia restaurativa» se convirtió en uno de los más leídos y comentados en Internet. Y en 2015, su segundo libro, *Entre el mundo y yo*, fue el número uno de la lista de *The New York Times* y finalista para el Premio Pulitzer. Pero lo más importante es que cambió indiscutiblemente el discurso nacional (y tal vez también internacional) sobre la raza. En 2017, unos días antes de su cuarenta y dos aniversario, la revista *Times* dijo que Coates era «uno de los intelectuales de color más influyentes de su generación».[12]

Coates, en una charla para jóvenes escritores sobre la importancia de eliminar distracciones y practicar la paciencia, dijo: «Todo esto conduce a ser capaces de ver lo máximo posible del mundo, pero para ello necesitáis tiempo. Tú también necesitas tiempo. Y no querrás dedicarte a cosas que te roban tu tiempo».[13] Cuando le preguntaron sobre los logros creativos, respondió: «En realidad nada tiene de místico, es una práctica que se repite una y otra vez, hasta que un día, de pronto, te conviertes en algo que no tenías ni la menor idea que podías ser».[14] Mientras escribo esto, en 2020, en medio de un gran movimiento para la justicia social, el trabajo de Coates se cita muchas veces a la semana, por todas partes. Su paciencia y su tenacidad no solo le permitieron transformarse a sí mismo, sino que también ayudaron a transformar el mundo.

Tal vez el campo donde resulte más asombroso que la paciencia sea una gran ventaja es el de las empresas tecnológicas e innovadoras. Solemos asociar la cultura de la empresa emergente con el individualismo heroico, la velocidad y la juventud. Pero esta asociación es errónea. Mark Zuckerberg, fundador y director ejecutivo de Facebook, dijo una vez respecto a los emprendedores: «Quiero hacer hincapié en la importancia de ser joven y técnico. Los jóvenes sencillamente somos más inteligentes».[15] Sin embargo, Zuckerberg, que dijo esto cuando se acercaba a los treinta, se equivocaba.

Podemos afirmar esto gracias a un equipo de investigadores de la Escuela de Negocios Sloan del MIT (Instituto Tecnológico de Massachusetts). En un macroestudio, revisaron todos los negocios que emergieron en Estados Unidos entre 2007 y 2014, un lote de datos que abarcaba 2,7 millones de emprendedores. Compararon la edad del fundador con una serie de medidas de rendimiento empresarial, como el empleo, el crecimiento de ventas y, cuando era relevante, el valor de la empresa en la oferta pública inicial (OPI). Lo que descubrieron fue que los emprendedores con éxito suelen ser de mediana edad, no jóvenes. Para el 0,1% de las empresas de rápido crecimiento en Estados Unidos, durante el periodo de estudio, la edad promedio del fundador en el momento en que se creó la empresa era de cuarenta y cinco años. Los empresarios de mediana edad también son los que tuvieron las mejores OPI. Un adulto de cincuenta años tiene 1,8 veces más probabilidades que uno de treinta y dos de crear un negocio de crecimiento rápido. Incluso los que crean su empresa cuando son jóvenes es probable que no alcancen la cumbre hasta que lleguen a la mediana edad, según investigaciones de la Sloan.[16] El iPhone, cuestionablemente el producto más innovador de Steve Jobs y Apple, llegó al mercado cuando Jobs tenía cincuenta y dos años, dos años más que Darwin cuando publicó *El origen de las especies*.

No podemos pasar por alto que hay riesgos asociados a hacer lo mismo que has hecho siempre sin ver ningún cambio: ya sea en el gimnasio, en el trabajo o en una relación. Tal como señaló el escritor científico David Epstein, en su libro *Amplitud*, a veces invertimos demasiado tiempo en algo que no nos lleva a ninguna parte, cuando sería mejor cambiar y buscar otra cosa que se adapte más a nuestros intereses y habilidades. Esto suele pasar cuando aprendemos nuevas disciplinas. Los economistas lo llaman *cualidad de coincidencia* o nuestra aptitud natural para realizar ciertas actividades o trabajos. Epstein defiende que esta cualidad es más importante que tener agallas. A fin de cuentas si eres apto para lo que estás haciendo, lo más probable es que sigas haciéndolo.*

---

* N. del A.: Un ejemplo personal como aclaración: siempre he sido un escritor especialmente osado, he superado infinidad de obstáculos y fracasos desde la escuela primaria, donde me dijeron que no servía para escribir. Los fracasos siguieron produciéndose en

Pero una vez que has establecido la cualidad de coincidencia, suele existir un riesgo igual, cuando no mayor, de quedarte estancado o de cambiar tu enfoque prematuramente. Basándome en mi propia experiencia y en una encuesta informal de mis compañeros de *coaching* (los que trabajan con atletas, ejecutivos y creativos), es más común abandonar algo demasiado pronto que estar demasiado tiempo con ello. Esto no es de extrañar. Los humanos sufren lo que los científicos de la conducta denominan *sesgo de comisión* o la tendencia a fallar más por actuar que por omisión. Si no vemos resultado, nos impacientamos y sentimos el fuerte impulso de hacer algo (lo que sea) para acelerar nuestro progreso. Pero, normalmente, lo mejor es no hacer nada: seguir el curso, adaptarnos por el camino y dejar que las cosas sucedan a su debido tiempo. En lugar de estar siempre pensando: «No te quedes ahí, haz algo», al menos podríamos plantearnos: «No te limites a hacer, quédate ahí».

LA CONSISTENCIA SE CONSTRUYE CON EL TIEMPO

La verdad sobre el progreso es esta: cuando no intentas acelerarlo, cuando das pasos pequeños y firmes en el tiempo, te estás dando la mejor oportunidad de conseguir grandes logros. Alguien que sabe esto bien es el catedrático de la Universidad de Stanford, B. J. Fogg, uno de los mayores expertos del mundo en conducta humana. En el modelo de Fogg del progreso humano, el hecho de

---

secundaria y culminaron cuando me rechazaron en la escuela de periodismo. (Y, por supuesto, también me rechazaron innumerables ensayos y artículos, lo cual sigue pasándome ahora con cierta frecuencia). Pero la ciencia y las matemáticas siempre me han echado para atrás. Esto no significa que me falte determinación. Sencillamente, significa que me gusta mucho más escribir que las ciencias o las matemáticas. La escritura me ofrece una mayor cualidad de coincidencia. A raíz de ello, aquí estoy.

que una persona actúe de la manera deseada dependerá de su motivación y de su habilidad para concluir dicha tarea. Sea cual sea tu motivación, si habitualmente superas tus posibilidades, haciendo demasiadas cosas demasiado pronto, lo más probable es que te desanimes y se te apague la llama. O quizás te lesiones con frecuencia, emocional o físicamente. Pero si aumentas la dificultad paulatinamente, lo que la semana pasada era difícil hoy te parecerá más fácil. Simplificando, los hábitos se construyen sobre sí mismos. Las victorias pequeñas y consistentes se acumulan con el tiempo. Esto no significa que el progreso haya de ser siempre lineal. Tendrás días buenos y días malos. Lo que persigues es que mejore tu promedio.

Vemos un poderoso ejemplo de paciencia y de superar tu promedio en las finanzas. Hay una filosofía de inversión infrautilizada (tal vez porque requiere paciencia) conocida como *dollar-cost averaging* (DCA, 'promedio del coste del dólar'). La teoría básica es esta: inviertes una pequeña cantidad de dinero, siempre la misma, en un fondo índice todos los días. Cuando baje el mercado, comprarás más acciones por la misma cantidad. Cuando suba, comprarás menos. El DCA se aprovecha de lo que los estadistas llaman regresión hacia la media o la tendencia a corto plazo de que cualquier sistema dinámico regrese a su estado promedio.

A la larga, mientras el mercado sube progresivamente (en esencia, un promedio creciente gradualmente), vas creando riqueza. Esta filosofía se aplica a otras áreas de la vida aparte de las finanzas. Una estrategia más eficaz a la de hacer esfuerzos heroicos esporádicos y acabar quemado es la de concentrarse en la consistencia y mejorar el promedio con el tiempo. Esto implica estar en lo bueno y en lo malo. Adoptar una actitud que favorezca los pequeños pasos consistentes, que tal vez nos reste la excitación que supone experimentar subidas y bajadas pronunciadas, pero que nos lleva a un progreso más estable. Asimismo, fomenta mayor estabilidad y tranquilidad, que como argumentaré a continuación son más satisfactorias que la excitación.

TRANQUILIDAD O EXCITACIÓN

Eliud Kipchoge es un corredor keniano que, en 2018, batió el récord mundial de maratón. Es el mejor en el mundo en lo suyo. Además de ser muy rápido, es sumamente reflexivo. Se ha ganado el sobrenombre de «el rey filósofo del *running*». Cuando le preguntan por su receta del éxito, Kipchoge responde que la clave no está en pasarse entrenando. No es un fanático de intentar ser siempre el primero. No obstante, es constante y paciente. Por ejemplo, ha entrenado con el mismo entrenador durante más de una década, en un deporte en el que la mayoría de los atletas cambian. Poco antes de batir su récord mundial, dijo a *The New York Times* que rara vez, si es que lo hace alguna vez, se fuerza a rendir más del ochenta por ciento (noventa por ciento como máximo) durante sus entrenamientos.[17] Esto le ayuda a encadenar semanas de entrenamiento constante. Es un maestro de dejar que sucedan las cosas a su propio tiempo, en lugar de intentar forzarlas. Su entrenador, Patrick Sang, dice que el secreto de su velocidad es que hace progresos «poco a poco».[18]

Por su parte, Kipchoge dijo a la revista *Times* «quiero correr con la mente relajada». Y en este aspecto, hace exactamente lo que quiere.

Tal vez más que por su velocidad, Kipchoge es conocido por su tranquilidad, dentro y fuera de la carretera. En la carretera, su zancada es suave y sedosa, casi corre con una sonrisa en su rostro, incluso hacia el final de carreras duras. Cuando otros corredores sufren visiblemente, con muecas en sus rostros, zancadas robóticas y colapsando, él parece deslizarse sin esfuerzo. Fuera de la carrera, habla despacio y suave. Mientras que otros corredores están preocupados intentando ganar o batir algún récord, Kipchoge no. Por ejemplo, cuando lo asediaban a preguntas sobre cuáles eran sus metas antes de la carrera en la que batió su récord mundial, se encogió de hombros e informó a los medios: «Para ser exacto, voy a intentar correr lo mejor que sé. Si se convierte en un récord mundial, me alegraré».[19]

La tranquilidad suele ser un derivado de la paciencia (y de la presencia; como he mencionado antes, estos principios son inseparables). La tranquilidad se manifiesta cuando vives plenamente el momento, cuando dejas que las cosas sucedan a su debido tiempo, sin forzar ni acelerar el proceso. La excitación es distinta. La excitación contrae, estrecha tu mundo. Te centras en lo que viene a continuación, siempre a unos pocos pasos por delante de donde estás. La excitación es agradable temporalmente. Y no cabe duda de que los momentos de excitación aportan sal a la vida. Pero si intentas generar obsesivamente ese sentimiento, puede que te pierdas lo que tienes delante porque ya lo estás dejando atrás. La tranquilidad, por el contrario, es expansiva. El tiempo se vuelve más lento y el espacio se amplía. «Hemos de distinguir la felicidad de la excitación —dice el maestro zen Thich Nhat Hanh—. Muchas personas creen que la felicidad es excitación. Piensan o esperan algo que consideran que es la felicidad, y para ellos, eso ya es la felicidad. Pero cuando estás excitado no estás en paz. La felicidad verdadera se basa en la paz».[20]

He aprendido por mí mismo la diferencia entre excitación impulsiva y la tranquilidad basada en la paciencia. Una mañana, cuando mi hijo era todavía un bebé, mostró un inusitado interés en una pelota azul blanda y que rebotaba mucho. Quizás quisiera jugar una versión modificada de atrapa la pelota para niños de ocho meses, pensé yo. Como deportista que he sido toda mi vida, me entusiasmé mucho. Pero lo que estaba sucediendo era que *yo* quería que él jugara una versión de atrapa la pelota para niños de ocho meses. Y en mi entusiasmo quería que sucediese ahora, pensaba que si lo animaba y le enseñaba a atraparla de todas las maneras posibles haría progresos. Pero no le interesaba. Al cabo de unos cinco minutos me di cuenta. Mi hijo se lo estaba pasando de maravilla jugando con la pelota a su aire. Chupándola. Mirándola. Tocándola. Intentando comérsela. Asombrándose de que rodara cuando la soltaba. Yo estaba tan entusiasmado por lo que podía salir de aquello, intentando controlar la situación, intentando que se produjera el juego de atrapar la pelota, que me estaba perdiendo la oportunidad de ver a mi hijo siendo él mismo. Una vez hube abandonado todo concepto de jugar a atrapar la pelota y la excitación anticipatoria, cambió toda mi experiencia. Estuve menos tenso, inquieto y restringido. Estuve más presente y abierto a experimentar lo que tenía delante, aunque no se pareciera en nada al juego de atrapar. Pasé de anticipar lo que sucedería a continuación a estar en lo que sucedía en aquel momento. Hice una transición de la excitación a la tranquilidad, de la velocidad y de pensar en lo que venía a continuación a la paciencia y la presencia ahora.

Esto me hizo reflexionar en que, como muchas de las personas que conozco que se guían por impulsos, doy siempre más importancia a la excitación que a la tranquilidad. Vamos detrás de algo porque queremos que sea de cierta manera, porque nos entusiasma lo que *podría* pasar. Esto actúa lo suficientemente a nuestro favor, al menos si favor lo interpretas como lograr resultados rápidos y conmensurables, como para convertirse en algo habitual. El problema es que la excitación se produce a expensas de la dicha y la tranquilidad. Nos incita a intentar controlarlo todo y forzar las cosas, cuando lo mejor sería *dejar* que sucedieran a su debido tiempo.

Vale la pena aclarar que esto no significa que nunca debas aprovechar la velocidad y la excitación. Es solo que también deberías considerar a lo que estás renunciando. Tal vez en tu caso la dichosa piedra se romperá con unos cuantos golpes más. Tal vez siempre te estés perdiendo la tranquilidad que se consigue gracias a la paciencia y a estar presente en lo que está sucediendo ahora. Hacemos las cosas rápidamente (no mejor, sino más rápido) para ganar tiempo. Pero ¿qué sentido tiene si para ganar ese tiempo hemos de ir más rápido? Todavía no he conocido a nadie que quisiera que su lápida mortuoria pusiera: «Se dio prisa».

PRÁCTICA: DEJA QUE LAS COSAS SUCEDAN POR SÍ MISMAS, EN VEZ DE FORZARLAS SIEMPRE PARA QUE LO HAGAN

Donna, la «ejecutiva por accidente» con la que abrí este capítulo, aprendió a dar un paso atrás para no intervenir en grandes proyectos, cuando lo consideraba apropiado. Cada vez que sentía el fuerte impulso de entrometerse y acelerar las cosas, utilizaba esa experiencia para preguntarse qué sucedería si no lo hacía. En algunos casos, la respuesta era el caos; en esas ocasiones forzaba la situación, y con razón. Pero la mayor parte de las veces, simplemente suponía que el proyecto o la iniciativa progresarían de un modo diferente, pero no peor, que si hubiera intervenido. Cuanto más cómoda se sentía marcando distancia, más tranquila estaba. También rendía más. Se dio cuenta de que, a veces, los proyectos han de avanzar despacio en el presente para que puedan ir más deprisa en el futuro. Donna progresó en su nuevo papel espléndidamente y ahora se ha convertido en una de las líderes más afianzadas que conozco. Superó numerosos altibajos ampliando su visión, recordando que las empresas más arriesgadas de nuestra vida, personales y profesionales, suelen ser juegos de nueve entradas.

Mientras trabajaba con Donna como clienta de *coaching* durante su transición, tuve presente el concepto de la *madre suficientemente buena*. Lo desarrolló el psicoanalista D. W. Winnicot, a principios de la década de 1950.[21] Lo voy a actualizar y a partir de ahora usaré *progenitor suficientemente bueno*. Según Winnicot, el progenitor suficientemente bueno no responde a todas y cada una de las necesidades de su hijo/a. No es progenitor helicóptero, pero tampoco lo descuida. La función de un progenitor suficientemente bueno es la de crear un espacio seguro para que su hijo o hija se desarrolle y evolucione por sí mismo. Hay momentos en que el progenitor suficientemente bueno tendrá que implicarse más. Pero esa no es la meta. La meta es crear un receptáculo donde el proceso (en este caso el niño o niña en proceso de crecimiento) pueda desarrollarse por sí mismo. El trabajo de Winnicot señalaba que para la mayoría de los progenitores implicarse no les suponía ningún problema. Pero distanciarse es un proceso que requería un esfuerzo deliberado.

Para muchos de los grandes proyectos de nuestras vidas (incluidas nuestra propia evolución y la educación de nuestros hijos) puede ayudarnos adoptar la actitud del progenitor suficientemente bueno. Especialmente si tenemos la tendencia de ir deprisa y forzar las cosas, de entrometernos, cuando lo mejor sería ir más despacio y distanciarnos. Cuando sientes la necesidad de intervenir acelerando la acción, pregúntate cómo sería hacer un diez por ciento más despacio lo que quiera que estés haciendo. ¿Cómo sería dar un pequeño paso hacia atrás y dejar que las cosas sigan su propio curso un poco más? (Esta práctica se puede usar a menor escala, como esperar para mandar un correo electrónico). A veces, *sí* conviene intervenir. Esta pausa (y más en general, adoptar la actitud del progenitor suficientemente bueno) no hace más que ayudarte a discernir, en vez de llevar siempre puesto el piloto automático. Ayuda a romper el patrón de correr en círculos y el subsiguiente estrés, a favor de estar más conectado en el ser *y* en el hacer.

PRÁCTICA: EL PROCESO ANTES QUE LOS RESULTADOS; DA PEQUEÑOS PASOS PARA GRANDES BENEFICIOS

Uno de los textos taoístas más populares es el *Tao Te Ching*. Fue escrito en el siglo VI, por Lao Tzu, que se cree que fue un contemporáneo algo mayor de Confucio. A veces, se hace referencia a él como eremita pasivo. Pero según el erudito del taoísmo Stephen Mitchell, es una concepción errónea debida a la insistencia de Lao Tzu en *wei wu wei*, literalmente 'hacer no haciendo'.[22] Si lees el *Tao Te Ching* detenidamente, verás que Lao Tzu dio todo tipo de consejos para pasar a la acción en el mundo. Lo único es que el tipo de acción que recomendaba debía realizarse despacio, con constancia y armonía. Recomendó prestar mucha atención al fluir de la vida, ser paciente y dar pasos viables y coherentes, en vez de intentar cosas temerarias y fracasar. Lao Tzu escribió: «El maestro lleva a cabo la gran tarea mediante una serie de pequeñas acciones».[23]

Cuando te marcas grandes metas, es fácil entusiasmarte demasiado por alcanzarlas y, a raíz de ello, aceleras el proceso y te consumes por lograr el resultado deseado. En ocasiones, incluso conduce a conductas temerarias. Para un deportista profesional, puede suponer una lesión, una enfermedad y excederse en su entrenamiento. En un puesto de trabajo típico, puede suponer el síndrome del *burnout*. En un documento de trabajo de la Escuela de Negocios de Harvard, «Goals Gone Wild: The Systematic Side Effects of Over-Prescribing Goal Setting» [Las metas se han descontrolado: los efectos secundarios sistemáticos de excederse en la prescripción de metas], un equipo de investigadores de las universidades de Harvard, Northwestern y Pensilvania se propusieron explorar el potencial efecto secundario de fijarse metas. Descubrieron que el énfasis excesivo en la fijación de metas (especialmente las que se basan en resultados visibles) suele reducir la motivación e incita a asumir riesgos irracionales y a una conducta poco ética.[24]

En lugar de enfocarte en el logro heroico de grandes metas, practica desglosarlas en sus diferentes partes y concentrarte en ellas. Esto es un mecanismo de concentración increíblemente poderoso. Te centra en el aquí y ahora y te ayuda a ser paciente, aunque persigas metas distantes. Si te concentras en el trabajo que tienes delante, te irá mejor. Esta actitud, a la que le he puesto el nombre de *mentalidad de proceso*, te ayuda a prevenir que intentes forzar un resultado, cuando tomarte tu tiempo puede ser la mejor estrategia. Para empresas más relevantes, el progreso a largo plazo no es tanto un esfuerzo heroico como ir a un paso inteligente; no se centra tanto en la intensidad en un día concreto como en la disciplina en el transcurso de los meses, y en algunos casos, durante años.

Cultiva la mentalidad de proceso

- Primero, fíjate una meta.
- A continuación, descubre pasos discretos que puedes dar para alcanzarla que estén bajo tu control.
- Luego, olvídate prácticamente de tu meta y concéntrate en ejecutar esos pasos. Califícate basándote en tu nivel de presencia y en el esfuerzo que estás haciendo en ese momento.
- Si descubres que te estás obsesionando con la meta, utilízala como una oportunidad para preguntarte qué podrías estar haciendo *ahora mismo* para que te ayudara a conseguirla. A veces, la respuesta es nada en absoluto: descansar.

- Durante el proceso, recuerda que hacer cosas por hacerlas no es progreso. Es solo hacer cosas.

PRÁCTICA: DETENTE UNA REPETICIÓN ANTES DEL FALLO

Detenerse una repetición antes del fallo es un sabio consejo de los entrenadores de atletismo. Significa que terminas tu entrenamiento cuando todavía te queda una vuelta, levantamiento o milla antes del fallo muscular. Aunque sea tentador seguir esforzándote (hacer esa tanda de *sprints* extras, por ejemplo), contrariamente a lo que el individualismo heroico te induzca a pensar, no puedes estar siempre tocando fondo y destruyéndote. Has de poder ser capaz de retomar el ejercicio donde lo dejaste. Lo que tal vez consigas mañana dependerá, en parte, de la contención que tengas hoy. Esta estrategia no solo se aplica al deporte. Por ejemplo, un consejo que se suele dar en escritura es escribir una frase menos, terminar una tanda de escritura cuando todavía estás inspirado; de este modo, podrás retomar el texto con más facilidad y marcar el ritmo de la siguiente sesión. La práctica general es la siguiente:

- Identifica áreas de tu vida en las que la falta de paciencia te haya causado problemas, tal vez lesiones, enfermedades o *burnout*, en el pasado.
- En lugar de hacer lo que estás acostumbrado a hacer, puede que lo que quieras hacer en el momento sea obligarte a detenerte una repetición antes de agotar tus recursos, todos los días.

Detenerte antes de agotarte requiere disciplina. Has de confiar en tu proceso, confiar en que si tienes paciencia, te controlas cuando es el momento y das pequeños pasos firmes, terminarás obteniendo grandes beneficios. Una investigación publicada en el *British Journal of Sports Medicine* demuestra que la mayoría de las lesiones deportivas se producen cuando el atleta aumenta demasiado rápido su carga de entrenamiento. La mejor forma de evitar lesiones es ir aumentando lentamente el volumen de entrenamiento con el tiempo. Cuando la carga de trabajo es muy elevada, o el promedio de lo que has hecho esta semana ha sido el doble de lo que has hecho en todo el mes, es más probable que sufras algún tipo de lesión que cuando aumentas más modestamente el volumen y la intensidad del entrenamiento.[25] Aunque el punto exacto para incrementar la carga de trabajo es un tema de debate científico, en términos generales no aumentarás la carga de trabajo de un día cualquiera muy por encima del promedio del mes pasado. He visto que este mismo principio se puede aplicar a mi práctica de *coaching* con ejecutivos. Cuando las personas abarcan mucho demasiado pronto o se autoconvencen de que pueden alcanzar un máximo rendimiento de golpe, los síntomas del *burnout* no tardan mucho en aparecer.

Aun así, detenerse una repetición antes del fallo es una de las cosas más difíciles de hacer, especialmente a las personas impulsivas. La gran mayoría de mis lesiones (deportivas) y de periodos de estancamiento (en el proceso creativo) se han producido cuando no he tenido esto en cuenta. Esta es una forma muy rebuscada de decir que lo he entendido, que de verdad lo he entendido. He descubierto que involucrar a compañeros de profesión y a amigos para que te recuerden que seas responsable es muy útil. Piensa como Kipchoge, el corredor que batió el récord. El progreso sucede poco a poco. Si hoy tienes tendencia a dejarte llevar por la excitación y la velocidad, intentar superar el objetivo, solo para mañana terminar frustrado o quemado, escribe las palabras *poco a poco* en tu área de trabajo, tanto si es una oficina como un estudio de arte, una clase o un gimnasio en tu garaje.

PRÁCTICA: DEJA TU MÓVIL

En el capítulo tres hemos hablado de los beneficios de eliminar las distracciones, como los dispositivos electrónicos, para que te ayude a introducir periodos de presencia planificados. Pero también puedes practicar dejar tu teléfono móvil u otro dispositivo aparte cuando vayas a hacer tus actividades cotidianas. Por ejemplo, puedes dejar el móvil en el coche cuando entras a comprar en el supermercado. Si tienes que esperar en la cola de caja, tendrás que practicar la paciencia. Dos obstáculos habituales son:

1. Es fácil, y por lo tanto, no vale la pena.
2. ¿Por qué tengo que forzarme a no hacer nada cuando podrías estar poniéndome al día de lo que está pasando, con los mensajes de texto, las redes sociales o el correo electrónico?

La primera barrera sabemos que no es cierta, gracias al estudio de la Universidad de Virginia que concluyó que las personas preferían autoelectrocutarse a esperar solas sin hacer nada. Desplazarte por la pantalla de tu dispositivo es mucho menos doloroso que electrocutarse. (No obstante, sería interesante ver qué sucedería si las personas que hacen cola no tuvieran sus teléfonos móviles, pero pudieran autoelectrocutarse).

Respecto a la segunda barrera, argüiría que los beneficios de entrenar la paciencia superan con creces lo que percibimos como el coste de no responder inmediatamente a un mensaje o ir retrasados en lo que a notificaciones se refiere, especialmente cuando gran parte de las «últimas» noticias no son más que entretenimiento basura disfrazado de algo importante. Prescindir de nuestro móvil durante cortos periodos de tiempo de espera nos ayuda a decondicionarnos de nuestra adicción a los estímulos, la novedad y la velocidad. Esto conlleva otros aspectos más importantes de la vida. Cuanto menos dependamos de la novedad y la rapidez, más podremos tomar decisiones conscientes respecto a cuándo hemos de buscar la novedad y avanzar deprisa, o bien es mejor permanecer tranquilos e ir más despacio.

Prescindir del móvil también nos da la oportunidad de estar más presentes en lo que estamos haciendo. Recuerda que la paciencia y la presencia se dan la mano. En el supermercado, por ejemplo, puede que tengas una idea creativa mientras esperas en la cola de caja. También puedes mirar al cajero o la cajera a los ojos, sonreírle y practicar una conexión social que, en la mayoría de los casos, es muy beneficiosa para todos. Algunas ideas más para cuando no lleves el móvil encima:

- Hacer recados.
- Ir a pasear.
- Ir al gimnasio.
- Ir al aseo (esta es difícil).

No siempre has de hacer esto, hay muchos otros ejemplos que pueden funcionar igual de bien o mejor para ti. De lo que se trata es de que selecciones algunos momentos de tu día en los que puedas desconectar, ir más despacio y distanciarte de la novedad constante.

PRÁCTICA: RESPIRACIÓN DE CINCO-POR-TRES

Al igual que los otros principios del *groundedness*, la paciencia es una habilidad que se ha de desarrollar. No puedes pensar que quieres ser paciente y conseguirlo sin más. No es como darle a un interruptor. Para desarrollar la paciencia se necesita paciencia, lo cual es mucho más difícil si estás acostumbrado a ir deprisa y a las soluciones rápidas. Un ejercicio sencillo y eficaz es practicar regularmente hacer pausas. Una forma fácil de hacerlo es cerrando los ojos y haciendo cinco respiraciones profundas tres veces al día. Puedes realizar estas respiraciones con actividades específicas, como salir a cenar, ducharte, cepillarte los dientes o antes de mirar tu móvil por la mañana. Lo único que has de hacer es observar cada respiración durante toda la inspiración y la espiración.

Tal vez esta sea la práctica más directa de todo el libro, pero no significa que sea fácil. Si estás acostumbrado a ir rápido, hacer una pausa aunque sea de un minuto, que es el tiempo que necesitas para hacer el ejercicio, puede parecerte toda una eternidad, especialmente al principio. Si cuando llevas dos respiraciones notas que te inquietas o te aceleras, permítete observar qué te está sucediendo y vuelve a centrarte en la respiración, sin juzgarte por haberte distraído. Si eres constante con esta práctica, al cabo de un tiempo te sentirás más cómodo. También notarás que se extiende a otros momentos de tu día y que te ayudará a abrirte y a estar más tranquilo en situaciones en las que antes te habrías sentido tenso, contraído, ansioso y acelerado.

Como he dicho antes, la capacidad para hacer una pausa también te ayuda cuando deseas cambiar de enfoque o hacer cambios significativos. Recuerda que los seres humanos tendemos al sesgo de comisión o predisposición hacia la acción, en vez de la inacción. Solemos preguntarnos qué podríamos conseguir realizando un cambio o pasando a la acción, pero no nos preguntamos a qué renunciamos con ello. Lo único que necesitas es hacer una breve pausa para reflexionar sobre esto último. No existe una respuesta correcta y dependerá de nuestras circunstancias personales. La clave está en hacer una pausa para reflexionar sobre esta pregunta. De este modo, hacer una pausa no es solo aprender a ser más paciente en el presente, sino una forma de ayudarte a adoptar una visión de futuro más meditada y amplia.

REFLEXIONES FINALES SOBRE LA PACIENCIA

Hay una razón más por la que tendemos a priorizar la rapidez, en vez de la paciencia. La rapidez puede ser un mecanismo de defensa. Movernos siempre deprisa y dejarnos llevar por la tendencia del individualismo heroico de mirar hacia fuera nos sirve para evitar las cosas que más tememos. Pero ninguna cantidad de actividad frenética conseguirá hacer que desaparezcan nuestros miedos. Por más que lo intentemos, no podemos dejar atrás los temores. Siempre nos atraparán. Entre ellos se encuentra el que para muchos es el miedo subyacente primordial: el temor a nuestra condición de mortales, un concepto especialmente difícil de afrontar.

En los textos budistas antiguos, hay una parábola sobre una deidad muy llamativa, de nombre Rohitassa, que se autoconsidera un héroe. Una vez, Rohitassa le preguntó a Buda:

—¿Crees que es posible escapar de este mundo de nacimiento y muerte, de sufrimiento y discriminación, a través de la velocidad?

—No, Rohitassa. No es posible huir de este mundo viajando, aunque sea a gran velocidad —respondió Buda.

—Tienes razón. En otra vida viajaba extraordinariamente deprisa, a la velocidad de la luz. No comía, no dormía, no bebía. No hacía más que viajar a gran velocidad y aun así no pude salir de este mundo. Al final, morí antes de conseguirlo.[26]

Movernos a una velocidad vertiginosa ni nos lleva a donde queremos ir ni nos proporciona fuerza o estabilidad. Nada tienen de heroicos las soluciones rápidas, los trucos y los remedios para todo, especialmente dado que rara vez funcionan, si es que llegan a funcionar. La mayoría de los logros se sustentan sobre una sólida base de esfuerzo regular y firme. Para muchas de las cosas importantes que hacemos en nuestra vida, la mejor forma de ir deprisa es yendo despacio, proceder con una constancia suave, pero firme. La ciencia actual, la sabiduría antigua y la práctica de personas de máximo rendimiento así nos lo confirman. Cuando actuamos con paciencia, nuestros resultados se vuelven más sostenibles a largo plazo. También solemos tener mejores experiencias por el camino. Nos contraemos menos y estamos más abiertos, tenemos menos prisa y estamos más presentes. Y mientras hacemos la transición desde la rapidez a la paciencia, tal vez tengamos que afrontar nuestros miedos; esto no es un problema. Como verás en el capítulo siguiente, cuando afrontamos nuestros temores desarrollamos más confianza y seguridad en nuestro interior, y también creamos vínculos con los demás. Al abrirnos y explorar nuestras grietas nos volvemos más fuertes. La vulnerabilidad, cuya raíz es *vulnus*, que literalmente significa 'herida', exige fortaleza. Y la fortaleza requiere vulnerabilidad.

5

ACEPTA LA VULNERABILIDAD PARA DESARROLLAR LA VERDADERA FORTALEZA Y AUTOCONFIANZA

Cuando se me manifestó el TOC, estaba empezando a establecerme como experto en rendimiento humano, y tenía escritos y citas en medios de comunicación de prestigio, como *The New York Times, The Wall Street Journal,* NPR [Radio Pública Nacional], *Forbes* y *Wired.* Una noche especialmente dura, recibí un correo electrónico de un joven que me preguntaba cómo había logrado tanto y creado una vida tan apasionante con solo treinta y un años. Poco podía imaginarse que me había pasado todo el día angustiado, luchando contra pensamientos sobre la futilidad de la vida. Me hallaba en uno de los círculos viciosos del TOC: pensamientos angustiosos seguidos de horribles sentimientos, luchar contra esos pensamientos y sentimientos, soportar que se reprodujeran con más fuerza, que se repitieran hasta el infinito. Cuando leí su correo casi me vine abajo. Me sentí como un impostor, un fraude, como si viviera una doble vida, maestro de la actuación y escritor por fuera, pero un completo desecho humano que se está rompiendo en pedazos por dentro.

Aunque mi experiencia de vivir una doble vida, de la cual hablaré algo más dentro de poco, puede ser un tanto extrema, este sentimiento es bastante común. A pesar de que este sentimiento es tan viejo como el tiempo, se ha intensificado debido a Internet y las redes sociales, donde las personas se «presentan» como si todo en su vida fuera perfecto. Investigadores de la Universidad de Stanford concluyeron que las redes sociales proyectan una visión demasiado color de rosa. La mayor parte de los usuarios filtran selectivamente lo que comparten, según los investigadores, y además retocan esas imágenes y eventos preseleccionados, para que parezcan mejores y más atractivos. Por ejemplo, el padre o la madre novatos que comparten algo sobre su bebé perfecto, pero omiten las noches de insomnio, las dudas, la falta de privacidad con su pareja y la tensión en el matrimonio. O el empresario que publica en LinkedIn el gran éxito que ha tenido su proyecto, sin mencionar la angustia, el agotamiento nervioso y el precio destructivo que ha pagado en sus relaciones. A raíz de compartir selectivamente, muchos piensan que están solos en sus dificultades. Todo el mundo parece estar viviendo una vida maravillosa y fantástica. Esta percepción equívoca produce más distrés a todos los implicados, porque crea un círculo donde los usuarios siempre sienten que no están a la altura, así que cada vez publican noticias más filtradas y modificadas, y se autoengañan con historias más filtradas y editadas sobre sí mismos, resumiendo, para no ser menos que ningún usuario de la red. Puesto que tantos usuarios de las redes sociales hacen lo mismo, esta experiencia puede convertirse en una espiral de vivir en las apariencias, dejando tanto al que publica como al que lo ve (la mayor parte de los usuarios desempeñan ambos roles el mismo día) mucho peor que antes.

Por supuesto este ciclo no se limita a las redes sociales. Tratar de estar a la altura de un personaje maquillado (y no solo tu yo virtual, sino tu yo laboral, el que asiste a los actos sociales e incluso, a veces, la historia perfecta que te cuentas a ti mismo) crea lo que los psicólogos denominan *disonancia cognitiva* o la incoherencia entre el personaje que dices ser y quien realmente eres. El sociólogo Erving Goffman, en su libro de 1959 *Presentación de la persona en la vida cotidiana*, acuñó los conceptos del «yo escénico» y el «yo entre bambalinas».* Nuestro yo escénico es el que se presenta en los actos sociales o cuando intentamos engañarnos a nosotros mismos. Suele ser teatral, como si estuviera interpretando un papel específico para el público. Nuestro yo entre bambalinas representa quienes somos cuando dejamos de actuar, cuando no nos importa cómo nos perciben los demás o no nos guiamos por algún baremo arbitrario de perfección, por alguna norma ilusoria del individualismo heroico. Nuestro yo escénico y nuestro yo entre bambalinas no son binarios. La mayor parte de la conducta humana se mueve entre estos dos extremos. Pero cuando alguien pasa demasiado tiempo interpretando su yo escénico, especialmente cuando existe mucha distancia entre este yo y el de bambalinas, suele producirse el distrés.

El distrés era algo que ya no necesitaba en mi vida. Así que al poco tiempo de haber recibido aquel correo del joven en el que me preguntaba por el secreto de mi éxito, decidí compartir mi experiencia con el TOC en público. ¿Quería ayudar a otras personas a las que puede que les pasara lo mismo? Por supuesto. Pero ante todo quería ser coherente con mi identidad. Escribí un largo

---

* N. de la T.: En sociología también se conoce como «etapa frontal» y «etapa posterior», pero dado que se basa en un modelo dramatúrgico de interpretación de la interacción social, he considerado oportuno ceñirme a los términos en inglés *front stage self* y *back stage self*, porque me parecen más claros.

ensayo para *Outside* donde me abrí en canal. Lo conté todo. Se suprimieron bastantes partes del texto porque a mi editor le preocupaba el efecto que podría tener en otras personas que padecían alguna enfermedad mental en solitario. Pero aquí hay algunas de las partes que se publicaron:

> Durante un viaje largo en coche el pasado mes de octubre tuvo lugar un episodio especialmente angustiante. De pronto, aparentemente sin motivo, me asaltó este pensamiento: «Deberías salirte de la carretera y terminar con todo esto ahora mismo. Tu familia se las arreglará bien sin ti». Fue como si me hubiera convertido en el pensamiento y no podía hacer nada para huir de él. En el fondo, sabía que no quería acabar con mi vida, todavía me quedaba la suficiente autoconciencia como para darme cuenta de que estos pensamientos y sentimientos no tenían sentido. Pero habría dado mi vida para poner fin a ese sufrimiento. Fue muy doloroso. Ese viaje fueron las cuatro horas más difíciles de mi vida. Estuve aterrorizado durante varios días, me aterraba meterme en el coche, estar cerca de objetos punzantes, estar solo [...] La ansiedad se apoderó de mi vida. Solo podía pensar en eso. A veces, todavía sigue [...]
>
> Es muy duro reconciliarse con una enfermedad que afecta a la mente. Cuando te haces daño físicamente, es fácil decir «tengo una distensión muscular en la pantorrilla» o «tengo una fractura por estrés en el talón». Pero si no tengo control sobre mi mente, no puedo hacer más que preguntarme quién soy «yo». También es difícil aceptar ser un «experto» en rendimiento y experimentar lo que estoy experimentando. Hay momentos en los que me considero un fraude, un impostor, frágil y asustado.[1]

Escribir y publicar este ensayo fue duro, no cabe duda. Pero fue mucho más fácil que seguir sintiéndome un impostor. Este ensayo enseguida se convirtió en mi escrito más leído. Recibí cientos de correos electrónicos de personas que compartieron conmigo sus historias de enfermedades mentales; entre ellas había muchas que también eran expertos a nivel mundial en sus disciplinas. (Aquí hay una lección que aprender: todo el mundo, y con esto quiero decir literalmente todo el mundo, se enfrenta a retos y tiene que caminar por la oscuridad, que pasar momentos difíciles). No pretendía escribir una historia para que se convirtiera en un éxito. Solo quería ser auténtico: ser sincero conmigo mismo y con los demás. El impulso que sentí de escribir sobre mi TOC fue básicamente para liberarme de la angustia que me provocaba mi doble identidad, para aliviar la disonancia cognitiva, para salvar la distancia entre mi yo escénico y mi yo entre bambalinas, para que me resultara algo más fácil de curar.

En esta traumática experiencia aprendí una importante lección. Tenía que dejar de intentar por todos los medios ser invencible, estar a la altura del individualismo heroico: tenía que ser yo mismo.

El cuarto principio del *groundedness* es la *vulnerabilidad*. Se trata de ser sincero contigo mismo y con los demás, incluso (y especialmente) cuando eso supone confrontar la percepción de debilidad y los miedos. La vulnerabilidad forma parte de tradiciones como el budismo, el estoicismo y el taoísmo desde hace mucho. Todas estas tradiciones comparten su énfasis en profundizar e indagar en tu experiencia interior: abrirse a lo bueno, a lo malo, a lo bello y a lo feo. Estas tradiciones nos enseñan que afrontar las vulnerabilidades nos ayuda a conocernos mejor y a confiar en nosotros mismos, y a crear vínculos estrechos y fructíferos con los demás. El Maestro Eckhart, místico del siglo XIII, enseñó que cuando piensas que eres débil eres fuerte, y cuando piensas que eres fuerte eres débil. Tal como verás en las páginas siguientes, cuanto más luchas, te abres y compartes tus vulnerabilidades, más solidez y conexión adquieres. Imaginar tus vulnerabilidades como si fueran grietas puede ayudarte. La forma de rellenarlas es afrontándolas y, cuando sea apropiado, revelarlas.

APRENDE A CONFIAR EN TI MISMO

Abrirte a todas tus experiencias es una tarea dura y, a veces, aterradora. Puede resultar traumático descubrir aspectos que distan mucho de ser perfectos, que son más frágiles que fuertes. «En toda mi investigación, con más de doscientos mil datos, no he podido encontrar ni un solo caso que no precisara vulnerabilidad [...] ¿Puedes pensar en un acto de valor que no exija riesgo, incertidumbre y exposición emocional?», escribe la investigadora de la Universidad de Houston, Brené Brown, en su libro *Desafiando la tierra salvaje*.[2] Pero según ella, cuanto más te familiarizas con esas partes de ti mismo y más aprendes a aceptarlas, mejor estarás. Las investigaciones de Brown demuestran que aceptar la vulnerabilidad aumenta la autoestima, fomenta la unión en las relaciones (incluida la que tienes contigo mismo), promueve la innovación y despierta la compasión. Además, cuando se trata de ser vulnerable, en realidad no puedes elegir, al menos no si pretendes ser feliz en tu vida.

Hace unos pocos años, fui a una conferencia del poeta y filósofo David Whyte. Salí de aquel evento con esta anotación en mi cuaderno: «Las cosas que te importan te hacen vulnerable. Las cosas que te importan te rompen el corazón».

Es difícil preocuparse —hacerlo de verdad— por una persona, búsqueda o movimiento. Las cosas no siempre salen como nos gustaría, y siempre cambian. Los hijos se marchan de casa. Tu cuerpo envejece y te has de jubilar. Pierdes la carrera. El proyecto es un fracaso. El movimiento no ha conseguido su objetivo. A tu pareja desde hace veinte años le han diagnosticado cáncer. Tu pareja desde hace treinta años muere. Así es como sucede.

Una forma habitual de protegerte es evitar preocuparte. Poner el punto muerto, en lugar de ir a por todas. Construir un muro alrededor de tu corazón, una barrera entre las partes más profundas de tu ser y el mundo. Quizás así no duela tanto. Pero tampoco disfrutas de las alegrías. Te pierdes un sinfín de riqueza. Una vida completa necesita el elemento de la vulnerabilidad.

«La vulnerabilidad no es una debilidad, una indisposición pasajera o algo de lo que podamos librarnos a nuestro antojo —escribe Whyte—. La vulnerabilidad no es una opción. La vulnerabilidad es la corriente subterránea constante, ubicua y subyacente de nuestro estado natural. Huir de ella es huir de nuestra esencia».[3]

No obstante, cuando dejas de huir, por duro que sea, ya no hay partes extrañas en ti. Llegas a conocerte por completo. Y cuando lo sabes todo de ti, también confías en todas tus facetas. De esta confianza emergen la fuerza y la confianza genuinas. «Quiero desplegarme. No quiero quedarme replegado en ninguna parte. Porque allá donde esté replegado, me sentiré falso», escribió Rainer Maria Rilke.[4]

Donde hay resistencia, represión o engaño hay fragilidad y grietas por rellenar en la base. En el capítulo dos vimos que aquello que pretendemos alejar se vuelve más fuerte, aunque solo sea bajo la superficie. Pero no podemos reprimir estas cosas eternamente. Al final emergen y hacen que se tambaleen nuestros cimientos.

LA VULNERABILIDAD NOS BENEFICIA A TODOS

El 5 de noviembre de 2017, el equipo Cleveland Cavaliers de la NBA se enfrentó al Atlanta Hawks. Al final de la primera mitad, los Cavaliers iban 54 a 45. Kevin Love, el ala-pívot de los Cavaliers, de veintinueve años y 2,03 metros de estatura, tuvo una primera parte relativamente tranquila. Anotó solo cuatro puntos y recuperó cuatro rebotes, muy por debajo de sus promedios. Love se sintió mal. Fue incapaz de precisar su problema, pero esa tarde no era él. A principios de la segunda parte, cuando el entrenador de los Cavaliers, Tyronn Lue, pidió tiempo muerto, Love llegó al banquillo sin aliento. Se le secó la boca de repente y se le aceleró el corazón. Sin saber lo que le estaba pasando, salió de la cancha y se fue al vestuario. Su angustia seguía aumentando rápidamente. Terminó en el suelo de la sala de entrenamiento, tumbado bocarriba, jadeando para respirar, pensando que iba a morir. Todavía no recuerda bien qué le pasó después. Los entrenadores lo llevaron de urgencias a la Clínica Cleveland, donde le hicieron una exploración exhaustiva. Todo estaba bien. Sí, Love se sintió aliviado. Pero, básicamente, estaba confundido. ¿Qué le había pasado?

Posteriormente, se enteró de que había sufrido un grave ataque de pánico. Los ataques de pánico son bastante comunes; las investigaciones publicadas en *Archives of General Psychiatry* muestran que el 22,7 % de las personas experimentan uno en algún momento de su vida.[5] Entre los que sufren un ataque aislado, la mayoría pasan unos cuantos días mal y preocupados y siguen con su rutina. No obstante, una minoría desarrolla una variedad de ansiedad de larga duración,[6] uniéndose de este modo al dieciocho por ciento de adultos estadounidenses que padecen trastorno de ansiedad y al grupo del dos al cuatro por ciento que padecen otras variedades más graves. Love temía estar entre los del último grupo. En un artículo en *The Player's Tribune*, expresó: «No podía olvidar lo que me había sucedido y seguir adelante sin más. Aunque una parte de mí quería hacerlo, no podía permitirme ignorar el ataque de pánico y todo lo que este ocultaba. No quería tener que enfrentarme a todo ello en el futuro, cuando tal vez sería peor. Hasta ahí lo tenía claro».[7] E hizo algo inusual para un chico duro de la NBA. Afrontó sus vulnerabilidades y fue a un terapeuta.

Aunque al principio era un poco escéptico, enseguida fue consciente del valor que tenía aquello. «Me di cuenta de cuántos temas emergen de lugares insospechados, hasta que realmente te detienes a pensar en ellos. Creo que es fácil suponer que nos conocemos a nosotros mismos, pero cuando empezamos a pelar las capas es increíble cuánto nos queda por descubrir», escribió en *The Player's Tribune*. Cuando indagó profundamente en sí mismo, se dio cuenta de hasta qué extremo le había afectado la muerte de su abuela Carol y cómo había estado intentando acallar esas emociones. Carol había sido muy importante en su crianza. Cuando falleció en 2013, él se estaba convirtiendo en una estrella de la NBA y el ritmo de la temporada no le dejó demasiado tiempo para pasar su duelo. Love describió el proceso de abrirse a la pérdida de su abuela como «aterrador, difícil y duro». Pero con el tiempo, cuanto más afrontaba la tristeza y la confusión, que eran las emociones que más temía, más estable se sentía. «Quiero aclarar que todavía no lo he superado del todo. Solo estoy empezando a hacer el trabajo duro de conocerme a mí mismo. Cosa que he evitado durante veintinueve años. Ahora, estoy intentando ser sincero conmigo mismo. Intento afrontar las cosas que me incomodan en la vida, a la vez que disfruto y doy gracias por las cosas buenas. Estoy intentando aceptarlo todo, lo bueno, lo malo y lo desagradable».

Love no es el único. Un mes antes de que escribiera sobre su experiencia de pánico y ansiedad en *The Player's Tribune*, poco después de la medianoche, dos días antes de que empezara en la liga del All-Star Game, el escolta de los Toronto Raptors, DeMar DeRozan, le mandó un tuiter: «Esta depresión está sacando lo mejor de mí...».[8] Y con estas ocho palabras, el jugador de veintiocho años DeRozan, conocido por ser una persona reservada e introvertida, empezó a abrirse a sí mismo y al mundo sobre sus problemas de salud mental. «Es una de esas cosas[9] que por muy indestructibles que aparentemos ser, al final del día todos somos humanos —dijo al periódico canadiense *Toronto Star*—. No es nada de lo que tenga que avergonzarme o que esté en contra de ello. Ahora, a mi edad, entiendo cuántas personas están pasando por lo mismo. Me basta con que alguien pueda verlo como: "Está pasando por esto y, a pesar de todo, sigue ahí teniendo éxito y haciendo esto"». DeRozan se estaba enfrentando a su depresión en su momento más oscuro y solitario, y estaba abriendo la puerta para que otros hicieran lo mismo. Tanto él como Love estaban descubriendo su debilidad para volverse más fuertes.

ENFRENTARSE A LOS MIEDOS

En la mitología griega, el dios Pan residía justo al otro lado de la zona de seguridad, en la periferia de la aldea.[10] Cuando los humanos se adentraban por error en sus dominios, caían presa del pánico, del miedo y del pavor. Cuando intentaban huir hasta los obstáculos más pequeños (palitos y piedrecitas, pequeños agujeros en el suelo, ráfagas de viento) despertaban en ellos un miedo paralizante y las víctimas de Pan, en su terror, se adentraban en una espiral invertida que los conducía a su propia muerte. Sin embargo, para aquellos que se adentraban deliberadamente en su territorio y elegían adorarlo, era inofensivo. A sus visitantes les otorgaba abundancia, salud y el mayor de los regalos: la sabiduría. Todos tenemos nuestro propio Pan. Si podemos dejar de evitarlo y de huir de él (y aprendemos a confrontarnos con él), lo que obtendremos a cambio será la sabiduría.

Alguien que lo sabe bien es Sara Bareilles. En 2014, con cuatro álbumes y múltiples éxitos musicales, Bareilles se estaba empezando a quemar. Así que decidió dejar de ser una estrella del pop, alejarse de los estudios de grabación y regresar a sus raíces; se enfocó en el arte de componer canciones, sin otras cosas que la distrajeran. En este periodo compuso el musical *Waitress* [Camarera], tanto la música como la letra. El espectáculo se estrenó en Broadway en la primavera de 2016. Fue un éxito rotundo, que le valió una nominación para el Premio Tony a la mejor banda sonora original. Ella suele hablar de su transición, cuando se decidió a dejar el estrés, las presiones individuales y los altibajos de la industria del pop para concentrarse en componer un musical, y dice que este cambio la ayudó a reavivar su pasión por el arte de componer canciones. También le dio espacio para descubrir algunas de sus vulnerabilidades. En 2019, lanzó su primer álbum de estudio después de *Waitress*, en el que no se andaba con rodeos e iba directa al grano. El álbum, que se titula *Amidst the Chaos* [En medio del caos], está lleno de canciones que describen cómo vivir con plenitud y conectado durante los cambios y el desorden, cómo permanecer fuerte e impertérrito en medio de las tormentas. Poco después de lanzar este álbum, dijo a la Radio Pública Nacional que componer este álbum la había vuelto más vulnerable que nunca. Este álbum la hizo salir de su zona de confort al componer, tocar el piano y cantar de nuevas e incómodas formas. Por no decir que muchas de las canciones narran sus propias luchas contra la ansiedad, el miedo y la tristeza como no lo hacían sus anteriores trabajos.

«En lo más profundo de mi corazón, no siento que esté demasiado cerca de la oscuridad. Creo que no podemos tener miedo de lo que es y cuanto más nos aproximamos a lo real, es como si ese miedo desapareciera», dijo Bareilles en una entrevista de radio.[11] Dice que cuanto más «dispuesta está a compartir los aspectos más profundos y oscuros» de su experiencia, más cerca se siente de su trabajo y de sí misma.[12]

Cuando elegimos visitar a Pan, por duro que sea, lo que ganamos es fortaleza y sabiduría interior.

DEL SÍNDROME DEL IMPOSTOR A LA HUMILDAD, LA CONFIANZA GENUINA Y LA FORTALEZA

Las historias de Kevin Love, DeMar DeRozan y Sara Bareilles nos enseñan que todos somos perfectamente imperfectos, incluso los que aparentamos ser una roca sólida y triunfadora. Lo hacemos lo mejor que podemos, y en muchos aspectos, nos apañamos sobre la marcha.

En mi práctica de *coaching*, tengo el privilegio de trabajar con personas increíbles que están en la cima de sus profesiones. Muchas veces siento que no tengo todas las respuestas. Cuando empecé en esta profesión, esta era una de mis principales preocupaciones. Sentía el síndrome del impostor. Recuerdo que iba a ver a mis clientes y por el camino pensaba: «¿Qué puedo enseñarle a esta persona? Espera a que me descubra, a que se dé cuenta de quién soy realmente». Con el tiempo he aprendido y sigo aprendiendo que nadie tiene todas las respuestas, incluidos mis clientes.

Si alguien dice o pretende hacer creer que tiene respuesta para todo, suele ser un buen indicativo para ir en dirección contraria. El aspecto de confianza y seguridad absolutas, indiscutiblemente, puede parecer un signo de fortaleza, pero en general es un signo de debilidad. ¿Por qué? Porque si algo o alguien altera tu modelo, tu visión del mundo o tu sentido del yo, es fácil que te derrumbes. Esconder tus vulnerabilidades e intentar convencerte a ti y a los demás de que eres una persona más segura de sí misma de lo que en realidad eres, es una de las formas más directas de desarrollar el síndrome del impostor. Porque en el fondo sabes que estás fingiendo.

Sabiendo que no lo sabes todo, que no siempre aciertas en tus decisiones, te vuelves más fuerte (no a la inversa) y estás más afianzado. Desarrollas más fortaleza y confianza en ti mismo. Los científicos sociales llaman a esta paradoja *humildad intelectual*,[13] que se puede interpretar como la confianza que adquieres al reconocer tus limitaciones y no preocuparte en exceso por ser el mejor o tener poder sobre los demás. Conlleva la curiosidad activa sobre tus ángulos muertos y tu percepción de la debilidad. La humildad intelectual se asocia a una mayor autoconciencia, discernimiento y apertura a ideas nuevas. Cuando empiezas desde un punto de humildad terminas desarrollando un sentido del yo más fuerte, flexible e integrado.

Cuando eres vulnerable y humilde, no solo tienes más autoconfianza y estás más conectado contigo mismo, sino que estás más conectado con los demás. Cuando Kevin Love y DeMar DeRozan soltaron el lastre del individualismo heroico y compartieron sus historias de pánico, ansiedad y depresión, recibieron miles de cartas de apoyo de sus fans y admiradores de todo el mundo. Otros jugadores de la NBA empezaron a compartir sus propias luchas y a raíz de ello se creó un movimiento para la salud mental en la NBA. La liga empezó a pasar anuncios en la televisión sobre la importancia de tratar los trastornos mentales e implementó nuevas directrices para que todas las organizaciones vinculadas a la NBA tuvieran un profesional de la salud mental en su equipo.

Cuando Sara Bareilles entregó su alma en su *Amidst the Chaos*, ganó su primer Grammy por la canción «Saint Honesty» [Santa honestidad], una pieza especialmente reveladora. No es de extrañar que su canción tuviera semejante repercusión entre los oyentes. En su autobiografía, *Sounds Like Me* [Suena a mí], escribe que con el tiempo ha aprendido que «compartir la verdad de mi propio dolor y vulnerabilidad, también podía crear un vehículo para conectar con los demás».[14]

El mensaje de fondo es claro. Cuando nos abrimos a los demás respecto a nuestras vulnerabilidades, al principio puede que nos sintamos débiles, solos y aislados. No obstante, en última instancia, acabamos desarrollando más fortaleza, confianza y conexión.

FORJAR CONFIANZA CON LOS DEMÁS

Muchas veces, no eres capaz de enfrentarte solo a tus vulnerabilidades, y con razón. Verdaderamente, puede *ser* demasiado. La especie humana es frágil e imperfecta. Desde el día en que salimos del útero de nuestra madre hasta el día en que morimos, estamos atrapados en la incómoda tensión entre ser individuos discretos y, al mismo tiempo, ser amados, estar conectados e involucrarnos en algo que es más grande que nosotros mismos. Queremos estar separados y juntos a la vez, y necesitamos toda la ayuda posible. Tal vez esta sea la razón por la que hemos evolucionado para compartir nuestras vulnerabilidades con otros miembros de nuestra tribu.

Veamos la hipótesis del «simio vulnerable», que es como sigue: hace muchos miles de años, el proceso evolutivo cambió y en vez de seleccionar por características como la fuerza bruta, pasó a hacerlo por características como la vulnerabilidad, la compasión y la conexión. Nuestros antepasados supervivientes no fueron los más fuertes según las reglas tradicionales, sino los que sabían compartir mejor sus debilidades con otros y trabajar juntos para superarlas. Se cree que estos «simios vulnerables» formaron la base de lo que acabó convirtiéndose en el *Homo sapiens*, es decir, nosotros.[15]

Hoy en día, la capacidad para expresar la vulnerabilidad es algo que tenemos integrado y que se manifiesta de inmediato. A la hora de haber nacido, los bebés humanos adaptan su cabeza para entablar contacto visual con su madre. Al segundo o tercer día de vida empiezan a responder a la voz de su madre.[16] Esta es nuestra forma de expresar nuestra vulnerabilidad y nuestro vínculo con nuestros cuidadores como bebés indefensos. Y así es como sobrevivimos.

La vulnerabilidad nos confiere ventajas para establecer vínculos cuando somos adultos, sigue siendo el punto de unión para nuestras relaciones cercanas. Investigadores de la Universidad de Mannheim, en Alemania, realizaron una serie de siete experimentos, donde los participantes adultos compartían mutuamente información de diversos grados de vulnerabilidad. Observaron repetidamente que la persona que compartía sentía que su vulnerabilidad sería percibida como una debilidad, como algo negativo. Pero la otra persona, la que escuchaba, sentía justamente lo contrario: cuanto más vulnerable era el que compartía, más valiente percibía que era. El oyente veía la vulnerabilidad como un rasgo indudablemente positivo.

«Confesar sentimientos románticos, pedir ayuda o responsabilizarse de un error constituyen solo unos pocos ejemplos de situaciones que exigen mostrar tu vulnerabilidad —escribieron los investigadores de Mannheim—. Por miedo, muchas personas deciden ocultarla», pero eso es un error, concluyeron los científicos. «Aunque, a veces, los ejemplos de mostrar vulnerabilidad nos parezcan un signo de debilidad interior, hemos observado que, para los demás, para los que lo contemplan desde fuera, es un acto de valentía. Dadas las consecuencias positivas [más confianza y conexión, mejorar nuestra capacidad de aprender de los demás y perdonar después de cometer un error] de mostrarnos vulnerables para tener relaciones de calidad, salud o rendimiento laboral, de hecho, sería recomendable intentar superar nuestros miedos y elegir ver la belleza en el caos de situaciones que nos hacen vulnerables». Los investigadores de Mannheim acuñaron la expresión *hermoso efecto caos*.

En el fondo, en nuestro interior, la mayoría detestamos fingir que lo tenemos todo controlado. Nadie lo tiene, y estar siempre fingiendo es agotador. Cuando bajas la guardia y te vuelves real, los demás no te consideran débil. Más bien, se sienten aliviados. Piensan: «Por fin, alguien que no finge. Alguien que se parece a mí». Así se otorgan el permiso y la confianza en sí mismos de dejar de hacer ver que son perfectos y empiezan a destapar sus grietas. A medida que se intensifica este ciclo (una persona vulnerable ofrece guiar a otra) se forjan fuertes vínculos de confianza y conexión. De este modo, cuando eres vulnerable no solo te sacas tus esposas, sino las de las personas que te rodean. El resultado es más libertad y confianza, que favorece la calidad de nuestras relaciones, que sean más fructíferas y reales. La ironía está en que todo el tiempo que malgastamos en desarrollar nuestro sello personal y en preocuparnos por arreglarnos por fuera es lo que impide que creemos el tipo de vínculo que más deseamos. Mucho antes de toda ciencia experimental y del «hermoso efecto caos», los taoístas ya conocían los beneficios sociales de ser vulnerables. En el siglo IV, el filósofo taoísta Lao Tzu, escribió: «Cuando estés satisfecho siendo simplemente tú mismo y no te compares ni compitas con nadie, todo el mundo te respetará».[17]

LA VULNERABILIDAD Y EL RENDIMIENTO

El trabajo pionero de Amy C. Edmonson, catedrática e investigadora de la Universidad de Harvard, demuestra que independientemente del campo de especialidad, los equipos de alto rendimiento son un ejemplo de lo que ella denomina *seguridad psicológica*. La seguridad psicológica se produce cuando los integrantes de un equipo sienten que pueden mostrarse y desarrollarse en su totalidad, sin temor a las consecuencias negativas. Las investigaciones de Edmonson empezaron en los hospitales, donde descubrió que cuanto más cómodos se sentían entre ellos los miembros de un equipo, más decían lo que pensaban cuando veían algo que estaba mal o percibían errores que podían poner en peligro la vida. (Imagina: una enfermera o ayudante de quirófano que se atreva a cuestionar al jefe de cirujanos). Cuando amplió su investigación a otros ámbitos, observó que los equipos psicológicamente seguros se llevaban mejor, superaban con más eficiencia los obstáculos, se comunicaban más abiertamente y tenían puntuaciones más altas en los indicadores comunes de calidad de sus respectivos campos. La seguridad psicológica se desarrolla cuando los integrantes de un equipo sienten respeto y confianza mutua. Como puedes suponer, la vulnerabilidad, tal vez, sea el incentivo fundamental para ambas cosas.[18] «Todos somos vulnerables. La decisión es admitirlo o no. ¿Qué recomiendo? Reconocer nuestra condición humana crea seguridad para que los demás se atrevan a mostrarse tal como son».[19]

No es fácil atreverse a ser vulnerable. Especialmente si has vivido protegiéndote, pasando la mayor parte del tiempo actuando con tu yo escénico. Puede parecer más fácil fingir ser quien no eres, pero no es así. Cualquier malestar agudo derivado de la vulnerabilidad queda compensado por la libertad, la confianza y la conexión que ganas contigo mismo y con los demás; el resultado es más *groundedness*. Las prácticas que vienen a continuación son para ayudarte a desarrollar vulnerabilidad. Recuerda que solo enfrentándote a tus grietas y explorándolas podrás llegar a ser más fuerte.

PRÁCTICA: DESARROLLA LA FLEXIBILIDAD EMOCIONAL

Presta atención a lo largo del día y observa si rehúyes regularmente ciertos pensamientos, sentimientos o situaciones. Puede ser cualquier cosa, desde no querer dedicar tu tiempo a estar con un familiar que se está muriendo hasta una inseguridad permanente para alzar la voz en reuniones importantes en tu trabajo o evitar situaciones en las que te encuentres solo. Cuando hayas identificado algunas de las cosas que evitas, reserva un tiempo para la reflexión y la contemplación formal. Para cada pensamiento, sentimiento o situación difícil hazte las siguientes preguntas:

- ¿De qué estoy huyendo? ¿De qué tengo miedo?
- ¿Qué hay detrás de este miedo?
- ¿Y si este miedo (ya sea a la irrelevancia, al fracaso, a perder el control, a no tener tiempo, a una situación bochornosa o a la muerte) es simplemente un aspecto inevitable de nuestra condición humana?
- ¿Y si le diera un espacio a este miedo, primero en mí mismo y después, tal vez cuando esté más abierto respecto a él, con los demás?
- ¿Qué hay al otro lado de este miedo, de lo que percibo como una debilidad? ¿Cuáles son mis puntos fuertes? ¿Qué quiero realmente? ¿Amor? ¿Conexión? ¿Aceptación? ¿Seguridad? ¿Puedo perseguir ese deseo profundo y auténtico que tengo desde hace tanto tiempo? ¿Cómo sería albergar todo esto (miedos, fortalezas y verdaderos deseos) a la vez?
- ¿Cómo puedo usar este miedo y los verdaderos deseos subyacentes como un catalizador de la acción productiva o para estar más conectado conmigo mismo y, potencialmente, con los demás?

El acto de explorar tus miedos de esta manera cambia tu relación con ellos.

Aunque al principio sea duro, con el tiempo, ya no sentirás con tanta fuerza el impulso de reprimirlos o ignorarlos. En vez de cerrarte o quedarte paralizado, adéntrate en tus miedos y deja que te guíen hacia donde realmente quieres ir. Así llegarás a conocerte mejor y tendrás más confianza y seguridad en todos los aspectos de ti mismo.

Puede que también desarrolles lo que los psicólogos llaman *flexibilidad emocional* o la capacidad de experimentar una gama más amplia de emociones y hacer la transición con mayor facilidad entre ellas sin perder tu estabilidad. La flexibilidad emocional es esencial para vivir de manera más equilibrada, reflexiva e íntegra, y las investigaciones nos demuestran que esto está asociado a un mayor rendimiento, bienestar y satisfacción general.[20] No es de extrañar. Nuestra condición humana nos exige que alberguemos múltiples emociones al mismo tiempo y que las gestionemos hábilmente. Al fin y al cabo, el opuesto de la tristeza es la felicidad, el opuesto de la vida es la muerte y el opuesto de la soledad es el amor y la conexión.

PRÁCTICA: PREGÚNTATE QUÉ QUIERES DECIR REALMENTE Y DILO

Tuve un cliente que se llamaba Dale y que padecía el síndrome del impostor. Tenía un nuevo puesto muy importante en su empresa y se sentía presionado para actuar como si lo tuviera todo controlado, especialmente cuando tenía que hablar delante de grandes grupos. Se ponía nervioso y tenía miedo, y se sentía solo y aislado en el escenario. Le pregunté si creía que yo lo tenía todo bajo control. (De pronto le recordé mi TOC, que él había leído públicamente). Entonces, le pregunté cómo le afectaba mi vulnerabilidad en nuestra relación. No dudó ni un segundo. «Confío mucho más en ti sabiendo que eres sincero y real. Gracias a ello, me siento mucho más cómodo contándote mis inseguridades, como esta».

Entonces le pregunté a Dale si no pensaba que a los miles de empleados de su compañía también podría pasarles lo mismo.

¿Podrían confiar más en él si sabían que era real? ¿Podría confiar más en sí mismo si sabía que era real? La próxima vez que tuvo que enfrentarse a una gran audiencia, inició su discurso más o menos en esta línea: «No estoy muy seguro sobre cómo he llegado hasta aquí, y hay momentos en los que siento que me sobrepasa, pero hago todo lo que está en mi mano. Permitidme que os explique cómo lo estoy haciendo y luego me abriré a todas vuestras ideas para que yo (nosotros) podamos hacerlo aún mejor». Dale y yo tuvimos otra sesión poco después de que diera esta charla. Me dijo que nunca se había sentido más libre, más cómodo en su piel mientras hablaba delante de tanta gente. También observó que los oyentes estaban más implicados y conectados que nunca.

Si te das cuenta de que estás fingiendo o actuando, haciendo demasiado esfuerzo para mantener tu yo escénico, utiliza el sentimiento de fingir para iniciar una pausa y preguntarte qué es lo que quieres decir realmente. Entonces, siempre que no sea hiriente o doloroso, dilo o al menos procura insinuarlo. Puedes utilizar este enfoque en distintas situaciones, como una cena familiar, una reunión con poca gente o cuando tengas que hablar en público delante de miles de personas. Como sucede con muchas de las prácticas de este libro, tal vez te cueste al principio, en el momento que tienes que aunar el coraje para decir lo que tienes que decir, sobre todo cuando ya estás que echas humo. Siempre puedes incrementar tu vulnerabilidad paulatinamente, comenzando por poco y exponiendo cada vez más a tu yo entre bambalinas. En este proceso, deberías empezar a notar que eres más fuerte y tienes más confianza en ti mismo. Y deberías empezar a darte cuenta de que es más fácil conectar genuinamente con los demás.

PRÁCTICA: RECUERDA QUE TODO EL MUNDO TIENE QUE ENFRENTARSE A ALGO

El título del ensayo de Kevin Love, estrella de la NBA, en el que se sincera sobre su pánico y ansiedad, es «Todo el mundo tiene que enfrentarse a algo». DeMar DeRozan cuenta que su madre siempre le decía: «No te burles nunca de nadie, porque no sabes por lo que está pasando esa persona [...] Nunca lo sabes».[21] Tanto Love como la madre de DeRozan tienen razón, y me alegro infinitamente de que ambos deportistas compartan este mensaje en sus grandes plataformas. Según las investigaciones que he descrito en este capítulo, la mayor parte de las personas están esperando la oportunidad para abrirse sobre lo que les está sucediendo. Compartir nuestras vulnerabilidades con los demás es mucho más fácil que soportarlas en solitario. El mero hecho de expresar un pensamiento, sentimiento o situación difícil a otra persona es una forma muy poderosa de suavizarlo, hace que lo que quiera que tengas que hacer para solucionar tu problema sea un poco más fácil.

Si te sientes solo, recuerda que no es así. Da a los demás la oportunidad de ser vulnerables, siéndolo tú. Recuerda que la vulnerabilidad no viene de la confianza, sino que es a la inversa. Si intentas abrirte a alguien y no te responde como pensabas, no te lo tomes como algo personal. Busca a otra gente que te acepte en el punto en que te encuentras ahora. Si ser vulnerable en persona es demasiado fuerte para ti, empieza con una llamada telefónica, un mensaje de texto, un correo electrónico o una carta. Si no recibes ayuda de tu comunidad o si tus vulnerabilidades te parecen insoportables, plantéate ir a un terapeuta o *coach*. Nadie está mejor preparado para este tipo de conversaciones.

REFLEXIONES FINALES SOBRE LA VULNERABILIDAD

La vulnerabilidad significa afrontar nuestros puntos débiles, nuestra percepción de la debilidad y las cosas que más tememos. La vulnerabilidad supone trabajar duro, lo cual explica por qué construimos muros alrededor de nuestro corazón y endurecemos nuestra alma. Aunque pensemos que esto nos hace más fuertes, es un error. En realidad, nos debilita, nos hace frágiles. Cuando no nos conocemos bien no podemos confiar en nosotros mismos. Y si no podemos confiar en nosotros mismos, no podemos ser fuertes, estar seguros de nosotros mismos y sentirnos conectados, al menos no de una manera genuina.

La vulnerabilidad forja confianza con los demás, pero solo si es auténtica y sin adornos, solo si no es una farsa. No me refiero a compartir cosas como que tu mayor debilidad es que te esfuerzas mucho en tu trabajo o que a veces estás despierto hasta altas horas de la noche. Se trata de compartir cosas como que has padecido o padeces depresión. Que has perdido a tu hijo. Que te has divorciado. Que has fracasado en proyectos que eran muy importantes para ti. Que tienes miedo de estar enfermo. Que tienes miedo a morir.

Por supuesto, existe un momento y un lugar para compartir estas vulnerabilidades. Probablemente no sea cuando acabas de conocer a alguien o en tu primera semana de trabajo. Pero con mucha más frecuencia que a la inversa, la gente suele escabullirse de las expresiones de vulnerabilidad apropiadas, cuando en realidad sería más beneficioso afrontarlas. La vida es demasiado corta para perder el tiempo fingiendo. Cuanto más real seas contigo y con los demás, aunque lo hagas gradualmente, tanto mejor. La otra cara de estas inseguridades y miedos se encuentra no solo en la confianza, la fuerza y la seguridad en ti mismo, sino también en el amor y la conexión.

La vulnerabilidad es un canal hacia la comunidad, y esta a su vez conlleva vulnerabilidad. La comunidad refuerza la aceptación, la presencia y la paciencia. Es el espacio de apoyo en el cual se puede desarrollar una vida de conexión, con sus más y sus menos. Es el siguiente principio del *groundedness*.

6

CONSTRUYE UNA COMUNIDAD SÓLIDA

Las antiguas secuoyas de Felton, California, son alucinantes. Estos árboles miden unos sesenta metros de altura y tienen unos troncos que pueden alcanzar hasta tres metros de diámetro. Lo fascinante es que las raíces que sostienen a estas inmensas secuoyas solo se adentran de 1,5 a 3,5 metros en la tierra. En vez de crecer hacia abajo, se extienden lateralmente decenas de metros, envolviéndose a sí mismas y enrollándose con las raíces de los árboles vecinos. Cuando llega el mal tiempo, es esta inmensa red de raíces estrechamente interconectadas lo que confiere a los árboles su capacidad para permanecer fuertes individualmente. Tenemos mucho que aprender de las secuoyas. Nosotros también estamos concebidos para formar parte de una red que es más grande que nosotros. Nosotros también medramos en colectivos. Nosotros también estamos más afianzados cuando formamos parte de comunidades bien consolidadas.

Aprendí esta lección de primera mano cuando tenía veintitantos años. Por aquel entonces estaba aprendiendo a escribir profesionalmente y pasaba la mayor parte de mi tiempo trabajando desde casa. Aunque estaba contento por dedicarme a lo que me gustaba, notaba en alguna parte, entre el pecho y el vientre, una sensación que me indicaba que algo no iba del todo bien, que me faltaba algo. Me sentía solo. En aquel tiempo, no tenía mucho sentido. Gracias a la proliferación de la tecnología digital, era más barato y fácil que nunca contactar con mi familia, mis amigos y mis compañeros, prácticamente desde cualquier lugar y en cualquier momento. Solía chatear regularmente, a través de Facebook, con un amigo que vive en las montañas de Nepal; utilizaba Twitter para hablar de los temas sobre los que escribo con expertos de todo el mundo; participaba en un grupo de correo electrónico con amigos a los que respeto y admiro, y mandaba mensajes de texto a mi familia mientras caminaba hacia mi cafetería favorita. La mayor parte de las personas que eran importantes para mí las tenía al alcance de mis dedos. No cabía duda, o eso creía yo, de que estaba más conectado que nunca. Sin embargo, hay momentos en los que todavía me sentía solo. No me sentía deprimido o tremendamente desubicado. Pero tampoco estaba bien del todo.

Por desgracia, este sentimiento es bastante común. Las investigaciones del fallecido investigador John T. Cacioppo, un psicólogo que realizó el primer estudio sobre la soledad y dirigió el Centro de Neurociencia Cognitiva y Social de la Universidad de Chicago, muestran que el índice de soledad en Estados Unidos se ha incrementado en más del triple en las últimas décadas, de un once por ciento en la década de 1980 hasta cerca del cuarenta por ciento en 2010.[1] Otra investigación, dirigida por la organización sin ánimo de lucro AARP y la empresa de análisis e investigación de mercado Harris Poll, eleva esta cifra al treinta o treinta y cinco por ciento para la soledad habitual y hasta el setenta y dos por ciento para la esporádica.[2] Una encuesta realizada en 2018 por la aseguradora

Cigna, reveló que el cincuenta por ciento de los estadounidenses dicen sentirse solos.[3]

La soledad es un sentimiento subjetivo. Una persona introvertida puede que no necesite el mismo nivel de interacción social para sentirse bien que una persona extrovertida. Por esta razón, Cacioppo y otros expertos definen la soledad de una manera muy amplia, como el deseo de tener las conexiones que no tienes. La gran paradoja, por supuesto, es que los índices de soledad se están disparando en una época en la que tenemos mejores conexiones que nunca, al menos tecnológicas (este tema lo veremos más adelante en este capítulo). Veamos brevemente por qué los índices crecientes de soledad son tan preocupantes.

La soledad se asocia a niveles altos de cortisol —la hormona del estrés—, mala calidad del sueño, un mayor riesgo de enfermedad cardiovascular e ictus, aceleración del declive cognitivo, intensificación de la inflamación sistémica, reducción de la función inmunitaria, ansiedad y depresión.[4] Investigadores de la Universidad Brigham Young incluyeron todos estos datos en un amplio estudio en el que participaron más de trescientas mil personas, durante un periodo de unos siete años y medio.[5] Observaron que el riesgo de mortalidad asociado a la soledad superaba al de la obesidad y la inactividad física, y eran comparables con los asociados al tabaquismo.

Los efectos letales de la soledad trascienden nuestra experiencia individual y afectan a nuestras relaciones sentimentales. La terapeuta relacional Esther Perel cree que uno de los problemas importantes de muchas relaciones sentimentales insatisfechas es que a las parejas les falta la pertenencia a una comunidad más amplia. «Le exigimos a una persona que nos dé lo que antes nos aportaba toda una comunidad. Nos está destruyendo. Son demasiadas expectativas [en la relación]».[6] Los humanos hemos evolucionado para crear vínculos con nuestros allegados, pero también para pertenecer a una comunidad. Nuestra capacidad para sobrevivir, mucho más para medrar, depende de nuestra pertenencia a una tribu. Exigirnos a nosotros mismos o a otra persona que satisfaga todas nuestras necesidades es inviable y poco inteligente.

El quinto principio del *groundedness* es la *comunidad sólida*. El impulso incesante del individualismo heroico de ser «productivos», «optimizar» y ser «eficientes» suele restarnos el tiempo y la energía que emplearíamos en crear vínculos con otras personas y tradiciones, artesanías y linajes que nos aportarían sentido de pertenencia. La ironía está en que estos lazos no solo nos ayudan a sentirnos mejor y mejorar el mundo, sino que también nos ayudan a mejorar nuestro rendimiento.

TENER UNA COMUNIDAD SÓLIDA ES UNA NECESIDAD HUMANA BÁSICA

Durante la investigación para su innovador libro *Tribu*, Sebastian Junger descubrió que muchos soldados se sentían mejor en la guerra que en casa. Aunque a simple vista pueda parecer desconcertante, observó que en la guerra los soldados refuerzan su sentimiento de pertenencia. «A los seres humanos no les importan las dificultades; de hecho, medran gracias a ellas. Lo que les afecta es no sentirse necesarios. La sociedad actual ha perfeccionado el arte de hacer que la gente no se sienta necesaria».[7]

La observación que hizo Junger de los soldados coincide con los resultados de décadas de investigaciones sobre los elementos fundamentales que fomentan la motivación, la satisfacción y la realización personal. Esta línea de investigación se ha fusionado creando la *teoría de la autodeterminación*. Esta teoría demuestra que los seres humanos medran cuando tienen cubiertas sus necesidades básicas:

1. **Autonomía** o la facultad de tener al menos algo de control sobre cómo empleamos nuestro tiempo y energía.
2. **Competencia** o el camino hacia el progreso tangible en las metas que hemos elegido.
3. **Relación social** o el sentido de conexión y pertenencia.

Cuando una o más de estas necesidades básicas no están cubiertas, la salud y el bienestar se deterioran y aumentan los índices de *burnout*.[8] No importa que estemos convencidos de que podemos valernos solos, las investigaciones demuestran que no es así, al menos no de manera sostenible y satisfactoria.

Somos animales sociales. Nuestra habilidad para comunicarnos y cooperar ha sido una de las mayores ventajas competitivas de nuestra especie. Hace miles de años, cuando vivíamos en la sabana, los grupos de primates y los primeros humanos, que estaban estrechamente vinculados, tuvieron una significativa ventaja sobre los grupos que carecían de esos lazos. Por consiguiente, con el paso del tiempo, la evolución favoreció a los grupos que funcionaban bien, así como a los individuos que tenían la habilidad de participar en estos grupos. Los científicos se refieren a este proceso como la *selección de grupo*.

El psicólogo evolucionista Jonathan Haidt cree que la selección de grupo es como desarrollamos lo que denomina nuestros «instintos sociales». Por ejemplo, un humano primitivo que va solo tendría muchas más probabilidades de ser atacado por un depredador o de morirse de hambre en tiempos de hambruna. Pero no sería el caso de uno que va en grupo, donde sus miembros se protegen entre ellos, se consuelan y comparten recursos.[9]

Hoy en día, las investigaciones concluyen que pertenecer a una comunidad tuvo grandes ventajas para nuestros antepasados primates. Un estudio de 2003, de la Universidad de California,

Los Ángeles, reveló que el nivel de integración y pertenencia social de un babuino hembra podía predecir las posibilidades de supervivencia de sus crías.[10] Investigaciones posteriores, publicadas entre 2010 y 2014, concluyeron que tener fuertes lazos sociales no solo alargaba la vida de las crías, sino también de las madres. Los babuinos que estaban socialmente aislados, sin embargo, experimentaron una mayor incidencia de enfermedades y, a menudo, mostraban conductas similares al distrés humano.[11]

Con todos estos datos, queda claro que la comunidad y la pertenencia no son algo que «está bien tener» o complementos de nuestra existencia. Más bien son cruciales para la vida, para nuestra capacidad para estar bien y medrar. Está en nuestro ADN.

El psicólogo, sociólogo y filósofo Erich Fromm, en su libro de 1941 *El miedo a la libertad*, explicó: «Sentirse totalmente solo y aislado conduce a la desintegración mental, de la misma manera que el hambre física conduce a la muerte».[12] No obstante, escribe que aunque las relaciones suelen ser físicas, no siempre ha de ser así. «Relacionarse con los demás no siempre equivale a tener contacto físico. Una persona puede estar sola físicamente durante muchos años, pero puede relacionarse con ideas, valores o al menos patrones sociales que le confieren un sentimiento de comunión y de "pertenencia". Por otra parte, puede vivir entre más personas y, sin embargo, sentirse tremendamente aislado». El resto de este capítulo trata de que cuando satisfacemos estas dos necesidades básicas, el sentimiento interno de pertenencia y el contacto externo con los demás, es cuando nos sentimos más realizados. Estos dos motores, que unidos son lo que yo llamo *comunidad sólida*, se complementan y refuerzan mutuamente, dando como resultado una conexión más profunda y estable.

LA SOLEDAD Y LA COMUNIDAD SE CONSTRUYEN SOBRE SÍ MISMAS

El investigador John Cacioppo nos demuestra que cuando estamos conectados con los demás, no solo nos sentimos bien, sino seguros. Igualmente, no solo nos sentimos mal cuando estamos aislados, sino cuando nos sentimos inseguros. Aunque no sientas que tu integridad física esté en peligro cuando estás solo, tu sistema cuerpo-mente, programado durante muchos miles de años de evolución, empieza a enviar señales de advertencia. Esta es justamente la razón por la que la soledad se relaciona con niveles altos de las hormonas del estrés, la hipertensión y la mala calidad del sueño. En muchos aspectos, la soledad se parece mucho a la ansiedad.

El sentimiento fisiológico del malestar que acompaña a la soledad sirve para el mismo fin que hace miles de años. Es una señal instintiva para conectar. En los tiempos modernos, esto implica tomar el teléfono y llamar a un amigo o amiga, organizar actos sociales o, como mínimo, salir de casa e ir a un espacio público. Si alguien está solo habitualmente, esos mismos sentimientos de distrés se pueden agravar y tener el efecto contrario, es decir, provocarán que se cierre y se aísle todavía más.[13]

Así es como funciona. Cuando empiezas a experimentar soledad crónica, aumenta tu percepción de peligro. Revisemos el proceso de la evolución: si no tenías un grupo, la presión para estar a salvo y seguro caía únicamente sobre tus hombros. Estabas vigilando constantemente en busca de posibles peligros, quizás hasta te mantenías despierto por la noche. Por desgracia, alguien que se siente siempre bajo amenaza y está preocupado por su vida no es fácil que sienta empatía hacia los demás y que conecte con ellos. Esto es el inicio de un círculo vicioso que provoca más soledad.

Cacioppo, para probar esto, en uno de sus estudios, indujo a la soledad a estudiantes universitarios, mediante hipnosis.[14] Sus colaboradores y él indujeron a los participantes a revivir etapas de su vida en que experimentaron soledad y conexión al mismo tiempo. Entonces les administraron *test* de habilidades sociales. Observaron que cuando habían inducido la soledad a los estudiantes, sacaban unas puntuaciones mucho más bajas, efecto que pudieron constatar hasta en los más sociables. En lugar de buscar conexión, los estudiantes que eran hipnotizados para sentirse solos estaban demasiado ocupados vigilando su entorno, interna y externamente, en busca de amenazas. Cuando les hacían sentir conexión, obtenían mejores puntuaciones en los *test* de aptitudes sociales.

A fin de trazar la correlación neurológica para su conducta, Cacioppo utilizó la tecnología de la imagen por resonancia magnética funcional para explorar a fondo las características de las personas solitarias y de las sociables. Los cerebros de las solitarias se activaban mucho más deprisa cuando se enfrentaban a estímulos negativos y era más probable que clasificaran los estímulos neutros como peligrosos.[15] Es decir, los cerebros de la gente solitaria siempre estaban buscando amenazas y daban prioridad a identificarlas; básicamente, estaban siempre en guardia. No es el mejor estado mental para crear vínculos.

Afortunadamente, existen razones para creer que también se produce el estado contrario. Del mismo modo que la soledad se construye sobre sí misma, también lo hace la comunidad. Cuando conoces un gran número de personas y conectas realmente con ellas, expandes tus habilidades sociales y tu seguridad en ti mismo. Pasas de sentirte solo y amenazado a sentir que perteneces a un grupo. Cuanto más implicado estás en una comunidad, más seguro te sientes. En lugar de preocuparte por ti mismo, liberas tu capacidad para llegar a los demás, creando vínculos con nuevos amigos, luego con los amigos de tus amigos.

Mucho antes de nuestro actual individualismo heroico y subsiguiente epidemia de soledad, la sabiduría antigua ya conocía la importancia de pertenecer a una comunidad sólida. En el octavo libro de *Confesiones*, san Agustín, teólogo cristiano del siglo IV, describe su conversión no solo como un camino hacia una vida más espiritual, sino como un compromiso con una comunidad de personas a las que necesita y ama.[16] Aunque muchos asocian la espiritualidad de san Agustín con la fortaleza interior y el individualismo, para él, una persona es fuerte solo si se encuentra dentro de una comunidad. A lo largo de su vida, remarcó: «No podría ser feliz sin amigos».[17] La amistad dio sentido a su vida. En un famoso sermón que dio en algún momento del siglo IV, dijo: «En este mundo hay dos cosas esenciales: una vida saludable y la amistad».[18]

Anteriormente, más al este, las primeras enseñanzas de Buda explicaban que existían tres joyas, tres aspectos fundamentales de la vida a los que siempre hemos de dar prioridad: al Buda, que representa la conciencia interior profunda que todos poseemos; al *dharma*, o las enseñanzas del sendero espiritual, y la *sangha*, o la comunidad que construimos por el camino.

En un pasaje del Canon Pali,[19] uno de los textos budistas más antiguos, Ananda, el leal ayudante de Buda, un día se acerca a él y le dice:

—Venerable señor, esto es la mitad de la vida espiritual, es decir, la buena amistad, la buena compañía y la buena camaradería.

Buda le responde con entusiasmo, pero algo serio:

—¡No exactamente, Ananda! ¡No exactamente! La totalidad de la vida espiritual se basa en la buena amistad, la buena compañía y la buena camaradería.

LA TECNOLOGÍA Y LA COMUNIDAD SÓLIDA

Un tema recurrente en este libro es hasta qué extremo se ha infiltrado la era digital en nuestra vida. No parece muy probable que haya marcha atrás. En lo que respecta a la comunidad en particular, la tecnología digital presenta dos problemas interrelacionados:

1. La tecnología digital ha creado la capacidad (y su correspondiente presión) de «optimizar» y de ser siempre productivos, lo cual suele ser a costa del tiempo y de la energía que emplearíamos en crear una comunidad. En el libro *The Lonely American: Drifting Apart in the Twenty-first Century* [El americano solitario: distanciarse en el siglo XXI] de Jacqueline Olds y Richard Schwartz, catedráticos de Psiquiatría de la Universidad de Harvard, se describe el aumento de la soledad y el declive de las relaciones importantes. Según ellos, una de nuestras fuerzas motrices es que nos enfocamos más en «la productividad y en el culto a estar ocupados». Explican que demasiada visión en túnel* y dedicar demasiado tiempo al trabajo ha conducido a un pronunciado deterioro de las comunidades sólidas y el consiguiente aumento del aislamiento social y de los trastornos del estado de ánimo.[20]

La investigación de Olds y Schwartz nos recuerda los escritos del poeta-filósofo David Whyte. En su libro *Crossing the Unknown Sea: Work as a Pilgrimage of Identity* [Cruzar el mar desconocido: el trabajo como una peregrinación hacia la identidad], publicado en 2001, antes de que tuviéramos un *smartphone* en nuestro bolsillo, nos advierte sobre los oscuros peligros de descuidar a la comunidad cuando el trabajo nos absorbe por completo. «Casi siempre se subestima la dinámica de la amistad como una constante en la

---

* N. de la T.: En psicología es cuando una persona que tiene un conflicto no se ve capaz de ver sus diferentes aspectos.

vida humana. Un círculo de amigos decreciente es el primer diagnóstico terrible de una vida con grandes problemas: exceso de trabajo, demasiado énfasis en la identidad profesional, olvidar quiénes seremos cuando nuestra personalidad blindada tenga que afrontar los desastres naturales inevitables y las vulnerabilidades propias de hasta las existencias más corrientes».[21]

Mucho antes que esto, en 1897, el sociólogo francés Émile Durkheim, en su obra vanguardista *El suicidio*, observó: «La sociedad no se puede desintegrar sin que el individuo se desvincule de la vida social, sin que sus propias metas se antepongan a las de la comunidad, resumiendo, sin que su personalidad tienda a superar la personalidad colectiva. Cuanto más debilitados están los grupos a los que pertenece, cuanto menos depende de ellos, más depende solo de él y no reconoce más reglas que las que se fundan en sus propios intereses. Si acordamos llamar a este estado egoísmo, en el que el ego individual se autoafirma en exceso frente al ego social y a sus expensas, podríamos decir que... [esto es] un tipo especial de suicidio que surge del individualismo excesivo».[22] Me puedo imaginar lo que habría dicho Durkheim respecto a nuestro individualismo heroico, sus consecuencias y la importancia del *groundedness* como alternativa.

2. *Muchas tecnologías digitales nos ofrecen la ilusión de la conexión, a la vez que erosionan la realidad*. Pensamos que si podemos tuitear, escribir un *post* o enviar un mensaje de texto, un mensaje directo o un correo electrónico a alguien, estamos entablando una conexión y que lo estamos haciendo *eficientemente*. Pero esto es hacerse ilusiones. Como verás en las siguientes páginas, aunque en ciertas circunstancias sea eficaz, la conexión digital no puede reemplazar la interacción en la vida real.

Muchos estamos atrapados en estos dos problemas. Es por la naturaleza del individualismo heroico por lo que nos sentimos cada vez más presionados e inseguros por no estar siempre conectados por Internet. Y tenemos ordenadores superpotentes en nuestra casa e incluso en nuestro bolsillo. El resultado es que trabajamos constantemente, y de este modo, tenemos menos tiempo y energía para crear una comunidad. A veces estamos tan ocupados de formas tan sutiles que ni siquiera nos damos cuenta. Aquí tienes algunos ejemplos personales, de los cuales ninguno es problemático en y por sí mismo, pero se convierten en problemáticos cuando se vuelven habituales, lo cual es muy frecuente:*

- He sentido ganas de ir al gimnasio solo, en vez de ir con los amigos. Aunque sé que esto último me ayuda a sentirme mejor, la primera opción me garantiza que puedo seguir el horario que más me conviene y de la manera más eficiente posible, así tengo menos interrupciones y puedo hacer más.
- Muchas veces, he optado por quedarme en casa a trabajar, en vez de ir a la cafetería, porque me preocupaba que se me cortara la inspiración para escribir o no quería perder el tiempo desplazándome.
- Me he quedado absorto en las redes sociales, cuando podía haber llamado a un amigo o haber salido a hacer algo importante (en persona) con otra gente.

---

* N. del A.: Todos estos ejemplos dan por supuesto que es seguro seguir con este tipo de actividades. En cuanto al momento en que escribí esto, el mundo todavía estaba sufriendo los estragos de la pandemia del COVID-19. Dicho esto, la pandemia pasará. Probablemente, dejará una estela de mayor inercia de no reunirse en persona, aunque ya no haya peligro en hacerlo (y sea más importante que nunca).

Este último ejemplo es particularmente interesante, dada la relativa novedad y ubicuidad de las redes sociales. Merece más investigación.

LA CONEXIÓN DIGITAL FRENTE A LA CONEXIÓN EN PERSONA

El Centro de Investigación Pew, una organización de encuestas no partidista y laboratorio de ideas que se dedica a recopilar información de interés social, empezó a seguir el uso de las redes sociales, en 2005. En aquel entonces, había aproximadamente un cinco por ciento de estadounidenses activos en las redes sociales. En 2020, la cifra se acerca al setenta por ciento y la mayoría de los indicios apuntan a que seguirá subiendo.[23] Nos guste o no, las redes sociales son una faceta muy importante de la vida moderna. En los últimos años, se ha puesto de moda despotricar contra ellas por destruir todo lo bueno, incluida la comunidad. Pero la verdad no es tan simple. La autora e investigadora en redes sociales Lydia Denworth, en su libro *Friendship: The Evolution, Biology, and Extraordinary Power of Life's Fundamental Bond* [La amistad: la evolución, biología y poder extraordinario del vínculo fundamental de la vida], explica que en lo que respecta a los estudios sobre las redes sociales y la comunidad, «los resultados han sido tan variados hasta la fecha que han creado una versión científica de los dimes y diretes. Por cada estudio que demuestra el aumento de la soledad debido a las redes sociales», aparece otro que demuestra un aumento en la conexión».[24]

Veamos algunos ejemplos: para un metaanálisis exhaustivo, el psicólogo Jeff Hancock, director del Laboratorio de Redes Sociales de la Universidad de Stanford, comparó datos de doscientos veintiséis estudios publicados entre 2006 y 2018. Estos estudios incluían a más de doscientas setenta y cinco mil personas en total. Quería responder de una vez por todas a la pregunta de si las redes sociales son positivas o negativas para crear comunidad y conexión. ¿Cuál fue el resultado? Depende. Hancock descubrió que las redes sociales proporcionan una mezcla de beneficios y costes. En general, su efecto en las relaciones no destacó en ninguno de los sentidos.[25] «Las redes sociales son básicamente un intercambio —nos dice—. Obtienes ventajas muy pequeñas para obtener un bienestar, que a su vez, vas pagando poco a poco».[26]

Los resultados de Hancock siguen los pasos de otro gran proyecto de investigación publicado en 2019, este dirigido por Andrew Przybylski y Amy Orben, de la Universidad de Oxford. Revisaron datos de más de trescientos cincuenta mil adolescentes y descubrieron que las redes sociales apenas tenían efecto sobre su bienestar.[27] Cuando publicaron sus resultados, Przybylski y Orben acumularon titulares en las principales revistas por haber dicho que la asociación entre el uso de las redes sociales y el bienestar de los adolescentes era como asociar el bienestar con «comer patatas».[28]

No obstante, un estudio de la Universidad de Pittsburgh llegó a una conclusión diferente.[29] En este, los investigadores examinaron una muestra representativa nacional de dos mil personas y descubrieron que el mayor uso de las redes sociales (en lo que respecta a frecuencia de visitas y duración de estas) se correlacionaba con una mayor percepción de soledad.

Cuando se publica este libro, las redes sociales todavía están en sus comienzos, al menos científicamente. A medida que pasen los años, las próximas investigaciones nos ayudarán a conocer mejor sus efectos a corto y largo plazo. Por el momento, los expertos creen que los variados resultados de las investigaciones suponen un matiz importante en lo que respecta a las redes sociales. Si las contemplamos como un medio para incrementar el contacto en persona, es decir, conocer gente por Internet para reunirnos con ellos personalmente, para encontrar grupos con personas afines o para estar en contacto con alguien que vive en otro país o cuando no puedes verlo en persona, en estos casos, pueden ser beneficiosas. Si utilizamos las redes sociales en sustitución del contacto directo y de otras formas de conectar que nos aporten más, entonces, pueden ser nocivas.[*] Por lo que sabemos hasta ahora, nada puede reemplazar el contacto directo con los demás. Los estudios demuestran que la presencia y el tacto físico son esenciales para la empatía, la conexión y la pertenencia.[30] Cualquiera que haya estado alguna vez en una situación difícil y alguien le haya consolado poniéndole la mano en el hombro o lo haya mirado con empatía lo sabe bien.[**]

«El uso de las conexiones [digitales] como estación de tránsito (los niños suelen usarlas de este modo; usan Facebook para quedar en algún sitio) se asocia a niveles de soledad más bajos —dice Cacioppo—. Si se usan como *destino*», ya no tanto.[31] «La ironía es que las personas que se sienten solas suelen hacer esto, tienden a retirarse socialmente porque es un castigo e interactúan digitalmente, tal vez bajo una falsa identidad, que les hace sentirse más aceptadas. Pero no las ayuda a sentirse menos solas».

---

[*] N. del A.: Además, la conexión digital puede ser ventajosa cuando simplemente te resulta imposible reunirte con los demás. Por ejemplo, durante la pandemia de COVID-19, en 2020, la mayor parte de la población mundial estaba confinada, y la gente tenía prohibido reunirse fuera de sus núcleos familiares. Durante esta difícil etapa, los dispositivos electrónicos para conectarnos han supuesto la mejor opción para apoyarnos mutuamente y mantener la comunidad. Incluso entonces, también parecía que cuanto más facilitara la tecnología establecer el contacto directo, tanto mejor. Una llamada era mejor que un mensaje de texto, una videollamada era mejor que una llamada y la relación social a distancia en los encuentros en la calle eran mejor que la videollamada.

[**] N. del A.: Esto es justamente lo que hizo tan difícil sobrellevar el COVID-19 para mucha gente. En el momento en que necesitábamos más apoyo y conexión que nunca, no era seguro tenerlo. Para detener la expansión del virus, tuvimos que reprimir nuestro gesto más instintivo durante tiempos difíciles: poner nuestra mano en el hombro de alguien.

Otra advertencia importante respecto a la investigación que he mencionado es que solo examina el efecto de las redes sociales para formar una comunidad. Cada vez más, estamos viendo que las redes sociales pueden tener un efecto destructivo sobre la democracia, al diseminar teorías conspiratorias y noticias falsas. También estamos viendo cómo puede conducir a un mayor tribalismo político, en particular cuando se usa como un lugar donde se pueden intercambiar ideas anónimamente (en el mejor de los casos) y atacar a los demás (en el peor y, tristemente, mucho más común), no como estación de paso para facilitar encuentros serios en la vida real, con personas que tienen otros puntos de vista (donde se puede hablar de las diferencias de una manera menos crítica). Además, si usas las redes sociales para compararte constantemente con los demás; buscar aprobación mediante retuits, *likes* o comentarios, o estar al día de las últimas noticias, entonces, probablemente, no estarán promoviendo la satisfacción o el bienestar duraderos. Las redes sociales también son un problema cuando no eres capaz de desconectarte de ellas. Por ejemplo, las investigaciones concluyen que los bebés no crean tantos vínculos con sus padres si estos están siempre con el móvil en la mano.[32] Y si estás usando el móvil cuando te reúnes con otras personas, sea cual sea su edad, la calidad de esas interacciones se deteriora notablemente.

Aunque las redes sociales no sean malas en sí mismas, debes entender sus inconvenientes, usarlas solo como una herramienta y con la máxima precaución. Algo que he observado recientemente es que hay personas que pertenecen a grandes comunidades *online* y que alardean de tener montones de amigos, seguidores y *likes* en plataformas como Facebook, Twitter, Instagram, LinkedIn y TikTok. Estas personas suelen ser ejemplos de individualismo heroico, siempre por encima de todo, siempre demoledoramente atractivas. Sin embargo, esta misma gente suele necesitar desesperadamente una conexión más profunda en su vida. Este probablemente sea el caso de muchas de las razones que he mencionado, incluida la de que invierten tanto tiempo y energía en sus comunidades *online* que no les queda tiempo para invertir en su comunidad real, les falta el consuelo del contacto y la conexión físicos; y en algunos casos, pasan demasiado tiempo nadando en el pozo negro de los foros y contenidos de gente furiosa. «Si la única aceptación que puedes obtener de ti mismo es una representación falsa en la Red, eso no hará que te sientas conectado», dice Cacciopo.[33]

Décadas antes de que existieran las redes sociales y de los estudios de Cacioppo sobre sus efectos nocivos, Erich Fromm, en su libro *Psicoanálisis de la sociedad contemporánea: hacia una sociedad sana*, advirtió contra el desarrollo de una *orientación mercantil*: «Cuando el cuerpo, la mente y el alma de alguien son su capital y su misión en la vida es invertirlos favorablemente, para sacarse provecho a sí mismo. Las cualidades humanas como la amistad, la cortesía o la amabilidad se transforman en mercancía, en activos del "paquete de la personalidad", que suben el precio en el mercado de la personalidad. Si el individuo no sabe rentabilizarse a sí mismo, siente que *ha* fracasado; si lo consigue, siente que *ha* tenido éxito».[34] Lo de orientación mercantil suena a aislamiento y depresión. Sin embargo, ahora más que nunca, facilitado por lo peor de las redes sociales, mucha gente vende su alma por una instantánea en el estrellato de Internet. Pero ¿con qué fin?

Recuerda que más de setenta mil años de evolución nos han programado no para tener contacto y pertenencia vía digital, sino en la vida real. Por lo que yo puedo decir, exponencialmente, es mucho más satisfactorio estar profundamente implicado y ser una celebridad en tu comunidad más cercana que ser una celebridad en Internet, por adictivo que sea esto último.

LAS PERSONAS DE LAS QUE TE RODEAS SON LAS QUE TE MOLDEAN

Al igual que las gigantescas secuoyas con las que iniciamos este capítulo, cuando nos afianzamos en una comunidad acabamos íntimamente conectados con ella. Los estudios han revelado que si eres testigo de que alguien está sufriendo, tanto si se trata de un amigo que se ha golpeado el dedo del pie con una estantería como de un sintecho que está en un rincón de un callejón oscuro o una cara sombría en la sala de espera de un hospital, es probable que tú también sientas algo de dolor. La Asociación para la Ciencia Psicológica (ACP) lo llama el efecto «siento tu dolor», y casi todos lo experimentamos de tanto en tanto. Cuanto más allegada sea la persona que sufre, más fuerte es el efecto. Esto también forma parte de la programación evolutiva y nos incita a ayudar a los demás de nuestro grupo cuando lo necesitan.

«Cuando somos testigos de lo que les sucede a los demás, no solo activamos la corteza visual como pensábamos hace unas décadas[36] —dijo el neurocientífico holandés Christian Keyers a la ACP—. También activamos nuestras propias acciones, como si actuáramos de modo similar. También activamos nuestras propias emociones y sensaciones, como si sintiéramos lo mismo».

El sufrimiento no es la única emoción contagiosa. Investigadores de la Universidad de Yale monitorizaron muy de cerca a casi cinco mil personas que vivían en la pequeña ciudad de Framingham, Massachusetts, durante más de tres décadas. Descubrieron que cuando alguien se alegraba o se entristecía esa emoción afectaba a toda la población.[37] Las emociones hasta se transmitían virtualmente. Otro estudio, con el apropiado nombre de «Yo estoy triste, tú estás triste», reveló que cuando estás en un estado de ánimo negativo al mandarle un mensaje de texto a tu pareja, es probable que esta lo perciba y se le contagie tu estado.[38] Lo mismo ocurre con las publicaciones en Facebook, según las investigaciones publicadas en *Proceedings of the National Academy of Sciences* [Actas de la Academia Nacional de Ciencias]. Emociones como la felicidad, la tristeza y la ira se transmiten como un incendio descontrolado por dicha plataforma.[39] (No es que hiciera falta un estudio para probar esto).

Otro estudio publicado en la revista *Motivation and Emotion* demostró que incluso emociones que no se manifiestan tanto externamente, como la motivación, son contagiosas. Si alguien está trabajando en la misma sala que otras personas que están motivadas internamente, su actitud mejora.[40] Sin embargo, si alguien trabaja en el mismo recinto que otras personas a las que no les entusiasma su trabajo, su motivación también disminuirá. Un estudio realizado en 2017, en la Universidad del Noroeste concluyó que estar sentado a siete metros de una persona de alto rendimiento mejoraba el rendimiento de otro empleado en un quince por ciento. Pero lo mismo sucedía a la inversa, perjudicaba el rendimiento del empleado que estaba cerca en un treinta por ciento.[41] Eso es un impacto enorme.

Alguien que conoce la fuerte influencia de una comunidad sólida en el rendimiento y el bienestar es mi buena amiga Shalane Flanagan, la mejor corredora* estadounidense de todos los tiempos, especializada en los diez mil metros. Cuando decidió que en vez de entrenar sola iba a hacerlo en grupo, su rendimiento, junto con el de las otras mujeres del grupo, subió de golpe. Todas sus compañeras de entrenamiento (once en total) han participado en los Juegos Olímpicos desde que entrenaron con ella, un logro increíble. Lindsay Crouse, al escribir para *The New York Times*, acuñó

---

* N. del A.: Puede que no sea del todo imparcial por el lazo de amistad que nos une, pero las cifras hablan por sí mismas. Flanagan ha participado en cuatro Juegos Olímpicos y ganó una medalla de plata en los de 2008. También ganó el maratón de Nueva York de 2017, convirtiéndose en la primera estadounidense en conseguirlo a los cuarenta años.

el término «El efecto Shalane: tú eres el motor del cohete para las carreras de [aquellas] que entrenan a tu lado, al mismo tiempo que te catapultas a ti misma».[42]

No solo Flanagan y todas las demás corrieron mejor, sino que se encontraban mejor. Emily Infeld, una atleta de fondo estadounidense, dijo al *The New York Times* que al poco tiempo de haberse graduado en la universidad, tenía problemas de fracturas por estrés y, en 2014, se estaba planteando dejar el deporte. Ese diciembre, Flanagan se la llevó a tomar un vaso de vino y a charlar con ella un rato. «Estaba teniendo un verdadero conflicto, lloré y le dije que no podía hacerlo, que mi cuerpo no estaba hecho para esto -recuerda Infeld—. Y me ayudó a cambiar por completo mi actitud mental. Me dijo que desde luego esto era malo, pero ella creía que podía hacerlo mejor. Mejoré, entrenamos juntas, me hizo responsable. Esto cambió mi carrera totalmente». En cuestión de meses, en agosto de 2015, Infeld logró una medalla en los diez mil metros en los Campeonatos Mundiales de Atletismo de la Federación Internacional de Atletismo Amateur.

Flanagan se benefició como las demás del efecto Shalane. «Incluso en un deporte individual tan duro, me di cuenta de que podía sentirme vinculada a una comunidad. Si te sientes sola en la cima, es que lo estás haciendo mal. Las personas de alto rendimiento se centran en arrastrar con ellas a los demás hasta la cima. Son generosas en su ascenso y crean una tribu». No es de extrañar que tras retirarse del atletismo profesional a finales de 2019, no tardara mucho tiempo en anunciar que seguiría en el deporte como entrenadora. Los dos hablamos a menudo antes de que tomara esta decisión. «Esta es mi gente —me dijo en una ocasión—. Esta comunidad da mucho sentido a mi vida. En estos momentos, no puedo imaginarme haciendo ninguna otra cosa».

La ciencia y las experiencias de los individuos de alto rendimiento y sumamente realizadas, como Shalane Flanagan, giran todas en torno a la misma verdad básica. Somos espejos que se reflejan los unos en los otros. Las personas de las que nos rodeamos son las que nos modelan, y nosotros a nuestra vez las modelamos a ellas. Las implicaciones son importantes y factibles.

Para empezar, es una buena idea relacionarnos con personas a quienes admiramos y aspiramos emular. No es tanto la habilidad repetitiva lo que se contagia sino la motivación, la emoción y los valores. Ser consciente de lo fácilmente que se transmiten las emociones te permite transformarte y, al mismo tiempo, transformar a los que te rodean. Por ejemplo, si recibes un mensaje de texto que te entristece de pronto o si lees un *post* en las redes sociales que te pone de mal humor, en vez de reaccionar de inmediato, puedes hacer una pausa y responder con sensatez. En vez de reaccionar a la tristeza con más tristeza, haz una pausa; puedes hacerlo con compasión y dando tu apoyo. En lugar de responder a la ira con la ira, puedes afrontarla con comprensión (o simplemente ignorarla, una estrategia muy infrautilizada). A la inversa también funciona. Cuando te sientes bien también puedes transmitirlo, aunque tengo la impresión de que eso sucede espontáneamente.

Estas conclusiones no son nuevas. Hace más de una década, en una expedición al pie de la región de Khumbu, en los Himalayas, le pregunté a un *sherpa* nepalí llamado Indra por las banderolas de oraciones que había colgadas por todas partes. «Es muy sencillo, cuando sientes una emoción fuerte, pones una banderola. Desde el principio de los tiempos, mi cultura [budismo tibetano] cree que el viento transmitirá esa energía y que el universo la recibirá».

PRÁCTICA: IMPLÍCATE CON UN GRUPO CON EL QUE TE SIENTAS IDENTIFICADO

Uno de los primeros principios de Cacioppo para contrarrestar la soledad y crear comunidad es buscar colectivos.[43] Suele gustarnos la gente que se parece a nosotros, con la que compartimos intereses, actividades y valores. También existe menos presión para congeniar cuando pasas a formar parte de un grupo que cuando conoces a las personas individualmente. Uno de los beneficios de Internet es que es más fácil que nunca encontrar grupos significativos y unirse a ellos, muchos de los cuales se reúnen en la vida real. Aquí tienes algunos ejemplos importantes.

Haz voluntariado

Cuando la gente hace algo por los demás, le resulta más fácil superar sus miedos e inseguridades, y al mismo tiempo crea vínculos. Cuando ayudamos a los demás, la zona del cerebro que normalmente pone el freno para proteger a nuestro ego (nuestro yo literal) tiende a relajarse, nos permite asumir riesgos constructivos y resolver las dudas que tenemos sobre nosotros mismos.[44] La investigación llevada a cabo por Shelley Taylor, catedrática de la Universidad de California, en Los Ángeles, muestra que durante las experiencias de distrés subjetivo, la respuesta de luchar o huir no es la única. También tenemos la capacidad para lo que ella denomina respuesta de cuidar y hacer amistad. «Cuidar a los demás es tan natural, tan biológico, como buscar alimentos o dormir, y sus orígenes residen en lo profundo de nuestra naturaleza social», escribe en su libro *The Tending Instinct: Women, Men, and the Biology of Our Relationships* [El instinto de cuidar: Mujeres, hombres y la biología de nuestras relaciones].[45] Cuando cuidamos a los demás, también solemos entablar amistad con quienes nos rodean.

El voluntariado no solo beneficia a tu comunidad y a las personas a las que ayuda, sino a ti mismo. Los estudios demuestran que favorece la salud física, la salud mental y la longevidad.[46] Aunque no es fácil identificar el mecanismo exacto subyacente a estos efectos positivos, es probable que se relacione con los beneficios más generales de implicarte en una comunidad y sentirte conectado con ella. El voluntariado puede ser especialmente poderoso para las personas que están a punto de jubilarse o que se han jubilado recientemente.[47] En esta etapa de la vida, somos susceptibles de perder una parte esencial de nuestra identidad, de nuestra comunidad laboral y de la forma en que pasamos nuestro tiempo. El voluntariado nos ayuda a llenar esos huecos. Esta es justamente la razón por la que la Asociación Estadounidense de Personas Jubiladas (AEPJ) ha invertido en la creación de un programa llamado Crea el bien, para poner en contacto a personas que se acaban de jubilar con sus respectivas comunidades.[48]

Únete a una comunidad espiritual

La religión organizada está en declive en Estados Unidos, especialmente entre los jóvenes. La Encuesta sobre la Familia Estadounidense de 2018, realizada por el periódico *Deseret News*, en Utah, reveló que para los *millennials* y la generación X la religión más común es el ateísmo.[49] Puede que esto no sea muy problemático en sí mismo, pero durante siglos, la religión ha sido la fuerza motriz de las comunidades, y nada ha cubierto esta función adecuadamente. Un estudio, publicado en 2016, en la revista *JAMA Internal Medicine*, en el que se hizo seguimiento a setenta y cinco mil mujeres durante diez años, reveló que las que asistían a servicios religiosos al menos una vez a la semana tenían un treinta y tres por ciento menos de probabilidades de morir durante el estudio que sus iguales que no asistían regularmente a servicios religiosos.[50] Otro estudio, publicado en la revista *PLOS One* en 2017, hizo seguimiento a cinco mil quinientos cincuenta adultos durante dieciocho años y concluyó que entre los que asistían regularmente a servicios religiosos en su comunidad había un cincuenta y cinco por ciento menos de mortalidad.[51] Los autores de dichos estudios sospechan que una gran parte de los beneficios para la salud y la longevidad se deben al aspecto del culto en la comunidad. Estos estudios exploraron una gama diversa de servicios religiosos. Es decir, que no es ningún sistema de fe o deidad el responsable de nuestra salvación. Es mucho más probable que seas tú mismo y la gente de tu comunidad los que os salvéis mutuamente. Recordemos el consejo de Buda a su leal ayudante Ananda: «La buena amistad, la buena compañía, la buena camaradería no es la mitad del sendero espiritual. Es la totalidad de él». Buda tenía razón.

Otras investigaciones revelan que el cerebro humano evolucionó para ser capaz de sentirse conmovido por el canto, los cánticos, la danza y otras expresiones de lo inefable, con el único fin de agrupar a personas únicas. Peter Sterling, catedrático de Neurociencia de la Universidad de Pensilvania, lo denomina *prácticas sagradas*. Una especie diseñada de modo que «todos tengan que cooperar conduce a todo tipo de conflictos interpersonales imaginables: codicia, paranoia, ¡por mencionar algunos! Por consiguiente, el diseño necesita conductas innatas adicionales para disipar las tensiones psicológicas y preservar la cohesión social. Tales conductas podrían considerarse colectivamente *prácticas sagradas*, donde *sagrada* significa 'respeto por lo inefable', lo que el lenguaje normal no puede describir».[52] Dado que la evolución solo selecciona cualidades imprescindibles para la supervivencia de la especie, nuestra capacidad para crear vínculos con las prácticas espirituales (o lo que Sterling llama sagradas) es importante.

Si sientes curiosidad por unirte a una comunidad espiritual, independientemente de dónde te hayas educado, no temas curiosear. Es una forma maravillosa de conocer gente con valores similares. Y, si como pensaba una versión anterior de mí, crees que no hay lugar para la espiritualidad en tu visión del mundo científica y racional, espero que leer este libro te ayude a darte cuenta de que la sabiduría espiritual y la ciencia no tienen por qué ser mutuamente excluyentes. En realidad, pueden ser bastante complementarias. Y recuerda que la espiritualidad puede ser tan simple (y hermosa) como reunirte con amigos a contemplar el atardecer, para asombraros del universo infinito que habitamos milagrosamente; para eso no hace falta ningún dogma.

Intégrate en un grupo de ayuda mutua

Es fácil utilizar Internet para buscar y encontrar grupos de ayuda para casi cualquier cosa, como salud mental, estudiar, practicar *fitness* o ser padre o madre. Como hemos visto en el capítulo anterior, las investigaciones demuestran que la fuerza de los vínculos interpersonales aumenta con la vulnerabilidad. Cuando te integras en un grupo de ayuda mutua, puedes desapegarte más fácilmente de la necesidad de ser el protagonista, de actuar con tu yo escénico, y pasar a las cosas reales, ya que todo el mundo «lo entiende», sea «lo» que sea.

Además de ser una maravillosa fuente para crear comunidad, los grupos de ayuda mutua también contribuye a que superemos los retos y alcancemos metas. La comunidad no solo fomenta la motivación, sino la responsabilidad. Si te has comprometido con otra persona o grupo, es más probable que sigas con ella o él. Si todo el mundo se presenta al gimnasio, al grupo de rehabilitación de la ansiedad o a la reunión de Alcohólicos Anónimos y tú no, seguramente te sentirás mal. Por lo tanto, es bastante probable que vayas. Pero un beneficio aún mayor de la comunidad es lo que sucede cuando no te presentas. Tal vez te sientas avergonzado o incómodo, pero recibirás una palmadita en el hombro y algo de cariño. Eso es porque todos los integrantes del grupo se están enfrentando a los mismos retos y entienden lo duro que es. Una vez más, lo entienden. Todos compartís vuestra vulnerabilidad. Todos experimentáis versiones de la misma y a la vez diferente historia.

Es un efecto doble: la comunidad evita que te caigas, y si lo haces, te ayuda a levantarte. Esta es la razón por la que los grupos de ayuda mutua para las personas adictas a sustancias o con otras adicciones son tan eficaces.[53] No existen muchos ejemplos en los que ir de por libre sea mejor que ir juntos.

Organiza encuentros

En tiempos de la Ilustración, los artistas, filósofos, poetas y científicos se reunían regularmente en salones o hacían encuentros más pequeños a nivel privado para centrarse en algún tema. Puesto que los encuentros en salones han caído en el olvido, no hay razón para no recuperarlos. Es tan sencillo como reunir un grupo de personas con intereses afines y acordar encuentros regulares, tal vez una vez al mes. Puede tratarse de grupos de lectura, grupos de escritura o grupos *mastermind*, donde se reúnen personas que tienen la misma vocación para dialogar sobre su habilidad.

PRÁCTICA: DA PRIORIDAD A LA CALIDAD EN VEZ DE A LA CANTIDAD

Hace más de dos mil años, el filósofo griego Aristóteles, en su obra maestra *Ética a Nicómano*, distinguió entre tres tipos de amistad:

1. **La amistad basada en la utilidad,** o aquella en la que una o ambas partes ganan algo con dicha amistad. Esto se parece al sistema actual de «redes de contactos» o a hacerte amigo de alguien básicamente porque crees que puede ayudarte.

2. **La amistad basada en el placer,** o la que se centra en experiencias agradables. Son las personas con las que pasamos un rato agradable y despreocupado.

3. **La amistad basada en la virtud,** o aquella en la que ambos individuos comparten los mismos valores. Son vínculos con personas a las que admiras y respetas, con las que estás en la misma línea en lo más importante en la vida.

Es fascinante que, hace siglos, Aristóteles dijera que «muchas personas jóvenes o en la plenitud de su vida» demasiadas veces persiguen amistades por utilidad, solo para acabar sintiéndose vacías. Pasa un tiempo en un campus universitario o en una gran empresa, y verás que algunas cosas nunca cambian.

Asimismo, escribió: «Los que aman por la utilidad del amor, porque es bueno para ellos, y los que aman por placer lo hacen porque es placentero para ellos». Sin embargo, lo que uno encuentra útil o placentero, escribió Aristóteles, «no es permanente, siempre cambia. Entonces, cuando la razón para la amistad desaparece, esta se disuelve». Aquí, parece estar describiendo al que en la actualidad llamamos trepador o mariposa social, o la persona que va de grupo en grupo sin vincularse en serio con ninguna comunidad.

Mientras los tres tipos de amistad de Aristóteles pueden ser ventajosos en ciertas circunstancias, solo la que se basa en la virtud (la que tiene un entramado de valores compartidos) es duradera y verdaderamente significativa. «La amistad perfecta es la amistad de [aquellos] que son afines en la virtud. Para estos [individuos] que se desean el bien mutuamente [en todas las circunstancias] y por tanto [estas amistades] son buenas en sí mismas». Las relaciones basadas en la virtud exigen esfuerzo y no son fáciles de encontrar. «Las grandes amistades solo se pueden tener con muy pocas personas», escribió Aristóteles. Pero proporcionan una gran satisfacción y alegría. Es una extraña bendición conectar con alguien a este nivel tan profundo, crear un vínculo con un espíritu afín.

El esquema de Aristóteles no solo es profético, sino práctico. Es muy práctico preguntarte en qué categoría se encuentran cada una de tus relaciones. Está bien tener alguna, quizás la mayoría, amistad por utilidad y placer. Pero has de reconocer que este tipo de amistades cumple un propósito diferente y que es probable que sea de más corta duración que la amistad más profunda, la que se basa en la virtud. Las amistades que se basan en la virtud no llegan de la noche a la mañana, y se ha de invertir una considerable cantidad de energía para conservarlas. Como escribió Aristóteles, «la falta de conversación ha roto muchas amistades».[54] Pero lo que recibes de estas amistades generalmente pesa más que lo que inviertes en ellas.

Es recomendable adoptar la postura aristotélica respecto a lo que piensas de tus relaciones digitales. Esto tiene especial importancia dado lo que sabemos respecto a cómo se difunden las emociones a través de las redes virtuales. Aquí, la lógica es directa y simple: si la gente te hace enfadar, te molesta o te boicotea habitualmente, has de dejar de seguirla enseguida, retirarle tu amistad, ponerla en silencio, marcarla como *spam* o bloquearla, y no te has de sentir mal por hacerlo.

Aristóteles no fue el único pensador de la Antigüedad que nos hubiera ofrecido este consejo para nuestra situación actual. «Si te relacionas con alguien que está de mugre hasta el cuello, será difícil que puedas evitar que te salpique, aunque sea un poco», escribió el filósofo estoico Epicteto, en una advertencia hecha hace dos mil años sobre andar con malas compañías.[55] Quinientos años antes, Buda enseñó que uno de los ocho elementos del noble óctuple sendero hacia la iluminación es el *habla correcta*, que implica abstenerse de cotillear, de ser rencoroso y rudo, y de mantener conversaciones insensatas. Probablemente lo mejor sea aplicar los principios del habla correcta no solo en las plazas de la ciudad en la vida real, sino también en las virtuales.

PRÁCTICA: *DESARROLLA UN BRAINTRUST*

Ed Catmull cofundó Pixar Animation Studios y lo dirigió durante su ascenso y su adquisición por parte de Walt Disney Company, en 2006. Catmull, que se jubiló en 2019, es considerado uno de los líderes con más éxito de cualquier industria creativa. En el éxito de Pixar fue clave lo que él denomina desarrollar un *braintrust* [literalmente, 'fondo de cerebros'], o un grupo de personas con las que te reúnes habitualmente para que te ayude a identificar problemas y que te hagan sus comentarios con franqueza. Este *braintrust* es «una entidad eficiente y sumamente beneficiosa —escribe Catmull en sus memorias, *Creatividad, S. A.: cómo llevar la inspiración hasta el infinito y más allá*—. Incluso en las primeras reuniones, me sorprendía lo constructivos que eran esos comentarios. Cada uno de los participantes se centraba en la película sobre la que estaba trabajando, no en asuntos personales ocultos [...] Los participantes se veían como iguales».

Todos podemos beneficiarnos de un *braintrust*. Cuanto más profundizamos en nuestros grandes proyectos (ya sea el lanzamiento de una empresa, entrenar para un maratón o educar a un hijo), más nos cuesta evaluarlos objetivamente. Aunque fingir que estás aconsejando a un amigo que se encuentra en una situación similar a la tuya puede ser útil (véase «autodistanciamiento», en el capítulo dos, página 55), recibir consejos de amigos de confianza tal vez lo sea más. «Las personas que inician proyectos creativos complicados se pierden en alguna parte del proceso. Es la naturaleza de las cosas: a fin de crear, has de interiorizar y casi *convertirte* en el proyecto durante un tiempo», escribe Catmull. Aunque fusionarte con tu proyecto pueda ser valioso, también puede llevarte a puntos muertos. Un *braintrust* te ayuda a identificarlos antes de que causen problemas serios.

En un entorno empresarial, cuanto más arriba estás en la escalera, más importante es desarrollar un *braintrust*. La cima es solitaria y tener otras personas con las que trabajar y que te apoyen es imprescindible. Pero lo que es aún más importante es recibir consejos sinceros. Por miedo, percibido o real, de enojar al jefe, los subordinados muchas veces dudan sobre si deben decir lo que piensan realmente o hacer comentarios negativos. Las personas más importantes en el entorno de un líder son las que se sienten cómodas haciendo lo contrario, desafiándolo y señalándole los problemas antes de que estallen.

Catmull sugiere unos cuantos principios orientativos para crear un *braintrust*.[56] Son útiles tanto para el ámbito profesional como personal:

- Incluye solo personas en las que confías y que estás seguro de que van a ser totalmente sinceras contigo, incluso, y muy especialmente, si eso supone decirte cosas que no quieres oír.
- Incluye personas con una actitud orientada hacia las soluciones. La meta no es solo identificar problemas, sino dar con las soluciones y con un camino viable para seguir adelante.

- Incluye personas que ya hayan pasado por esto. Rodéate de gente con experiencia en lo que tú estás pasando. De esta experiencia surge el conocimiento y algo igualmente importante, la empatía.

REFLEXIONES FINALES SOBRE LA COMUNIDAD SÓLIDA

El maestro zen Thich Nhat Hanh enseña que todos somos como una ola en el agua.[57] Aunque es fácil dejarte atrapar por la experiencia de ser una ola (su elevación, su cresta, su caída y moverte con la marea), es importante que recuerdes de dónde procede y a dónde vuelve, y qué es exactamente: agua. Cuando nos quedamos muy atrapados en nuestras subidas y bajadas (nos empecinamos demasiado en la optimización, la productividad y la eficiencia) descuidamos el agua de donde procedemos y el resultado es una vía rápida hacia la soledad y el sufrimiento. Cuando no hay agua, la ola literalmente se pierde en sí misma. Nuestros contactos sociales y nuestro sentido de pertenencia (nuestra comunidad sólida) influyen en todo, desde nuestra salud física y mental hasta nuestro rendimiento y nuestra satisfacción y realización personal en la vida. Hemos evolucionado para vivir en comunidad. Es lo que nos sostiene cuando ascendemos y caemos. Cuando la descuidamos, pagamos un precio muy alto.

Al igual que con los otros principios del *groundedness*, la comunidad sólida es una práctica constante. Requiere tiempo y esfuerzo construirla y mantenerla. La aceptación, la presencia, la paciencia y especialmente la vulnerabilidad ayudan a crear y mantener una comunidad sólida. Esta a su vez se convierte en un espacio de apoyo para que florezcan todos los demás principios.

«En mi tradición aprendemos que no podemos hacer mucho como individuos. Esta es la razón por la que [...] refugiarnos en la comunidad es una práctica muy poderosa e importante —dice Hanh—. Sin estar en una [comunidad], sin recibir el apoyo de un grupo de amigos que están motivados por los mismos ideales y prácticas, no podemos ir muy lejos».[58]

7

MUEVE TU CUERPO PARA QUE TU MENTE NO SE DISPERSE

T al vez no te suene el nombre de Andrea Barber, pero si eres de la década de 1990, probablemente sí habrás oído el de Kimmy Gibbler. Barber interpretó a Gibbler —la excéntrica, atrevida y segura de sí misma vecina de al lado— en la serie de televisión *Padres forzosos*. Detrás de la pantalla, sin embargo, Barber era todo menos una persona segura de sí misma y atrevida. Padecía ansiedad crónica y episodios de depresión muy debilitantes, que empeoraron en los primeros años de su madurez. Aunque externamente era una famosa a la que el público reconocía por el personaje alegre que interpretaba en televisión, internamente libró una batalla que duró muchos años.

Tras sufrir en silencio durante mucho tiempo, a los treinta y dos, al final tuvo el valor de pedir ayuda profesional. Le recetaron medicación y empezó a visitar a un terapeuta regularmente. Ambos nos pusimos en contacto, después de que yo escribiera el ensayo en el que describía mi propia experiencia con el TOC. Teníamos mucho en común: la experiencia de tremenda ansiedad, haber recurrido a un terapeuta, tener que tomar medicación, seguir estigmatizándonos un poco a nosotros mismos (lo cual demuestra lo poderoso que puede ser el estigma) y ser personajes públicos (yo mucho menos que ella), personajes que durante cierto tiempo se contradecían con nuestra experiencia interna. Pero más que ninguna otra cosa, a Barber le entusiasmó el ensayo que publiqué en la revista *Outside* y quería hablar conmigo del poder del ejercicio físico.

«Correr llegó en un momento de gran inestabilidad en mi vida. Además de mi ansiedad subyacente, también me estaba divorciando. Mis emociones estaban desparramadas por todas partes. Tenía la sensación de estar flotando. Correr empezó como un acto social, como una forma de obligarme a salir al mundo y a relacionarme con amigos. Pero una vez le fui cogiendo el gusto, lo hacía más por el hecho de salir y correr todos los días. No sé cómo expresarlo en palabras. No se trata solo de estar a solas con mis pensamientos, sino del ejercicio físico y del ritmo para encontrar tu cadencia y tu paso. Regresaba a casa sintiendo que la vida no era tan mala ni tan caótica como me lo parecía cuarenta y cinco minutos antes de empezar a correr».

Al final, en 2016, Barber se apuntó a un maratón. Era una gran meta, especialmente para alguien nuevo en el deporte y sin ninguna experiencia en atletismo. Pero pronto se dio cuenta de que no era por la carrera (aunque pudo completarla). Fue por el entrenamiento: la estructura, consistencia y responsabilidad que tenía de mover su cuerpo cada día. «Eso me salvó. Estoy convencida de que correr me salvó».

Aunque cuando tuvimos estas conversaciones, en 2020, Barber no corría con ninguna meta en particular, seguía considerando que era esencial hacer algo de actividad a diario. Incluso un paseo de treinta minutos a paso rápido hace milagros, según ella. Cuando le pregunté si era simplemente la rutina de hacer lo mismo todos los días lo que le ayudaba, lo negó rotundamente. «No. Tengo todo tipo de rutinas varias. Pero ninguna me satisface como el ejercicio físico. Hay algo especial en moverse».

Muchos estudios han demostrado que hacer ejercicio mejora no solo la salud física, sino también la mental. Esto es cierto en muchos contextos culturales. En 2019, en un análisis del King's College de Londres, se revisaron más de cuarenta estudios en los que habían participado en total doscientas sesenta y siete mil personas, para explorar la conexión entre hacer ejercicio y la depresión.[1] Los investigadores descubrieron que la actividad física regular reducía las posibilidades de que una persona sufriera depresión entre un diecisiete y un cuarenta y uno por ciento, un sustancial efecto que se observó independientemente de la edad y el sexo, y que demostró ser cierto en diversos tipos de ejercicio, desde correr hasta levantar pesas. Otras investigaciones han ratificado efectos similares para la ansiedad.[2]

El ejercicio no solo ayuda a prevenir la enfermedad mental, sino que también puede tratarla. Además del gran estudio sobre la prevención, los investigadores del King's College revisaron veinticinco estudios, en los que participaron un total de mil cuatrocientas ochenta y siete personas, que padecían depresión en aquellos momentos. Descubrieron que entre el cuarenta y el cincuenta por ciento de los individuos con depresión responden positivamente a hacer ejercicio, con un efecto que, a pequeña, media y gran escala, se considera amplio.[3] Investigadores de la Universidad de Limerick, en Irlanda, realizaron su propio análisis que incluía a novecientos veintidós participantes y observaron un índice de respuesta similar para la ansiedad.[4] Estos índices están a la par con la psicoterapia y la medicación.*

---

* N. del A.: Es importante señalar que hacer ejercicio no es la panacea para los temas de salud mental. Aunque puede ayudar, y con frecuencia lo hace, no todo el mundo tiene la

El movimiento puede parecer distinto de los otros principios que hemos visto en este libro hasta ahora. Por desgracia, la obsesión del individualismo heroico con los ejercicios agotadores, el aspecto físico y hacer «ejercicio» como castigo ha ofuscado nuestra forma de pensar respecto a nuestro cuerpo y cómo deberíamos usarlo. Pero, como verás, el verdadero movimiento es inherente a la práctica del *groundedness*.

UN SISTEMA CUERPO-MENTE INTEGRADO

En la década de 1640, el filósofo francés René Descartes introdujo lo que se conocería como dualismo cartesiano o el concepto de que aunque la mente y el cuerpo estén conectados físicamente, en realidad son entidades separadas.[5] Esta línea de pensamiento duró más de trescientos cincuenta años. No fue hasta principios del siglo XXI cuando los científicos empezaron a demostrar que Descartes estaba equivocado. No tenemos una mente y un cuerpo distintos, sino un *sistema cuerpo-mente* integrado.

Las bacterias de nuestro intestino y las proteínas que segregan nuestros músculos afectan a nuestro estado de ánimo. La neuroquímica cerebral influye en el dolor que sentimos en nuestra espalda y en nuestro ritmo cardiaco. Cuando nos movemos regularmente controlamos mejor nuestras emociones, somos más creativos y recordamos más información. Aunque la ciencia que integra al cuerpo y la mente es relativamente nueva, su esencia no

---

misma experiencia. Conozco mucha gente que experimenta (o ha experimentado) enfermedades mentales y que está harta, y con razón, de que le digan: «Haz más ejercicio». Si fuera tan fácil, todo el mundo lo haría. También es importante tener en cuenta que otros tratamientos para la salud mental y hacer ejercicio no se excluyen mutuamente, sino que se pueden usar en combinación para obtener más beneficios. Muchos de los regímenes de tratamientos para la salud mental incluyen una combinación de ejercicio, terapia y medicación.

lo es. Mucho antes de que Descartes separara ambos, los griegos antiguos trataban la mente y el cuerpo de un modo mucho más holístico, por ejemplo, no separaban la educación física de la intelectual, como hacemos hoy. Más bien se enseñaban las dos juntas, como parte de una filosofía que se resume en el dicho latino *mens sana in corpore sano*: una mente sana en un cuerpo sano.

El sexto principio del *groundedness* es el *movimiento*. El ejercicio físico promueve el bienestar general, la fortaleza y la estabilidad, no solo física sino mental. En el resto del capítulo explicaré cómo y por qué. Primero, veremos brevemente cómo el movimiento soporta a todos y cada uno de los principios anteriores: aceptación, presencia, paciencia, vulnerabilidad y comunidad sólida. Luego, exploraremos prácticas concretas que pueden ayudarte a desarrollar una práctica regular de ejercicio en tu vida. Veremos que no tiene por qué ser complicado o heroico, y que casi todo el mundo (independientemente de su edad, sexo o complexión) puede disfrutar de sus múltiples beneficios.

EL MOVIMIENTO Y LA ACEPTACIÓN

Cuando empecé a entrenar para correr maratones, un corredor que tenía más experiencia me dijo unas sabias palabras: tendría que aprender a sentirme cómodo con la incomodidad. Esta habilidad es de máxima utilidad tanto dentro como fuera de la carretera.

No solo me pasa a mí, no solo es el correr. Pregunta a cualquiera cuyo día incluya regularmente tener que forzar su cuerpo y es probable que te diga lo mismo: una conversación difícil ya no lo parece tanto. Una fecha límite ya no asusta tanto. Los problemas con la pareja ya no parecen tan graves. Si bien es plausible pensar que hacer ejercicio sencillamente te cansa demasiado como para preocuparte de algo, esto no es así. Las investigaciones demuestran que, en todo caso, la actividad física tiene el efecto contrario,[6] potencia la función cerebral y la energía. La situación más habitual es la de que forzar tu cuerpo te enseña a experimentar dolor, malestar y fatiga, y a aceptarlos en lugar de reaccionar inmediatamente o resistirte a ellos.

Evelyn Stevens, la mujer que tiene el récord de haber pedaleado más kilómetros en una hora (48 kilómetros), dice que durante sus intervalos de entrenamiento más duros, «en lugar de pensar "quiero que se acabe esto", intento sentir el dolor y estar con él. ¡Caramba, hasta intento aceptarlo!».[7] Si te resistes o intentas reprimir el dolor que ocasiona forzar el cuerpo, el malestar suele aumentar. La actividad física nos enseña a aceptar algo por lo que es, verlo claramente, y decidir qué hacer a continuación. Esto se intensifica en los ejercicios difíciles en los momentos en que has de elegir entre dejarlo o seguir intentándolo.

Un estudio publicado en *British Journal of Health Psychology* reveló que los estudiantes universitarios que pasaron de no hacer ejercicio en absoluto a un modesto programa de dos o tres visitas al gimnasio a la semana experimentaron una reducción del estrés, fumaron menos, tomaron menos alcohol y cafeína, se alimentaron de manera más saludable y adquirieron mejores hábitos de gasto y estudio. Además de estas mejoras en la vida real, después de dos meses de hacer ejercicio con regularidad, los estudiantes también sacaron mejores puntuaciones en los *test* de autocontrol de laboratorio. Esto condujo a los investigadores a teorizar sobre que hacer ejercicio producía un potente impacto en «la capacidad de autorregulación de los estudiantes».[8] En lenguaje profano, superar el malestar asociado a hacer ejercicio (decir sí cuando la mente y el cuerpo están diciendo no) enseñó a los estudiantes a no alterarse, a guardar la calma y a mantener la serenidad ante la dificultad. Les enseñó a aceptar lo que les estaba sucediendo y a actuar sabiamente de acuerdo con sus valores. En el gimnasio, normalmente, suponía seguir entrenando. Fuera de él, suponía manejar mejor el estrés, beber menos o estudiar más.

Otro estudio, este publicado en la *European Journal of Applied Physiology*, evaluó cómo cambia el hacer ejercicio nuestra respuesta fisiológica al estrés.[9] Investigadores del Instituto Tecnológico de Karlsruhe, Alemania, dividieron a los alumnos en dos grupos a principio de semestre y a uno le dio instrucciones para que corriera dos veces a la semana durante veinte semanas. A finales de las veinte semanas, que coincidía con una época especialmente estresante para los estudiantes (exámenes), los investigadores les hicieron llevar monitores mientras realizaban sus actividades cotidianas para medir la variabilidad de sus pulsaciones cardiacas, que es un indicador típico de estrés fisiológico. Como puedes suponer, los estudiantes que estaban en el programa de correr tuvieron una mejor variabilidad en su frecuencia cardiaca. Su cuerpo no se estresó en los exámenes. Tal vez, en lugar de luchar contra la presión que les provocaban los exámenes, eran capaces de aceptarla mejor y no alterarse tanto.

Lo más esperanzador de estos estudios es que los participantes no hacían ejercicio a intensidades o volúmenes exagerados. Simplemente, hacían algo que les costaba físicamente, es decir, pasaron de no hacer nada a hacer algo. Un tema recurrente en este capítulo es que no necesitas ser un deportista de élite o un as del *fitness* para disfrutar de la gran gama de beneficios que tiene el ejercicio físico. Cuando desarrollas una práctica es probable que haya momentos en los que te sientas incómodo. Estos momentos no solo fortalecen tu cuerpo, sino que ofrecen a tu mente oportunidades seguras y controladas para practicar la aceptación y permanecer firme ante la angustia. Algunas personas puede que tengan que levantar muchas pesas o correr muy rápido. Pero otras

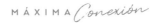

tal vez solo necesiten pasar de la inactividad a dar paseos rápidos de treinta minutos cada día.

EL MOVIMIENTO Y LA PRESENCIA

Una práctica que te obligue a moverte regularmente te enseña que cuanto más tratas una repetición o un paso por separado, como si fueran un ejercicio en sí mismo, tanto mejor. Al principio, esto implica mucha concentración, pero al final lo acabas integrando en tu vida. A medida que aumenta la presencia, no solo mejora tu experiencia de entrenar, sino también tu rendimiento. Lo que quiera que pasara en tu anterior repetición no tiene importancia. Lo que suceda en la siguiente tampoco importa. Solo esta (la que estás haciendo ahora) es relevante.

Una forma habitual de que las personas experimenten *flow* es a través de la actividad física. Las sensaciones ensalzadas en tu cuerpo son un ancla para tu conciencia y el aumento de la excitación ayuda a canalizar tu mente. No obstante, para que esto suceda, hemos de dejar aparte nuestros dispositivos digitales (o ponerlos en modo avión, si vas a usarlos para escuchar música). Para que los practicantes experimenten *flow*, han de «centrar su mente en lo que están haciendo», escribe Pirkko Markula, profesor de Actividad Física de la Universidad de Alberta, Canadá.[10]

Cuando trabajo con clientes de *coaching* en incorporar el movimiento en su vida, explícitamente, lo usamos como una oportunidad para experimentar un tiempo sin distracciones. Muchos se dan cuenta de que una razón importante de por qué han llegado a disfrutar haciendo ejercicio es porque no están siendo constantemente asediados por llamadas, correos o mensajes de texto. Cuanto más disfrutan de esta experiencia libre de distracciones, más empiezan a dar prioridad a la presencia y a protegerla en otras áreas de su vida. Esto es análogo a una teoría que expone el autor y experto en hábitos Charles Duhigg: el ejercicio físico es un «hábito fundamental» o práctica positiva en un área de tu vida que aporta cambios positivos en los demás.[11]

El movimiento también desarrolla presencia, porque nos exige que prestemos mucha atención a las señales que nos envía nuestro cuerpo: «¿Acelero o voy más despacio? ¿Es un dolor puramente de agotamiento o me está indicando que puedo lesionarme?». Puesto que recibes una respuesta bastante concreta sobre estas decisiones, puedes seguir retocando el proceso. Sigue haciendo esto, y tu habilidad para prestar atención (no solo por cómo se relaciona con tu cuerpo, sino con todos los aspectos de la vida) mejorará.

EL MOVIMIENTO Y LA PACIENCIA

He tenido el privilegio de conocer a algunos de los mejores deportistas de élite del mundo. Lo interesante es que utilizan diferentes estrategias para ponerse en forma. Algunos siguen un enfoque de alta intensidad y poco volumen; otros hacen justamente lo contrario. Algunos entrenan utilizando zonas de frecuencia cardiaca, mientras que otros se sensibilizan a su propio agotamiento. Sin embargo, todos ellos me han dicho que su éxito en el entrenamiento no depende demasiado del programa, sino de ceñirse a él. Siempre y cuando el entrenamiento se base en principios bien fundados, el método específico no es tan importante como la paciencia de un atleta y su regularidad. Todos los caminos conducen a Roma, pero solo llegarás si eres constante y no te desvías de la ruta que has elegido.

La clave para mejorar la forma física está en ceñirse a un concepto denominado *sobrecarga progresiva*. Trabajas un músculo específico o una función específica y le vas añadiendo intensidad y duración progresivamente en el tiempo. Después de los días duros vienen los fáciles. Los periodos de intensidad prolongada van seguidos de periodos de recuperación. La repetición y la constancia son la clave. Los resultados no se ven de la noche a la mañana, sino al cabo de meses o incluso años. Como he dicho en el capítulo cuatro, si aceleras el proceso o intentas hacer demasiado, demasiado rápido, tus posibilidades de lesionarte y de excederte aumentan. No puedes librarte de esto o negarlo. Tu cuerpo simplemente te lo hace saber. Aprendes la paciencia en tus tendones y huesos.

«Hoy en día todo el mundo quiere novedad y estímulos incesantes —explica mi amigo Vern Gambetta, un experimentado entrenador de desarrollo atlético de fama mundial, que ha entrenado a cientos de deportistas de élite, incluidos miembros del equipo de béisbol New York Mets y del equipo de baloncesto Chicago Bulls, así como a numerosos deportistas olímpicos—. Ir de aquí para allá y cambiar de actividad de un día para otro está de moda». Pero si lo que buscas es un crecimiento y desarrollo a largo plazo, dice Vern, ir siempre corriendo y cambiar constantemente no funciona. Para progresar físicamente has de hacer carrera de fondo.

Moverte con regularidad te enseña que los grandes avances no se producen de la noche a la mañana. Son el resultado de un esfuerzo regular aplicado durante bastante tiempo, de darle a la piedra de manera inteligente y controlada hasta que un día se rompe. Para mejorar nuestra forma física hace falta paciencia y estar presente en el proceso: haz una repetición menos hoy, para que puedas retomarlo mañana en el mismo sitio donde lo dejaste.

EL MOVIMIENTO Y LA VULNERABILIDAD

Si eliges desafiarte a ti mismo con cualquier tipo de práctica física, habrá momentos en los que fracasarás. Es la naturaleza de la bestia. Intentar correr o caminar más rápido, levantar más peso o pedalear más deprisa que nunca puede ser, como mínimo, ligeramente intimidatorio. Te enfrentas a todo tipo de incertidumbres: «¿Cuánto malestar me provocará esto? ¿Podré forzar un poco más? ¿Lo dejaré demasiado pronto? ¿Lo conseguiré o fracasaré?».

Siempre que intento levantar demasiado peso en el gimnasio, Justin, mi pareja de entrenamiento, cuando nota mis dudas, suele decir en voz alta: «El mundo es de los valientes». Sea cual sea el resultado, practico el arte de enfrentarme a las vulnerabilidades con coraje, de aprender a confiar en mí mismo en situaciones difíciles. Y cuando fracaso, a veces delante de otras personas, también aprendo a aceptarlo. Una práctica de ejercicio regular pone al descubierto tus puntos débiles y te enseña a no huir de esas áreas, sino a abordarlas de frente y a trabajarlas. Cuanto más te enfrentas a tu debilidad, más fuerte e integrado te vuelves, en el sentido más literal de la palabra.

En la sala de pesas (o en la pista de atletismo, el campo de juego o la piscina) eres tú y la barra. Haces el levantamiento o no lo haces. Si lo consigues, fantástico. Si no, entrenas más y vuelves a intentarlo. Unos días funciona, otros no. Pero con el tiempo, verás claro que lo que obtienes de ti mismo es proporcional al esfuerzo que aplicas, y a tu voluntad de exponerte a pruebas cada vez mayores, aunque a veces te quedes corto. Es tan sencillo y simple como eso. Desarrollas un tipo de vulnerabilidad, sinceridad y autoconfianza en medio del reto que propicia el aumento de una confianza serena y segura. Aprendes a confiar en ti mismo y asumes riesgos en presencia de otros, que es justamente como forjas vínculos más estrechos en tu comunidad.

EL MOVIMIENTO Y LA COMUNICACIÓN SÓLIDA

Hay una rama de investigación, en plena fase de expansión, que defiende que hacer ejercicio con otras personas promueve la conexión y la pertenencia o lo que hemos estado denominando comunidad sólida.[12] Kelly McGonigal, psicóloga de la salud y oradora de la Universidad de Stanford, en su libro *The Joy of Movement: How Exercise Helps Us Find Happiness, Hope, Connection, and Courage* [La dicha del movimiento: cómo nos ayuda el ejercicio a hallar felicidad, esperanza, conexión y valor], detalla las múltiples razones por las que esto es así.[13] Existe la felicidad colectiva, para la que está programada nuestra especie cuando nos movemos en sincronía con los demás, un fenómeno que al principio fue una ventaja evolutiva que promovía la cooperación durante la caza. Está la liberación de sustancias neuroquímicas, como las endorfinas y la oxitocina, que promueven el afecto y los vínculos. Está la naturaleza ritualista intrínseca en muchos programas de ejercicio, que conduce a una sensación que los científicos llaman *fusión de identidad*, o sentirte conectado con algo más grande que tú mismo y sentir que formas parte de ello. Y por último, están la seguridad, la vulnerabilidad y la confianza compartidas que surgen de llevar a cabo retos con otras personas. Los científicos del ejercicio se refieren a esto como «vinculación muscular»,[14] probablemente por su tradicional aplicación como rito de paso en las culturas tribales y, más recientemente, en el ejército.

«Anhelamos este sentimiento de conexión, y el movimiento sincronizado es una de las formas más poderosas de experimentarlo», según McGonigal. También dice que los observadores muchas veces no llegan a entender los efectos sociales del ejercicio físico. «Como cualquier fenómeno en el que se aprovecha la naturaleza, no tiene sentido hasta que te encuentras participando en él. Entonces, de pronto, fluyen las endorfinas y el corazón late con fuerza, encuentras que [el tipo de pertenencia que propicia hacer ejercicio] es lo más razonable del mundo».[15]

Yo lo he experimentado en carne propia. Rara vez he lamentado el esfuerzo adicional que requiere coordinar horarios para correr, ir a caminar por la montaña o levantar pesas con otras personas. El efecto a corto plazo es que siempre me siento mejor después de haberlo hecho. El efecto a largo plazo es que algunos de mis mejores amigos son personas que conocí en el gimnasio o en la pista de atletismo.

Ahora que hemos establecido los beneficios del movimiento, pasaremos a su aplicación. Por desgracia, en lo que respecta al movimiento existe mucha desinformación, o lo que yo llamo «brociencia»:* jerga con palabras complejas (generalmente, pero no siempre, difundida por personas que tienen intención de ganar dinero a tu costa) que carece de base científica y efectividad. Es individualismo heroico con sabor a *fitness*. No puedo con esto. Puedes estar seguro de que lo que te voy a ofrecer es diferente. Revisaré prácticas de movimiento sencillas y concretas que funcionan. Todas ellas están respaldadas por años de evidencias y experiencia en el mundo real. Todas se pueden adaptar para que encajen en tu propia vida. Y todas son gratis. Pero antes de entrar en estas prácticas concretas quiero explicar uno de los cambios de actitud mental más importantes y positivos que puedes hacer respecto a tu salud, bienestar y persecución del éxito. Para muchos, adoptar esta actitud mental es como la base para cualquier práctica de ejercicio duradera.

---

* N. de la T.: Jerga del mundo del culturismo, donde un *bro*, abreviación de *brother*, 'hermano', transmite a los demás consejos de entrenamiento, sin que estén necesariamente respaldados por la ciencia; son más bien experiencias personales, suposiciones o información transmitida por otro individuo.

HAZ QUE EL MOVIMIENTO FORME PARTE DE TU TRABAJO, CUALQUIERA QUE SEA (Y DE TU NIVEL DE FORMA FÍSICA)

Pero no tengo tiempo. Es la excusa más habitual que oigo para no hacer actividad física. Aunque pueda ser cierto si tienes varios trabajos y debes luchar para cubrir tus necesidades básicas, no suele ser así para la mayoría de las personas. Un estudio realizado en 2019 por los Centros de Control y Prevención de Enfermedades (CDC, por sus siglas en inglés) en colaboración con el instituto de investigación RAND, preguntó a una muestra diversa de treinta y dos mil estadounidenses cómo utilizaban su tiempo.[16] Descubrieron que los estadounidenses tienen un promedio de más de cuatro horas y media al día de tiempo libre, que en su inmensa mayoría pasan delante de alguna pantalla. Este hallazgo se observó en personas de todas las clases sociales, edades, sexos y etnias. Aunque insistas en que estás demasiado ocupado para mover tu cuerpo, porque tienes un trabajo importante e intenso, te recomiendo seriamente que cambies el contexto de hacer actividad física, no como algo que haces aparte de tu trabajo, sino como parte integral de él. Esto es tanto para un enfermero como un médico, abogado, inversor, profesor, escritor, investigador, padre o madre, para todo el mundo.

Las investigaciones han demostrado que la actividad física regular aumenta la creatividad y la capacidad para la resolución de problemas, mejora el estado de ánimo y el control emocional, potencia la concentración y la energía y favorece la calidad del sueño. No hay ningún tipo de trabajo que no se beneficie de estas cualidades. Hay tres neurotransmisores esenciales para la función cerebral: serotonina, norepinefrina y dopamina. La serotonina influye en el estado de ánimo, la norepinefrina aguza la percepción y la dopamina regula la atención y la satisfacción. Cuando estos neurotransmisores están equilibrados, el cerebro se encuentra en una situación óptima para funcionar. Cuando no están equilibrados, la capacidad cognitiva y emocional se resiente, y en los casos graves, pueden aparecer trastornos psiquiátricos. La actividad física es especial porque parece que promueve un equilibrio ideal de estos tres neurotransmisores. Cuando mueves tu cuerpo, también mueves la mente.

Veamos un estudio de la Universidad de Stanford. Acertadamente se titula «Da piernas a tus ideas» y en él se pidió a los participantes que realizaran tareas mentalmente extenuantes. Un grupo hizo un descanso durante el cual los participantes se sentaron a mirar una pared. Otro grupo fue a dar un paseo de unos seis a quince minutos. Después de esa pausa se hicieron pruebas a ambos grupos para comprobar su capacidad creativa. Los participantes que dieron el corto paseo demostraron haber aumentado su capacidad creativa un cuarenta por ciento respecto a los que no lo dieron.[17] Este efecto no se limita a los adultos. Otros estudios han revelado que cuando los niños realizan actividad física con regularidad, mejora su rendimiento escolar. La gran ironía es que hay muchas escuelas que recortan la actividad física a favor de las matemáticas, la ciencia y la preparación de exámenes estandarizados, cuando la actividad física podría ser justamente lo que podría ayudar a los alumnos a mejorar sus notas en las asignaturas y pruebas mencionadas, por no hablar de que podría paliar los económicamente devastadores costes sanitarios y problemas de salud pública.[18]

Además de facilitar la actividad cerebral en el presente, la actividad física ayuda simultáneamente al cerebro a rendir mejor en el futuro. El ejercicio físico promueve el desarrollo cerebral a largo plazo propiciando la liberación de una sustancia química denominada factor neurotrófico derivado del cerebro (BDNF, por sus siglas en inglés). El BDNF es como un fertilizante para el cerebro, alimenta un proceso denominado neurogénesis, que engendra neuronas nuevas y realiza las conexiones entre ellas. El vínculo entre la actividad física y el BDNF explica el creciente número de pruebas de que moverse regularmente previene y evita el declive cognitivo. El efecto es tan potente que, hasta el momento, no existe mejor prevención de las enfermedades neurodegenerativas, como el alzhéimer y el párkinson, que la actividad física regular.[19] Si el ejercicio se pudiera embotellar y vender en píldoras, sería el fármaco milagroso de mayor éxito de ventas en el mundo; se utilizaría para todo, desde mejorar el rendimiento hasta mejorar el bienestar y prevenir y tratar las enfermedades.

Por todas estas razones doy prioridad a la actividad física en mi práctica de *coaching*. Cuando mis clientes empiezan a contemplar la actividad física como una parte esencial de su trabajo, es más probable que lo integren en sus vidas. Este cambio de actitud mental les aporta el permiso y la motivación para dedicar tiempo a mover su cuerpo. Pasan de contemplar el ejercicio como algo que les sirve a ellos o que no es imprescindible a verlo como algo indispensable.

Este cambio de actitud mental tiene lugar hasta en los niveles de élite de competición cognitiva. En 2019, ESPN.com publicó una historia que exploraba por qué los grandes maestros del ajedrez suelen perder entre cinco y siete kilos durante los torneos de una semana. Según los científicos, está relacionado con la respuesta al estrés que tenemos los humanos. Durante las competiciones de ajedrez que pueden durar de cinco a diez días, no es de extrañar que a los competidores les suba la frecuencia cardiaca y la presión arterial, que se obsesionen y que padezcan ansiedad emocional y fisiológica, pérdida del apetito, dudas agobiantes e insomnio. A raíz de ello, los jugadores de ajedrez de categoría mundial se están empezando a entrenar como si fueran deportistas de élite. Están adoptando programas de *fitness* intensos para poder pensar con más claridad y conservar la fuerza y la estabilidad durante la situación de estrés que ocasiona un torneo. «La forma física y el rendimiento mental están unidos y no debería sorprendernos que los grandes maestros vayan por ahí intentando parecerse a los jugadores de fútbol»,[20] dice la estrella del ajedrez Maurice Ashley.

Cambiar tu actitud mental para ver el deporte como parte de tu trabajo es un buen punto de partida, pero todavía tendrás que ponerlo en práctica. Existen dos formas principales de integrar el ejercicio físico en tu vida:

- Puedes reservar unas horas para realizar actividad física, como caminar, correr, ir en bicicleta, nadar, cuidar del jardín, escalar, bailar, ir al gimnasio o hacer yoga.
- Puedes incluir el movimiento en tu ritmo de actividades cotidianas.

Como mínimo, tienes que ser regular con uno de estos dos enfoques. Idealmente, deberías usar una combinación de ambos. Por ejemplo, tal vez vas al gimnasio o haces ejercicio en tu sótano tres veces a la semana, vas a dar un paseo más largo por la ciudad o por la montaña el fin de semana y luego procuras estar activo el resto de los días. Pero no hay una fórmula mágica. En lo que respecta al movimiento, esta es mi regla de oro: *mueve tu cuerpo a menudo, a veces con intensidad; cada poquito cuenta.*

Las prácticas siguientes te ayudarán a integrar el ejercicio en tu día a día y también aprenderás a sacar el máximo provecho de los ratos de hacer ejercicio formal. Acabaremos con mitos populares como el de que para hacer ejercicio has de ser atleta, que el entrenamiento de fuerza es solo para los jóvenes, que cuanta más intensidad tanto mejor y que para hacer ejercicio bien necesitas mucho tiempo y equipamiento. También detallaré información que está respaldada por pruebas y que puede ayudarte a crear tu propia práctica de movimiento.

PRÁCTICA: MUÉVETE DURANTE EL DÍA

El hecho de que necesitemos hacer «ejercicio» es un fenómeno reciente. Antes de la Revolución Industrial, trabajábamos en el campo. Y antes de eso, éramos cazadores y recolectores. Nuestra especie ha tenido la oportunidad de ser sedentaria durante solo un 0,1% de su existencia. Dicho de otro modo, si imaginas la especie humana viviendo en un día de veinticuatro horas hasta este momento, no ha sido hasta las 23:58 cuando hemos dejado de movernos regularmente. Hemos nacido para movernos y así es como hemos evolucionado.

No es de extrañar que estar sin movernos durante largos periodos de tiempo es nocivo. Un metaanálisis en el que se revisaron trece estudios concluyó que las personas que están sentadas durante más de ocho horas al día sin actividad física tenían un riesgo de muerte similar al que causa la obesidad y el tabaco.[21] Estar sentado más de ocho horas al día se asocia a un mayor riesgo de hipertensión, azúcar alto en sangre, exceso de grasa corporal, depresión, enfermedades cardiacas y cáncer. Aunque estas enfermedades es muy probable que te hagan sentar, estar sentado aumenta la probabilidad de que las desarrolles. Es decir, estar sentado no es solo un síntoma de muchos problemas de salud, sino también una causa subyacente. Otros estudios concluyen que aunque hagas ejercicio a horas reservadas (por ejemplo correr treinta minutos o una clase de yoga), estar sentado durante largos periodos sigue siendo perjudicial para la salud física.[22]

Como he mencionado antes, estar sentado durante muchas horas afecta al rendimiento mental. El ejercicio físico regular aumenta la circulación sanguínea en el cerebro. También aporta a las partes pensantes del cerebro la oportunidad de descansar mientras las partes que coordinan el movimiento se ponen en marcha. Estos dos mecanismos combinados explican por qué el ejercicio es tan bueno para la cognición y la creatividad.

Afortunadamente, no hace falta mucho para contrarrestar los efectos negativos de estar sentado. Un estudio publicado en el *Journal of the American Heart Association* concluyó que caminar tan solo dos minutos cada hora contrarrestaba la mayoría de los efectos nocivos del sedentarismo.[23] Lo mismo sucede si das tres paseos de diez minutos al día. Lo ideal sería algo intermedio.

En un estudio de 2016, publicado en el *International Journal of Behavioral Nutrition and Physical Activity*, investigadores de la Universidad de Colorado y el Instituto de Rendimiento Humano de Johnson&Johnson se propusieron probar los efectos de una serie de protocolos de ejercicio en personal administrativo. Los participantes asistieron a un laboratorio donde simularon seis horas de trabajo diario bajo tres condiciones: durante una visita, los participantes estuvieron sentados durante seis horas y se levantaron solo para ir al lavabo. En otra visita, dieron un paseo de treinta minutos antes de empezar y luego estuvieron sentados durante cinco horas y media seguidas (se levantaron solo para ir al lavabo). En la tercera visita, caminaron cinco minutos cada hora; básicamente, repitieron ciclos de estar sentados trabajando durante cincuenta y cinco minutos y cinco minutos de caminar.

Los resultados demostraron que los participantes rindieron mucho más en casi todas las pruebas de bienestar y rendimiento cuando hicieron algo de ejercicio al día, tanto si era un solo paseo de treinta minutos por la mañana como seis de cinco minutos. En todos los ámbitos, sus autoevaluaciones de estado de ánimo y niveles de energía eran más altos y sus marcadores biológicos de salud había mejorado. Hubo algunas diferencias entre las dos condiciones para el movimiento. Durante la simulación del día laboral en la que se incluía caminatas repetidas de cinco minutos, los participantes manifestaron una mayor satisfacción general y más energía. También manifestaron sentirse más alegres durante la jornada, mientras que el día que dieron el paseo largo por la mañana, su energía alcanzó el pico más temprano. Los investigadores concluyeron que aunque todo ejercicio es bueno, repartirlo en tandas de cinco minutos de actividad cada hora, más o menos, tal vez sea lo mejor para el rendimiento y el bienestar general.[24] Los creativos, los intelectuales y los que trabajan en un puesto tradicional deberían considerar trabajar a intervalos: concentrarte mucho durante un rato, hacer una breve pausa durante la cual realices algo de actividad física, empezar de nuevo y repetir. Esta no solo es la forma en la que obtienes lo mejor de tu cuerpo, sino también de tu mente.

Los estudios mencionados se centraron en caminar, pero no hay razón para pensar que no se puedan obtener los mismos beneficios con otras formas de ejercicio, como flexiones de brazos, sentadillas o yoga. Tanto si se hacen en tandas de dos, cinco o diez minutos, el mensaje está claro: los pequeños micromovimientos a lo largo del día suman. Por la regla de oro de la actividad física: *mueve tu cuerpo a menudo, a veces con intensidad; cada poquito cuenta.* Aquí tienes algunas formas de moverte a lo largo del día:

- Ponte y quítate los zapatos estando de pie.
- Sube por la escalera en vez de tomar el ascensor o las escaleras mecánicas.
- Si es posible, haz parte de tu desplazamiento al trabajo de forma activa (caminando o en bicicleta).
- Si has de ir al trabajo en coche, aparca lejos de la entrada a tu trabajo.

- Lleva siempre una botella de agua a mano. Beberás más, lo que significa que orinarás más, lo que a su vez significa que tendrás que levantarte más para ir al baño.

- En vez de programar reuniones de treinta o sesenta minutos, prográmalas de veinticinco o cincuenta minutos. Utiliza ese tiempo para hacer breves pausas de movimiento.

- Programa salidas para andar. Recuerda que las investigaciones han demostrado que caminar incrementa la creatividad y la capacidad para resolver problemas. Si estás preocupado puede que te olvides de los puntos importantes; basta con que te lleves una pequeña libreta de notas.

- Cuando notes que te obsesionas con un problema o pensamiento, en vez de seguir dándole vueltas, usa ese sentimiento de estar obcecado como pista para que te ayude a tomar distancia y a hacer una breve pausa, durante la cual aprovecharás para moverte. No solo apoyan esto las investigaciones, sino que creo que tu experiencia personal también lo hace. Piensa en los momentos en los que sueles tener revelaciones. ¿Tienen lugar cuando estás intentando activamente resolver un problema? ¿O se producen durante una pausa, cuando estás haciendo otra cosa?

- Si te cuesta poner en práctica estas sugerencias y eres de esas personas que responden bien a las normas rígidas, ponte una alarma para desconectar cada hora, para que te notifique que tienes una pausa de movimiento. La clave está, por supuesto, en que no puedas pasar por alto constantemente estas notificaciones.

No se trata de hacer nada heroico o radical, sino más bien de moverte regularmente a lo largo del día. Recuerda que de este modo trabajarás la fuerza, la estabilidad y la salud, no solo física sino mental.

PRÁCTICA: HAZ ACTIVIDAD FÍSICA AERÓBICA

Cuando vivía en Oakland, California, pasé mucho tiempo en Lake Merritt, que estaba en Grand Avenue, a unos 400 metros de mi apartamento. Hay un sendero para peatones que rodea el lago y tiene exactamente 4,98 kilómetros. Si iba allí un martes, jueves o sábado por la mañana, inevitablemente me encontraba a Ken. No fallaba nunca. Ken era un caballero mayor de pelo canoso y fino, largo hasta los hombros, siempre con *shorts* de algodón gris, una camiseta descolorida y unas zapatillas New Balance que se caían a trozos. Daba tres vueltas alrededor del lago (14,94 kilómetros) cada uno de esos días. Un día, me detuve para preguntarle su edad. «Noventa y algo», respondió. Cuando le pregunté cuál era su secreto, cómo era capaz de hacer todavía lo que estaba haciendo, me dijo que era lo que siempre había hecho. «He caminado por aquí durante muchos años. El truco está en no dejar de moverte». Ken me transmitió una gran enseñanza sobre estar en forma.

La capacidad aeróbica se refiere a la eficiencia con la que tu cuerpo utiliza el oxígeno. Los niveles más altos de capacidad aeróbica se asocian a casi cualquier resultado positivo físico y mental imaginable. Aunque es fácil entusiasmarse con las últimas tendencias, desde el entrenamiento a intervalos de alta intensidad hasta ultramaratones y triatlones, al final del día, lo que más influye es caminar a paso ligero y con regularidad: es lo que te conducirá a disfrutar de una vida larga, saludable y satisfactoria. Esta es la conclusión a la que llegó la edición especial del *British Journal of Sports Medicine (BJSM)*, en 2019, que estaba dedicada a caminar. «Tanto si es un paseo en un día soleado, ir y venir del trabajo o caminar por las tiendas de tu barrio, el acto de poner un pie delante del otro de una manera rítmica es tan innato para el ser humano como respirar, pensar y amar», escribieron Emmanuel Stamatakis, Mark Hamer y Marie Murphy, en un editorial que acompañaba a su investigación original.[25]

El principal estudio de la edición especial del *BJSM* encuestó a más de cincuenta mil caminantes de Reino Unido de diferentes edades. Concluyó que caminar a paso ligero o rápido cada día reducía en un veinte por ciento la mortalidad por cualquier causa y en un veinticuatro por ciento el riesgo de morir por enfermedad cardiovascular. «Una forma muy simple de entender lo de caminar a "paso ligero" en cuanto a cansarse se refiere es imaginarlo como un paso que te deja sin respiración cuando lo mantienes durante unos minutos», dice Stamatakis, autor principal del estudio y profesor de actividad física, estilo de vida y salud de la población de la Universidad de Sídney, Australia.[26]

Otro estudio de 2019, publicado en el *American Journal of Preventive Medicine*, examinó a casi ciento cuarenta mil hombres y mujeres de Estados Unidos y llegó a la misma conclusión.[27] Dedicar al menos ciento cincuenta minutos a la semana a caminar a paso ligero reducía un veinte por ciento todos los casos de mortalidad. Un inconveniente común en todos estos grandes estudios de la población es que no tienen en cuenta la causa. Mientras que caminar regularmente favorece la buena salud, también podría ser que no puedas caminar regularmente o a paso ligero si no tienes buena salud. No obstante, estos dos estudios fueron muy detallistas en lo que respecta a controlar el estado de salud inicial de los participantes. Entretanto, muchos estudios de menor alcance diseñados como pruebas controladas al azar (es decir, a unos participantes les asignaron caminar y a otros no) muestran que caminar mejora la salud. Si combinamos todas estas investigaciones, podemos estar bastante seguros de que caminar mejora la salud, no a la inversa.

También se ha comparado caminar con otras formas de hacer deporte, como correr. Aunque los expertos crean que correr puede ser mejor para ti, eso es solo si no te lesionas y si corres regularmente, algo con lo que más del cincuenta por ciento de los corredores (incluido yo) tenemos problemas.[28] Si te gusta y eres capaz de practicar formas más agotadoras de actividad aeróbica física, no dudes en hacerlo. Correr, pedalear, nadar y bailar son sumamente beneficiosos. Pero no te preocupes si te lesionas con frecuencia o te falta tiempo, equipo, el momento adecuado o la motivación para participar en actividades de alta intensidad. La mayor parte de las personas caminan ligero de treinta a cuarenta y cinco minutos al día y obtienen muchos beneficios para su salud. Si lo haces regularmente a lo largo de tu vida, hay pruebas contundentes de que puede que te baste con eso.

Aunque la ciencia sobre la capacidad aeróbica es relativamente nueva, sus conclusiones no lo son. A principios del 1800, el filósofo danés Søren Kierkegaard escribió una carta a su hermana, que tenía problemas de salud física y mental: «Ante todo, no pierdas tu deseo de caminar: todos los días camino hasta sentir un estado de bienestar y me alejo de las enfermedades; he caminado hasta mis mejores pensamientos, no conozco pensamiento tan pesado que uno no pueda alejarse de él caminando».[29]

Tanto si eliges caminar como participar en alguna otra forma de ejercicio aeróbico, hay unas reglas que pueden ayudarte. Muchas también se pueden aplicar al entrenamiento de fuerza, que es la práctica que abordaremos a continuación.

- Prográmate en el calendario hacer ejercicio formalmente.* Si no le das prioridad y proteges ese horario, no lo cumplirás. Trata las sesiones de hacer ejercicio como reuniones importantes contigo mismo, porque eso es justamente lo que son. Aparte de las emergencias familiares, no hay nada que me haga alterar mis horarios para hacer ejercicio. No

---

* N. del A.: Incluyo caminar a paso ligero en mi definición de ejercicio.

creo que sea porque esté loco, sino porque mis ejercicios me ayudan a mantener la cordura.

- El mejor momento para hacer ejercicio es aquel en el que sepas que podrás hacerlo. Algunas personas prefieren hacerlo por la mañana, otras a la hora de comer y otras por la tarde. No existen pruebas contundentes que demuestren que uno es mejor que otro.

- Empieza poco a poco y ve aumentando la frecuencia, la duración y la intensidad. Esto te ayudará a protegerte contra las lesiones físicas y emocionales, por querer hacer demasiado, demasiado pronto. Un buen punto de partida para la mayor parte de las personas es hacer dos o tres sesiones de ejercicio aeróbico a la semana, de treinta a sesenta minutos cada una, lo suficientemente largas como para obtener un gran beneficio y lo bastante cortas como para poder incorporarlas en su día.

- Si vives en algún lugar donde el invierno es largo y quieres caminar o correr todo el año, puedes hacerlo en una cinta de correr. Si no es posible o no te atrae, puedes ir a un centro comercial y utilizarlo como una pista de entrenamiento cubierta. Hay muchos centros comerciales cerrados, especialmente en zonas frías, que abren pronto para los caminantes. Algunos incluso organizan grupos para andar.

- Siempre que puedas, procura hacerlo con otras personas, por todas las razones que menciono en el apartado dedicado a la comunidad.

Hay un aspecto importante de la actividad aeróbica. Aunque todo movimiento es bueno, si puedes, intenta hacer una parte al aire libre. Cada vez hay más pruebas de que estar en contacto con la naturaleza aumenta los beneficios psíquicos y físicos de hacer ejercicio. Si pensamos en la historia profunda de nuestra especie, tiene sentido. Respecto a ser sedentario, vivir en interiores en zonas urbanas y residenciales es un fenómeno relativamente nuevo para los humanos. La hipótesis de la biofilia, popularizada por E. O. Wilson, entomólogo de la Universidad de Harvard, afirma que hemos evolucionado para tener una tendencia innata a buscar conexiones con la naturaleza y otras formas de vida. Wilson cree que dado que nuestra especie ha evolucionado en la naturaleza, estamos programados para sentirnos atraídos hacia ella. Es decir, el anhelo de estar en la naturaleza está en nuestro ADN: estamos diseñados para sentirnos como en casa, no en la ciudad o en las afueras, sino en la naturaleza.

Investigaciones de Japón apoyan la hipótesis de Wilson.[30] Allí, los científicos han sacado a «pasear por el bosque» a cientos de personas, o a dar paseos de recreo por zonas verdes. Antes y después de estos paseos, los investigadores midieron una serie de bioindicadores de los participantes, relacionados con el estrés. Observaron que en comparación con los paseos urbanos, los que lo hicieron por el bosque tuvieron efectos mucho más positivos: vieron reducidos los niveles de estrés y la actividad nerviosa simpática, y bajaron la presión sanguínea y la frecuencia cardiaca. Otra investigación, esta vez de la Universidad de Stanford, concluyó que después de un paseo de noventa minutos por la naturaleza y de otro de la misma duración por ciudad, los participantes no solo se obsesionaron menos con sus problemas, sino que también dieron muestras de una menor actividad neural, en la parte del cerebro asociada a la ansiedad y la depresión.[31] Gracias a los grupos de control de los paseos urbanos, los investigadores pudieron ser testigos de los efectos positivos del ejercicio aeróbico y aislar los beneficios adicionales únicos que ofrece la naturaleza.

Todo esto me hace pensar que el nonagenario Ken ya lo había descubierto. Caminaba regularmente, lo hacía a un ritmo que lo ponía a prueba; caminaba en su comunidad y lo hacía en el exterior, alrededor de un lago. Aunque puede que no lo supiera conscientemente, Ken estaba siguiendo el mejor régimen de capacidad aeróbica que existe.

PRÁCTICA: ENTRENAMIENTO DE FUERZA

Contrariamente a lo que podamos pensar, el entrenamiento de fuerza no es solo para los musculitos del gimnasio. Es para todo el mundo. Algunos de los grandes consorcios de investigación, como la Asociación Estadounidense para el Corazón, recomiendan hacer entrenamiento de fuerza al menos dos veces a la semana, no importa ni el sexo ni la edad. Como sucede con el movimiento aeróbico, además de mantener el aumento de la masa muscular, bajar la grasa corporal y mejorar el movimiento, las investigaciones concluyen que el entrenamiento de fuerza también promueve la buena salud mental y el rendimiento cognitivo.

El entrenamiento de fuerza se puede realizar en el gimnasio e implica todo tipo de equipamiento, y a muchas personas toda esa maquinaria las intimida, al menos al principio. También es cierto que los gimnasios tienen cuotas para socios y supone tener que trasladarte hasta allí. No pretendo en modo alguno persuadirte para que no vayas a un gimnasio. A mí me encanta el de mi barrio, la comunidad que he creado allí y la responsabilidad que te fomenta. La cuota que pago posiblemente sea mi dinero mejor empleado. Si quieres inscribirte en un gimnasio, te recomiendo encarecidamente que lo hagas. Simplemente, quería que supieras que no es necesario ir al gimnasio para hacer entrenamiento de fuerza; esto fue lo que tuvo que hacer mucha gente durante la pandemia de COVID-19, que provocó el cierre temporal de los gimnasios en todo el mundo. Hay muchos movimientos de fuerza que se pueden realizar con una pesa rusa de veinticinco euros o sin ningún otro instrumento aparte de tu peso corporal.

En su conjunto, estos movimientos trabajan todos los grupos musculares principales, ejercitan toda tu gama de movimientos y se pueden adaptar fácilmente a diferentes entornos, estado de forma física y nivel de habilidad. Durante la pandemia de COVID-19, hice variaciones (como muchos de mis clientes de *coaching*) de estos movimientos durante muchos meses, en mi casa y al aire libre, en lugares donde no había gente. Puedes hacer unas cuantas repeticiones de cada uno o combinarlos en un circuito. Si tienes pesas rusas o mancuernas, puedes usarlas para incrementar el reto.*

- Sentadillas.
- Flexiones de brazos.
- Ejercicios de piernas con banqueta de *step*.
- Zancadas.
- Elevaciones de glúteos.
- Sentadilla en pared.
- Planchas.
- Abdominales.
- Fondos.
- *Curls* (si no tienes mancuerna puedes usar una mochila con peso).
- *Burpees* o soldadito (ejercicio que encadena varios movimientos de fuerza y de saltar).

* Esto no es un consejo médico. Consulta siempre con tu médico, antes de iniciar una nueva rutina. Para más información sobre ejercicios sencillos, pero eficaces, véase «The Minimalist's

Strength Workout» [El ejercicio de fuerza minimalista], una historia popular que escribí para la revista *Outside* y que se publicó en octubre de 2017.

REFLEXIONES FINALES SOBRE EL MOVIMIENTO

El movimiento ha sido una parte esencial en la historia de nuestra especie. Hace poco que hemos adoptado un estilo de vida sedentario, en nombre de la llamada eficiencia, y el incremento de este estilo de vida ha sido paralelo al aumento de enfermedades crónicas, enfermedades mentales y agotamiento nervioso. Esto no significa que el movimiento sea la panacea que todo lo cura, pero no cabe duda de que ayuda. Además de mantener la salud física, la salud mental y el bienestar, el movimiento refuerza todos los otros principios del *groundedness*. Nos enseña a aceptar el malestar, a estar presentes en nuestros cuerpos, a ser pacientes y coherentes en el camino lento hacia el progreso y a ser vulnerables cuando nos estamos exponiendo y arriesgando al fracaso. También es una forma increíble para crearte una comunidad y forjar vínculos. Cuando mueves regularmente tu cuerpo, lo estás habitando realmente, dondequiera que estés. Por este motivo, para estar arraigado hay que moverse.

Segunda parte

UNA VIDA CONECTADA

8

DE LOS PRINCIPIOS A LA ACCIÓN

Una cosa es entender los principios del *groundedness* y otra bien distinta es ponerlos en práctica y adaptar tus hábitos y actividades diarios a ellos. No te conviertes en lo que piensas. Te conviertes en lo que haces. Para vivir conectado has de empezar por cambiar tu actitud mental, pero luego has de ponerlo en práctica todos los días. Si quieres estar fuerte, no basta con leer sobre el tema y estudiar levantamiento de pesas. Tienes que levantarlas. Así es como funciona, y con esto sucede lo mismo.

También es cierto que para hacer la transición a una vida más conectada, tal vez tengas que enfrentarte a la resistencia, personal y cultural especialmente, puesto que la sociedad actual (y el individualismo heroico que la acompaña) va en contra de cultivar y nutrir los principios del *groundedness*. Nos hemos obsesionado tanto con metas superficiales y externas, como la grandeza, la inmortalidad y la alegría, intentando encontrar atajos para la felicidad, preocupándonos por las ganancias marginales y obcecándonos con la optimización, que nos hemos olvidado de prestar atención a los principios básicos que nos mantienen sanos, sólidos, realizados y fuertes.

Cada vez que intentemos hacer un cambio importante, aparecerá la resistencia; en general, será equiparable a la magnitud de ese cambio, es parte del proceso. El resto de este capítulo te ayudará a entender cómo puedes integrar armoniosamente todos los principios del *groundedness* en tu vida, incluidos los obstáculos más comunes y cómo superarlos.

A medida que vayas leyendo, recuerda que algunos días serán buenos. Otros serán malos. La mayoría serán intermedios. La meta no es ser el mejor o perfecto. La meta es intentarlo honestamente e irte afianzando poco a poco. Vamos a empezar ahora.

DOMINA EL CICLO DE SER-HACER

Hace tiempo que trabajo los principios del *groundedness* con un cliente de *coaching* que se llama Parker, responsable de sistemas de la información de una gran empresa de servicios. Empezamos nuestro trabajo conjunto poco después de que Parker fuera ascendido a su función como directivo. Estaba entusiasmado con su trabajo, aunque también un poco agobiado. A pesar de que ya tenía experiencia en trabajar con grandes grupos, nunca había ocupado un puesto donde se encargara no solo de dirigir a las personas, sino también toda la tecnología de la empresa, incluida la creación de una extensa estrategia global de innovación y ciencia de datos. Para ello tenía que compensar las tareas diarias con la habilidad de tomar distancia, observar y pensar con claridad, e influir en la gente en masa. Parker no solo tenía que bailar, sino orquestar la danza, una habilidad que le había costado mucho conseguir y que, en realidad, beneficia a todos, tanto si diriges una gran empresa como si simplemente te diriges a ti mismo.

Pronto descubrí que Parker era uno de mis clientes más considerados e intelectuales. Es un pensador riguroso al que le encanta leer y ver documentales en su tiempo libre. Sus metas se centraban en ser un líder sereno y tranquilo. Quería conseguir influencia a través del respeto, no del miedo y del abuso de autoridad. También quería conservar su salud y su vida familiar, incluso en su nuevo cargo. Anhelaba seguir progresando, pero sin perder pie, y le entusiasmaba liberarse de las presiones del individualismo heroico.

Parker no tardó en asimilar todos los principios del *groundedness*. Dedicó tiempo a las prácticas formales, y encontró que el *mindfulness*, la técnica del observador sabio y la de afrontar tus inseguridades le fueron especialmente útiles. Gracias a ello, no solo entendió los principios intelectualmente, sino que empezó a sentir una gran diferencia. Solo había un problema: cuando no estaba activo reflexionando sobre los principios del *groundedness* en su casa o en una sesión conmigo, se dejaba atrapar fácilmente por el barullo de su trabajo cotidiano y empezaba a sentirse descentrado de nuevo, pero se reseteaba y serenaba después de una sesión de *coaching*. Este ciclo se repitió durante meses, hasta que en una de nuestras sesiones dijo algo así como: «Siento que en el fondo de mi ser ya sé todo esto. Solo he de conseguir ponerlo en práctica de un modo más coherente y en más situaciones. Solo he de hacerlo». Le sonreí y me devolvió la sonrisa. Ambos conocíamos el camino para seguir avanzando.

Aunque la reflexión de Parker era acertada, ponerla en práctica no sería fácil. Se estaba enfrentando a la misma resistencia a la que yo me enfrento, a la que tú te enfrentarás y a la que se enfrentará cualquiera que lea este libro.

Tu forma de ser interior influye en lo que haces, pero lo que haces también influye en tu forma de ser interior. Parker estaba cayendo en una trampa muy común. Estaba dedicando demasiado tiempo y energía a un trabajo interior y a unas prácticas formales, a reforzar su estabilidad interior, pero no necesariamente demostraba estas cualidades en sus acciones diarias. Su ser no guardaba coherencia con sus acciones. En lugar de estar en un bucle de respuesta armoniosa, donde lo que eres refuerza lo que haces y lo que haces refuerza lo que eres, Parker estaba en punto muerto. Demasiadas de sus actividades y rutinas diarias iban en contra de los principios de una vida más conectada.

Anteriormente, hemos hablado de la disonancia cognitiva, o la tensión y el distrés que aparece cuando hay incoherencia entre tus pensamientos, sentimientos y creencias por una parte y tus acciones por la otra. El malestar que acompaña a la disonancia cognitiva es una señal de alerta de que has de cambiar tu forma de pensar, tus sentimientos y tus creencias para reflejar mejor tus acciones, o bien has de cambiar tus acciones para que estas reflejen mejor tus pensamientos, sentimientos y creencias. Simplificando, experimentar disonancia cognitiva suele ser un signo de que has de sintonizar mejor tu *ser* con tu *hacer*. En el caso de Parker, él confiaba en su ser, pero tenía que infundir más intencionalidad a sus acciones diarias.

Cuando sintonizas tus acciones con tu ser, se disipa la tensión de la disonancia cognitiva. En vez de luchar contra ti mismo, descubrirás que tus acciones empiezan a fluir mejor. Empezarás a sentirte más integrado y completo. El guía espiritual y místico Maestro Eckhart, en un famoso sermón a sus discípulos, a principios del 1300, imploró a sus seguidores: «No es que tengamos que abandonar, descuidar o negar a nuestro yo interior; al contrario, hemos de aprender a trabajar justamente en él, con él y desde él, de tal manera que la *interioridad se convierta en acción real y que la acción real conduzca a la interioridad* y que nos acostumbremos a actuar sin compulsión alguna»[1] (énfasis añadido).

Para casi todas las personas que conozco, incluido yo, la última parte de la doctrina de Eckhart es la más difícil. ¿Cómo cambiamos la inercia, o lo que él llama acción compulsiva, de nuestras formas habituales de actuar? Completar este cambio probablemente sea la parte menos inspiradora y revitalizadora de hacer grandes cambios. Pero puede que también sea la más importante.

UNIR LOS PRINCIPIOS DEL *GROUNDEDNESS*

En mi trabajo con Parker identificamos áreas en las que su forma de actuar habitual sintonizaba más con su forma de ser emergente. Por ejemplo, trabajaba regularmente por la noche, aunque sabía que no es cuando estaba más lúcido, por no decir que trabajar a esa hora le provocaba estrés, lo dispersaba e interrumpía su sueño. Evitaba conversaciones difíciles con sus compañeros, especialmente los que habían sido sus iguales antes de su ascenso. Se estaba centrando en demasiadas iniciativas al mismo tiempo y eso hacía que siempre estuviera agobiado, tenía la sensación de quedarse siempre atrás. Sufría el síndrome del impostor, intentaba actuar fingiendo estar más seguro de sí mismo de lo que en realidad estaba, aunque lo que de verdad deseaba era sacarse esa máscara y ser él mismo. No hacía ejercicio regularmente, aunque sabía lo bien que le sentaba (y lo que rendía) cuando lo hacía. Y por último, pero no menos importante, se sentía relativamente aislado de sus iguales en otras empresas, como si pudiera hacer más para aprender de los líderes que ya habían estado en cargos similares.

Parker y yo decidimos cambiar el enfoque de nuestras sesiones de *coaching*. Pasaríamos menos tiempo intentando entender y planteando estrategias y más bloqueando y abordando; nos íbamos a centrar más en los puntos candentes. Para cada una de las áreas a las que Parker se enfrentaba, ideamos un tipo de acción que estuviera más en sintonía con su nueva forma de ser. Esta es una breve lista:

- Apagar el móvil durante la cena. (Presencia).
- Retomar su afición a hacer tallas en madera, una de sus antiguas pasiones y una vía hacia el *flow*, antes de que lo ascendieran. Básicamente, esto implicaba bajar a su taller del sótano de su casa tres veces a la semana. (Presencia).

- Caminar una hora, al menos tres veces a la semana. (Movimiento).
- Hacer una lista de las conversaciones difíciles que había de tener, aceptar que esto era un reto y le resultaba incómodo, pero tenía que hacerlo. Dejar de posponerlo. (Aceptación).
- No llevar nunca el móvil al dormitorio. Por si esto no fuera suficiente, optamos por que lo dejara en la primera planta. Así no lo miraría cuando se levantara al lavabo por la noche, algo que había estado haciendo automáticamente y que provocaba que la mente se le disparara y le costara volver a dormirse. (Presencia).
- Hablar de acuerdo con su experiencia personal en sus presentaciones en la junta de directivos, pero no tener miedo de admitir abiertamente sus inseguridades, en los puntos donde las tuviera. Dejar de evitar frases como «depende» y «no lo sé, vamos a hablar de ello». (Vulnerabilidad).
- Centrarse en no más de tres prioridades cada semana. Para cada una, buscar unas cuantas acciones clave. Escribir prioridades y acciones en una tarjeta y pegarla a su mesa de despacho. Resistir la tentación de involucrarse en nuevas oportunidades (porque siempre surgen) y concentrarse en el juego de fondo. (Paciencia).
- Ir a más conferencias y reuniones de directores técnicos, donde pudiera aprender de otros veteranos y sentirse apoyado. (Comunidad sólida).

La lucha de Parker no es una excepción. Otra de mis clientas de *coaching*, Samantha, fundadora y directora general de una empresa que se dedica a ayudar a los profesionales a rendir al máximo sin estresarse, al igual que Parker, enseguida captó los principios de este libro. Incluso trabajamos juntos para incluirlos en el programa de su empresa. Sin embargo, eso no cambió el hecho de que Samantha, antigua atleta de primera categoría, treintañera, con un historial de perfeccionismo, estaba financiando una empresa en fase de crecimiento con capital de riesgo y, por si fuera poco, tenía un bebé de nueve meses. En resumen, tenía muchos frentes abiertos. No iba a ser fácil hacer cambios significativos. Aunque la empresa que había creado estaba dedicada a ayudar a los demás a mejorar su rendimiento, desde la plenitud y la libertad, ella, a veces, se sentía frágil y tensa.

El mero hecho de que me admitiera esto, con lágrimas en los ojos, fue un gran paso. Intentaba ser fuerte y estar preparada para todo en una empresa en fase de desarrollo, ser una supermujer para su esposo y ser una supermamá para su hijo, todo a un mismo tiempo. Sentía como si siempre estuviera llevando una pesada carga: todas las personas que dependían de ella. Le dije que a mí muchas veces me pasaba lo mismo. No del mismo modo, por supuesto. Pero hay un montón de veces en que siento que he de ser la persona que todo lo tiene claro y controlado, que tiene respuesta para todo, especialmente en asuntos importantes. Puede parecer divertido ser esa persona, y a veces lo es, pero también es agotador.

Hablamos sobre cómo puede ser soportar esa carga interna, no sobre la carga en sí misma. Entonces, fue cuando a Samantha se le encendió la bombilla. Ella defendía la vulnerabilidad de palabra, pero no la expresaba, ni a sí misma ni a quienes tenía más cerca. A raíz de ello, solía ir a un ritmo muy acelerado (tal vez para enmascarar sus miedos e inseguridades) y, en ocasiones, se quedaba bloqueada al actuar desde el miedo, en vez de hacerlo desde el amor. Reconoció que sus expectativas eran absurdamente altas y que jamás se sentiría satisfecha, jamás sentiría que era suficiente. La ironía era que estas altas expectativas y sus consiguientes sentimientos de no estar a la altura eran lo que la frenaban. Nos comprometimos a integrar los principios del *groundedness* en su vida haciendo lo siguiente:

- Recordarse cada día que crear y dirigir una empresa es duro. La inmensa mayoría de las nuevas iniciativas fracasan. Esas son las estadísticas para la creación de empresas. El hecho de que su empresa hubiera llegado tan lejos y que siguiera siendo fuerte ya era todo un éxito. Esto es especialmente cierto puesto que la había creado con capital de riesgo y tenía una cultura de empresa preparada para resistir la caída de los mercados debido a la pandemia. En el espejo del cuarto de baño escribió: «Deja de intentar no perder. De jugar para ganar». Le sirvió de recordatorio cada mañana. (Aceptación).
- Meditar durante diez minutos cada día. Crear tiempo y espacio para conectar con el estado de conciencia subyacente al pensamiento, el cuestionamiento y las dudas del cerebro. Recuerda que este estado te ayuda a separar la señal del ruido. Cuanto más practiques, más fuerte y accesible se vuelve. (Presencia).
- No prestar tanta atención a lo que hacen otras empresas de nueva creación. El resultado de esto es que simplemente va de una idea a otra. Permanecer concentrada en su misión y sus metas. No pasar de los mercados, pero tampoco reaccionar en todo momento a ellos. Cada vez que se sentía tentada a dar un paso reaccionario, volvía a su misión y sus metas y se preguntaba: «¿Me ayuda esto a mover las cosas?». (Paciencia).
- Cuando está luchando y se siente insegura, poner nombre a lo que le está sucediendo y comunicarlo, primero a sí misma y luego a su equipo de apoyo (en su caso su esposo,

algunos amigos y compañeros allegados, y yo). Recuerda que está bien no estar bien. Los problemas surgen cuando no aceptas no estar bien y cuando no buscas ayuda. (Vulnerabilidad y comunidad sólida).

- Cambiar su necesidad de ser una atleta de élite a hacer ejercicio por sus beneficios para el cuerpo y la mente. Dejar de medir los ejercicios. No entrenar para una meta específica. No permitir que la actividad física sea otra cosa más en la que necesita destacar todo el tiempo. Procurar ser consciente de que la presión que se ha autoimpuesto en este aspecto de su vida no le está haciendo ningún bien. Como buena amiga mía me dijo una vez, deja de intentar ganar en tu *hobby*. (Movimiento).

Ninguno de los cambios que hicieron Parker o Samantha tiene ningún secreto. Pero ponerlos en práctica ha marcado la diferencia para ellos. Al cabo de unos meses de estar trabajando en estos cambios, Parker estaba menos inquieto, tenía más energía y cada vez se inmutaba menos por cosas que antaño lo hubieran sacado de sus casillas. También dormía mejor. Hasta su doctor estaba contento: tan solo al cabo de un año de haber sido ascendido a un puesto de mucho estrés, tenía la presión arterial más baja que en toda una década. Samantha empezó a sentirse mucho más ligera, como si se estuviera liberando de la presión que almacenaba en su organismo. Se dio cuenta de que no tener siempre todo bajo control no era algo que hubiera de temer o evitar, sino que se trataba de una condición humana. Todavía pasa periodos en los que se siente insegura y tensa, pero en lugar de resistirse a estos sentimientos los acepta. Gracias a ello, son menos intensos y de más corta duración.

ELIGE LA SIMPLICIDAD ANTES
QUE LA COMPLEJIDAD

Los cambios sencillos como los que hicieron Parker y Samantha pueden ser tremendamente eficaces, justo por eso, por su simplicidad. A menudo complicamos las cosas más de lo necesario, como medio para evitar la realidad de lo que realmente importa, pues para cambiar nuestra conducta hemos de dar la cara y hacer el trabajo regularmente. Nada de soñar con ello. Nada de pensar en ello. Nada de hablar de ello. Acción.

Cuanto más complicas algo, más fácil es entusiasmarse, hablar de ello e incluso empezar a hacerlo, pero más difícil es ser constante a largo plazo. La complejidad nos da excusas, salidas e infinidad de opciones para cambiar las cosas constantemente. La simplicidad es distinta. No te puedes ocultar detrás de ella. Has de dar la cara todos los días y trabajar para conseguir los cambios deseados. Tus éxitos te dan en las narices. Pero también tus fracasos. Este tipo de *feedback* rápido y directo te permite conocer qué es lo que funciona y modificar lo que no.

TRABAJAR CON LA ENERGÍA DEL HÁBITO

Probablemente, habrás oído que hacen falta veintiún días para crear un nuevo hábito. Este mito nació en la década de 1950, cuando un cirujano plástico llamado Maxwell Maltz observó que sus pacientes se acostumbraban a sus nuevos rostros al cabo de tres semanas. Maltz también observó que tardaban veintiún días en aclimatarse a nuevas rutinas en su vida personal. Escribió esto y lo publicó en 1960, en un libro titulado *Psicocibernética: el secreto para mejorar y transformar su vida*,[2] del que vendió millones de copias. Aunque sus hallazgos eran fascinantes, el único problema es que sus observaciones eran solo eso: las observaciones de una persona. La excepción en este caso no confirma la regla.

Décadas después, se ha revisado la formación de hábitos de un modo más riguroso y científico. En un estudio de 2009, publicado en el *European Journal of Social Psychology*, investigadores del Colegio Universitario de Londres observaron a noventa y seis personas que intentaban crear un nuevo hábito —lo que denominaron «alcanzar la automaticidad»— en lo que respecta a la alimentación, la bebida o alguna otra actividad específica. Podemos imaginar la automaticidad como una forma de iniciar una acción sin apenas pensar, realizar esfuerzo u oponer resistencia interna, o con nuestro lenguaje, cuando somos y hacemos algo sin esfuerzo. En general, los participantes necesitaban sesenta y seis días para crear un nuevo hábito. No obstante, en el plano individual, la gama era amplia. Algunos necesitaban solo dieciocho días, mientras que a otros les costaba más de doscientos.[3] La mayoría desearíamos estar en el extremo izquierdo de esa curva.

Desarrollar nuevos hábitos (o poner fin a los viejos) no es fácil. Somos seres rutinarios. Esto lo refleja una expresión de la antigua psicología oriental, la *energía del hábito*, que se refiere a la inercia personal y social que da forma a gran parte de lo que hacemos todos los días. La energía del hábito es el modo en que siempre hacemos las cosas y lo que promueve implícita y explícitamente nuestra cultura. Es la corriente que dirige nuestras vidas. «La energía del hábito es más fuerte que nosotros. Siempre nos está empujando», dice el maestro zen Thich Nhat Hanh.[4] Luchar contra su energía es como nadar a contracorriente y perecer en el intento. Por fortuna, no siempre hemos de luchar contra ella. Podemos darle forma para que actúe a nuestro favor, para respaldar la integración de nuestro ser y hacer.

La ciencia de la psicología más actual ratifica el antiguo concepto de la energía del hábito. Nos muestra que confiar solo en la fuerza de voluntad para adquirir nuevos hábitos baja el rendimiento y la sostenibilidad.[5] Luchar constantemente contra las tentaciones de caer en conductas aprendidas es agotador. Si siempre ejerces el poder de la voluntad, al final, lo desgastas; además luchar siempre contra ti mismo no es una forma de vida especialmente pacífica. Un enfoque más eficaz para cambiar de hábitos es reducir la necesidad de usar la fuerza de voluntad, o mejor aún, no usarla para nada. Así funciona esto: reflexiona sobre tus conductas (cotidianas) que quieres (o no quieres) cambiar. Luego pon las condiciones que propicien estas conductas. Identifica los obstáculos que se interponen en tu camino, las cosas que restan repetidamente tu fuerza de voluntad, y haz lo que puedas para eliminar esos obstáculos. Contémplalo de este modo: no importa cuánto desees comer alimentos sanos y nutritivos; si siempre estás en la tienda de golosinas, comerás demasiadas golosinas. Tienes que salir de ahí.

Por otra parte, también puedes identificar personas, lugares y objetos que favorezcan tus conductas deseadas y hacer que sean una parte más importante de tu vida. Si te rodeas de gente apropiada, no dependerás tanto de tu voluntad.

Puesto que todos los principios del *groundedness* están interrelacionados, a medida que aplicas este proceso cada vez más en tus conductas, cada ajuste que vayas haciendo te resultará más fácil. En esencia, lo que estás haciendo es cambiar la corriente —tu energía del hábito— para moverte hacia una vida mucho más arraigada. Una vez que se produce ese cambio, empiezas a fluir con la corriente, en vez de luchar contra ella. Tu hacer y tu ser se sintonizarán con mayor facilidad y naturalidad. Puedes llamarlo estilo de vida conectado. Las siguientes prácticas te ayudarán a realizar este cambio.

PRÁCTICA: SINTONIZA TU *HACER* CON TU *SER*

En el capítulo tres aprendimos el concepto de la psicología budista denominado riego selectivo. Todos poseemos un conjunto diverso de facultades y actitudes latentes: son nuestras semillas. Las que regamos son las que crecen. Si queremos desarrollar un *groundedness* inquebrantable, no basta con la práctica formal; hemos de regar todas las semillas, o en este caso, los principios de los que hemos hablado (aceptación, presencia, paciencia, vulnerabilidad, comunidad sólida y movimiento) en nuestra vida cotidiana. De igual importancia es dejar de regar las semillas de nuestra vida que boicotean el desarrollo de estos principios, aspectos del individualismo heroico como la negación, la distracción, la rapidez injustificada, la arrogancia, la invencibilidad y la sistemática optimización de todas las cosas.

Para cada principio del *groundedness*, busca de una a tres acciones concretas que puedas regar. Busca también de una a tres acciones concretas que sería mejor que dejaras de hacer. Piensa en cada principio como un estado de tu ser interior. Tu trabajo consiste en hacer inventario de tus acciones cotidianas (tu hacer) e intentar sintonizarlas con tu ser. Sé todo lo simple y específico que puedas. Por ejemplo, no pienses: «Usar menos el móvil» o «Moverme más». Orienta tu pensamiento hacia cosas como: «Apagar mi teléfono cada tarde a las siete y dejarlo en el cajón de mi mesa de despacho hasta las siete de la mañana» o «Caminar cinco kilómetros todos los días antes de comer».

El trabajo del investigador de la Universidad de Stanford, B. J. Fogg, demuestra que los buenos hábitos poseen tres cualidades: producen un impacto, posees la habilidad y la destreza para ejecutarlos y son conductas que realmente deseas tener.[6] La última de estas cualidades es especialmente importante. Si te das cuenta de que estás pensando, «*debería* hacer esto o aquello», estos cambios probablemente vendrán con mucha más resistencia. Lo mejor es empezar por cambios que realmente deseas hacer, aunque no sean los idóneos. Recuerda: empieza por poco, mantén la simplicidad y cíñete a lo concreto. Aquí hay algunos ejemplos:

- **Aceptación**: cuando me doy cuenta de que deseo desesperadamente que algo sea diferente en mi vida, hago una pausa y me pregunto qué consejo le daría a un amigo, si estuviera en la misma situación. Entonces, sigo mi consejo. Cuando sé que me voy a encontrar en una situación engañosa por motivos que están fuera de mi control, tomo distancia y evalúo mis expectativas. Si son demasiado altas como para ser realistas y siempre me quedo corto y me frustro, las cambio.
- **Presencia**: en lugar de revisar el correo electrónico o las redes sociales, meditaré cada mañana antes de cepillarme los dientes. Utilizo la aplicación Insight Timer: empiezo con cinco minutos y voy añadiendo un minuto cada semana hasta llegar a los quince. En ese punto, vuelvo a evaluar esta práctica.
- **Paciencia**: practicaré la respiración de cinco-por-tres (página 118) antes de desayunar, almorzar y cenar. Si estoy fuera de casa con mis amigos o compañeros, puedo explicársela o si no me siento cómodo con ello, prescindo de hacerlas en esas comidas.
- **Vulnerabilidad**: cuando mi pareja sentimental o un buen amigo me pregunte cómo me va, no siempre diré que me siento bien. Si estoy triste o asustado se lo diré. Cuando me sienta incómodo y esté solo, dejaré de huir de esos sentimientos y crearé un espacio seguro para explorarlos, aunque ello implique pedir ayuda a alguien.

- **Comunidad sólida:** iniciaré un grupo de encuentros mensuales para hablar de libros como este (más información más adelante). Dejaré de usar las redes sociales en mi móvil, porque facilita acceder al tipo de comunidad superficial y adictiva que interfiere en la verdadera comunidad. No confiaré en la fuerza de la voluntad, sino que eliminaré las aplicaciones.
- **Movimiento:** no voy a estar sentado nunca durante más de noventa minutos seguidos sin hacer una pausa de cinco minutos para pasear.

Una vez desarrollas un plan concreto para sincronizar tu día a día con tu forma de ser interna, el paso siguiente es aplicarlo. Para muchas personas (incluido yo), este es el mayor reto. Durante periodos de práctica formal nuestro ser interior suele sentirse firme y fuerte. Pero muchas veces, cuando regresamos al ajetreo de la vida diaria, ese sentimiento se esfuma. No porque sea inevitable, sino porque nuestros actos no siempre reflejan lo que somos. Como dijo Parker, mi cliente de *coaching*: «Siento que en el fondo de mi ser ya sé todo esto. Solo he de conseguir ponerlo en práctica de un modo más coherente y en más situaciones. Solo he de hacerlo». Esto supone cambiar nuestra energía del hábito.

PRÁCTICA: CAMBIA TU ENERGÍA DEL HÁBITO

Gran parte de las acciones humanas siguen un ciclo predecible: desencadenante, conducta y recompensa. Un ejemplo sencillo es el de hacer ejercicio. El desencadenante podría ser tu programa de ejercicio que tienes colgado con un imán en la puerta de tu nevera, la conducta es ir al gimnasio y la recompensa es sentirte de maravilla cuando has terminado.

Para las conductas que quieres tener, la meta es hacer que los desencadenantes sean evidentes, la conducta lo más sencilla posible y la recompensa inmediata y satisfactoria. Para conductas que quieres abandonar, es lo contrario. Entierra el desencadenante (elimina las aplicaciones adictivas de tu móvil), dificulta la conducta (cierra la aplicación cada vez que uses Internet, así tendrás que recordar tu usuario y contraseña para volver a entrar) y siente profundamente las consecuencias negativas (la incomodidad y superficialidad que sientes tras haber pasado una hora con estas aplicaciones, cuando pensabas dedicarles solo un minuto). Este ciclo se puede aplicar a casi todo. Define lo que quieres hacer (o dejar de hacer), únelo al desencadenante (o elimina este), facilita la conducta (o dificúltala) y realiza las recompensas (o consecuencias).

El trabajo de una científica de la conducta de la Universidad de Míchigan en Ann Arbor, Michelle Segar, demuestra que los hábitos duran más cuando las recompensas son internas. Si estás haciendo algo para complacer a alguien o para conseguir una recompensa al final del día, es menos probable que adoptes esa conducta que si lo haces porque te hace sentirte bien y coincide con tus valores internos.[7] Estas son buenas noticias, porque vivir de acuerdo con los principios del *groundedness* es satisfactorio en y por sí mismo. Cuanto más cambies tus acciones externas (tus hábitos diarios) para sintonizar con tu ser interior (los principios del *groundedness* que deseas encarnar), mejor te sentirás. Puede que esto no se produzca automáticamente debido a la fuerte inercia de la energía del hábito, pero cuando empieza a fluir para algunos hábitos, te resultará mucho más fácil para los siguientes. Esto es un círculo virtuoso para adoptar una vida más conectada. Cada cambio apoya al siguiente. Se vuelve más fácil con el tiempo.

Para cada una de las acciones concretas que has identificado en tu práctica anterior, traza los desencadenantes, las conductas y las recompensas que las acompañan. Puesto que las recompensas más poderosas son las interiores, piensa en qué esperas sentir cuando hagas (o no hagas) cada una de esas acciones y cómo te vas a asegurar de que vas a hacer una pausa, aunque solo sea por un momento, y sentirla en lo más hondo. Considera también cómo puedes diseñar tu entorno –personas, lugares y cosas– para facilitar tus acciones. Busca los puntos de fricción y haz lo que puedas para suavizarlos o eliminarlos. En el lenguaje del hábito, no subestimes el poder de todas las cosas y personas que te rodean para actuar como desencadenantes. En términos de la sabiduría antigua, haz lo que puedas para cambiar tu energía del hábito (la corriente de tu vida) en dirección al *groundedness*.

Aquí tienes algunos ejemplos de cómo funcionan los desencadenantes, conductas y recompensas, utilizando los mismos ejemplos de la sección anterior.

ACEPTACIÓN

Conducta inicial: practica el autodistanciamiento haciendo ver que le das un consejo a un amigo.

Desencadenante: obsesionarte por no haber conseguido la promoción que tanto querías o reconocer que te gustaría tener más tiempo para relajarte antes de irte a la cama.

Recompensas: detener el ciclo de la obsesión y adquirir una idea más clara y mejor de cuáles son las acciones productivas que puedes realizar para mejorar la situación.

Cómo diseñar tu entorno: crea y lleva un brazalete que ponga: «Esto es lo que está sucediendo ahora mismo. Aquí es donde estás. Empieza desde aquí».

PRESENCIA

Conducta inicial: medita cada mañana, en lugar de entrar en las redes sociales, justo antes o después de cepillarte los dientes.

Desencadenantes: ir a buscar tu móvil cuando te levantas. Cepillarte los dientes.

Recompensas: centrarte más en lo que importa. Ser más consciente de las distracciones que te desconcentran regularmente.

Cómo diseñar tu entorno: haz que Insight Timer (u otra aplicación de meditación) sea la única aplicación de tu pantalla de inicio de tu *smartphone*. Elimina las redes sociales de tu *smartphone*. Busca un amigo que quiera probar este cambio de conducta para que os podáis ayudar mutuamente. Adopta la actitud de esperar que esto no te vaya a resultar fácil al principio. De este modo no te rendirás cuando las cosas se pongan difíciles.

PACIENCIA

Conducta inicial: respiración de tres por cinco.

Desencadenantes: las comidas.

Recompensas: una sensación inmediata de logro y de paz. A la larga, una mayor conciencia de que solo porque sientas la energía de la inquietud no significa que tengas que hacer algo al respecto. Puedes hacer una pausa, centrarte y crear espacio para responder, en vez de reaccionar.

Cómo diseñar tu entorno: comparte esta práctica con tu familia para que pueda ayudarte. Escribe una nota para pegar en el borde de la mesa de la cocina, donde sueles sentarte, que ponga: «Cinco respiraciones». Si no puedes hacerlas en una comida por alguna razón, utiliza darte una ducha como desencadenante.

VULNERABILIDAD

Conducta inicial: sé más sincero respecto a cómo te sientes con otras personas importantes en tu vida; haz una pausa y responde sinceramente, en lugar de hacerlo como un autómata que siempre dice «bien, gracias».

Desencadenante: cuando Lisa, mi pareja sentimental, o mi buen amigo Justin me preguntan cómo estoy.

Recompensas: una mayor conexión con cada uno de ellos y malgastar menos energía en fingir. Más confianza en ser cada vez más vulnerable en otras áreas de mi vida, como la laboral.

Cómo diseñar tu entorno: compartir con Lisa y Justin, con antelación, que estoy intentando ser más vulnerable; esto me ayudará a reducir parte del malestar inicial. Al mismo tiempo, también les incitará a ser más vulnerables conmigo y a crear un círculo virtuoso* de realidad entre todos los implicados.

---

* N. de la T.: Un círculo virtuoso es aquello que surge cuando el ser humano se relaciona de forma positiva con los demás, respecto a algún evento o área de negocio determinada.

COMUNIDAD SÓLIDA

Conducta inicial: ve a un grupo de lectura mensual o inícialo.

Desencadenante: el primer miércoles de cada mes por la tarde. Programa encuentros con antelación para todo un año, así todos los participantes podrán hacer sus planes.

Recompensas: estar más conectado con personas afines de tu ciudad. Obtener apoyo y responsabilizarte de aplicar los principios y las prácticas de libros como este. Adquirir otras perspectivas sobre el material que has leído.

Cómo diseñar tu entorno: evita las redes sociales de tu móvil, porque suelen acabar con la comunidad sólida. Crea un grupo donde los miembros del club de lectura podáis estar en contacto y mantener el interés en los intervalos entre las reuniones presenciales.

MOVIMIENTO

Conducta inicial: no estés nunca sentado más de noventa minutos seguidos sin dar un paseo de cinco minutos.

Desencadenantes: sentir la necesidad de ir al lavabo o ponerte una alarma en el ordenador o en el móvil. También, cuando empieces a sentirte nervioso o bloqueado, mira el reloj y haz la pausa si ya ha pasado una hora.

Recompensas: menos rigidez, más creatividad y mayor concentración.

Cómo diseñar tu entorno: compra una botella de agua bonita y llévala a todas partes. Rellénala a menudo. De este modo, tendrás que ir más al lavabo y, con el tiempo, dependerás menos de la molesta alarma. También crearás rutas de caminar por los sitios donde trabajas, así no tendrás que pensar a dónde ir.

PRÁCTICA: REFLEXIÓN FORMAL

Reflexiona regularmente sobre si tus *acciones* están en sintonía con tu *ser*. Una forma sencilla de hacerlo es escribir un diario. Al final de cada semana y para cada principio, dedica unos minutos a reflexionar y a calificarte en una escala del uno al cinco, respecto a tu sintonización entre el hacer y el ser. Toma también algunas notas sobre lo que te ha funcionado, lo que no y cómo te sientes. Procura que todo sea lo más directo y sencillo posible. Esta práctica te ayudará a identificar los puntos fuertes que estás construyendo y las áreas de mejora. Te aporta otra oportunidad para reflexionar sobre cómo te sientes a medida que vas haciendo la transición hacia un estilo de vida más conectado. También te sirve para tener constancia de tu viaje para cuando quieras revisarlo. Las semanas que me doy cuenta de que he escrito «demasiado tiempo mirando las noticias de Internet» o «tiempo insuficiente entre actividades durante el día» suelen ser las semanas en las que no me he encontrado bien. Reflexionar sobre esto me ayuda a volver al camino para afrontar la semana siguiente.

Con el tiempo, a medida que vas integrando tu ciclo de ser-hacer, puede que no necesites realizar esta práctica con tanta frecuencia. Tus acciones dejarán de ser forzadas. Eso es estupendo. Aun así, sigo recomendando que escribas tu diario o alguna otra forma de reflexión formal, al menos una vez al año. El valor de aunque solo sean unos momentos de reflexión es increíble, tal vez más si compartes esta práctica con los demás.

PRÁCTICA: HAZ QUE EL *GROUNDEDNESS* SEA UNA MISIÓN GRUPAL

Como ahora ya sabes, asumir riesgos acompañado suele ser más eficaz y satisfactorio que hacerlo solo. Una gran forma de vivir los principios del *groundedness* es hacer un proyecto comunitario. Organiza un grupo de personas comprometidas con poner en práctica los principios del *groundedness* y con reunirse con regularidad. Personalmente, he descubierto que el número ideal para este tipo de grupo está entre las dos y las ocho personas. Cuando os reunáis, hablad de vuestras metas, de vuestros retos comunes, éxitos y fracasos. Compartid vuestras estrategias y herramientas. Responsabilizaos los unos de los otros, pero dad también amor y apoyo cuando alguien falle. Hay un sinfín de formas de estructurar esto. Por ejemplo, podéis encontraros cada semana, semanas alternas o mensualmente y dedicar cada encuentro a un principio específico. O también os podéis plantear un retiro de todo un día en el que cada principio reciba una hora de atención. Las posibilidades son infinitas.

El poder del éxito arraigado aumenta exponencialmente cuando se difunde. Las personas y organizaciones de tu vida son una parte muy importante de la corriente subyacente a tu energía del hábito. Imagina lo fácil que sería adoptar estos principios si tu familia, grupos de tu comunidad y compañeros también los adoptaran. Como hemos visto con el efecto Shalane Flanagan, en el capítulo seis, trabajar los principios del *groundedness* en grupo no solo te beneficiará a ti, sino a todos los implicados.

Los principios del *groundedness* también se aplican a nivel empresarial, de sociedades. Las organizaciones y culturas que valoran y practican la aceptación, la presencia, la paciencia, la vulnerabilidad, la comunidad sólida y el movimiento (y que promueven la salud cuerpo-mente con mayor amplitud) siempre medran. He observado que independientemente del entorno, desde equipos de atletismo hasta pequeñas empresas de nueva creación y grandes corporaciones, las personas desean integrar los principios del *groundedness* en sus organizaciones y sociedades. No es de extrañar. Todos queremos experimentar fortaleza interior, confianza profunda, estabilidad y un tipo de éxito más satisfactorio, y todo el mundo quiere formar parte de una organización y una sociedad que promuevan esas experiencias.

En el plano individual, sucede algo parecido: las acciones organizativas cuanto más simples y específicas, tanto mejor. Aquí tenemos algunos ejemplos de organizaciones para las que he trabajado en el pasado:

- **Practica la aceptación** preguntando «¿de qué forma podemos estar equivocados?», en todas las decisiones estratégicas. Designa personas específicas para hacer de abogadas del diablo en circunstancias comprometidas. Pide opiniones externas en temas que tengan mucha carga emocional para ti.
- **Practica la presencia** eliminando el teléfono móvil y otros dispositivos digitales en las reuniones importantes. Algunos equipos deportivos hacen lo mismo durante los entrenamientos y las sesiones de ejercicios.
- **Practica la paciencia** garantizando que las estrategias de medición reflejen el énfasis en el crecimiento a largo plazo, no en los resultados inmediatos. Fíjate metas a largo plazo y desglósalas en sus componentes, y concéntrate en ello.
- **Practica la vulnerabilidad** encarnando la mentalidad abierta como líder y dando los pasos descritos en el capítulo cinco para crear seguridad psicológica.
- **Practica la comunidad sólida** ofreciendo un club de lectura para empleados. Deja que los participantes voten qué libros leer; de este modo todos se sentirán integrados.

- **Practica el movimiento** instituyendo una política de priorizar las reuniones caminando (para los que pueden) y creando gimnasios y duchas en los puestos de trabajo. Si eso te parece demasiado irreal, asóciate con el gimnasio más cercano para que tus empleados puedan ir gratis.

REFLEXIONES FINALES SOBRE PASAR DE LOS PRINCIPIOS A LA ACCIÓN

Casi todo el mundo se puede concentrar en acciones importantes de tanto en tanto, especialmente después de unos momentos de reflexión. Pero la transformación duradera es el resultado de la práctica constante y diaria. En este capítulo, hemos aprendido a sintonizar nuestro hacer con nuestro ser. También hemos visto los obstáculos más comunes cuando intentamos cambiar nuestra energía del hábito. Hemos hablado del hábito de regar selectivamente las semillas del *groundedness* mediante acciones pequeñas, sencillas y específicas. Hemos examinado que diseñar intencionadamente nuestro entorno de forma que favorezca dichas acciones es mucho más eficaz que confiar en la mera fuerza de voluntad. Hemos explorado planes concretos para regar cada semilla no solo en la práctica formal, sino también en nuestra vida cotidiana, y considerado el poder exponencial de emprender este viaje con la ayuda de otros.

El capítulo siguiente y último trata de por qué adoptar los principios del *groundedness* es tan esencial, tanto para las personas en el plano individual como para la sociedad en general. Asimismo, veremos que cuando se trata de lograr un tipo de éxito más arraigado no existe un destino. El camino es la meta y la meta es el camino. Lo urgente, imprescindible y, a veces, difícil es simplemente no desviarnos de él.

9

CONCÉNTRATE EN EL PROCESO, DEJA QUE LOS RESULTADOS VENGAN POR SÍ MISMOS

El riesgo es alto. El individualismo heroico y sus insatisfacciones (*burnout*, inquietud, ansiedad, depresión, soledad y adicción) no cambiarán si seguimos haciendo lo mismo que hemos hecho hasta ahora. Necesitamos una nueva visión, una forma mejor. Adoptar y practicar los principios del *groundedness* es justamente eso. Hemos de hacer todo lo posible para crear un estilo de vida con el que nos podamos implicar por completo, un estilo de vida que cultive la aceptación, la presencia, la paciencia, la vulnerabilidad, la comunidad sólida y el movimiento. La sabiduría antigua, la ciencia moderna y la experiencia de las personas que siempre priorizan el *groundedness* nos muestra cómo actúa la combinación de estos principios como puntal de una vida feliz, sana, satisfactoria y de verdadero éxito. Concentrarnos en el *groundedness* será, al menos algunas veces, todo un reto. Practicar los principios de este libro con regularidad nos exige que superemos la inercia personal y cultural. El hecho de que descuidemos nuestros pilares es muy común actualmente y dice mucho más sobre nuestro mundo actual que sobre los principios de este libro.

El *groundedness* es más eficaz y gratificante cuando se realiza como práctica habitual. Como sucede con cualquier otra práctica, habrá altibajos, días buenos y días malos. Tendrás periodos de mucha motivación, en los que todo encaja. Y periodos en los que volverás a caer en viejas formas de ser y de hacer. Todo esto es normal. «La práctica funciona de modo que construimos sobre nuestra propia práctica, luego se desmorona. Y volvemos a construir de nuevo y se vuelve a desmoronar. Así es como funciona», dijo un monje zen anónimo.

Este último capítulo nos presenta una nueva y transformadora forma de pensar sobre qué supone tener éxito en la práctica: cómo construir y qué hacer cuando se desmorona. Con este conocimiento, estarás totalmente preparado para emprender el camino para vivir una vida más conectada.

REDEFINIR LA PRÁCTICA

Cuando oyes por primera vez la palabra *práctica*, ¿que te viene a la mente? Tal vez pienses en un atleta haciendo ejercicios entre las pruebas o en un pianista practicando con las escalas musicales para prepararse para un concierto. Así es como yo me he imaginado la práctica durante muchos años. Pero escribir este libro me ha llevado a verla de un modo mucho más amplio. Práctica significa abordar una tarea conscientemente, con cuidado y con la intención de estar siempre creciendo. Significa prestar mucha atención al *feedback* que recibes (tanto interno como externo, de fuentes de confianza) y adaptarte como corresponde.

Puedes tener práctica de escribir, legal, médica, de correr, de ser padre o madre, de enseñanza, artística o de meditación. El arte de la práctica se puede aplicar a cualquier cosa en la que te estés esforzando para avanzar, tanto si se trata de reducir en dos minutos el tiempo en que corres un maratón como de mejorar tus dotes de orador o ser una persona más fuerte, amable, sabia y conectada. Cuando una actividad se convierte en una práctica, pasa de ser algo que haces en un momento dado a ser un proceso constante de transformación. James Carse, catedrático de Historia y Religión de la Universidad de Nueva York, le puso el nombre de «juego infinito». En *Juegos finitos y juegos infinitos* (Editorial Sirio, 2000), su clásico *underground*, escribe que un juego finito es aquel en que se gana o se pierde, que tendrá un final definitivo. No obstante, un juego infinito, tal como su nombre indica, es continuo.[1] El único fin es seguir jugando.

Contemplar algo como una actividad aislada se presta a que sea juzgada como «buena» o «mala», a que caiga en el olvido y a que deje de hacerse. Contemplar algo como una práctica se presta al aprendizaje continuo, a cambios significativos y a la integración. Cuando consideras una actividad como una práctica, sigues teniendo altibajos agudos. Pero forman parte de un proceso mayor, y ese es el que importa. No el resultado de ese proceso, sino cómo lo vives. Los resultados son cortos y efímeros. Más del noventa y nueve por ciento de la vida es el proceso. Terry Patten, en su libro *A New Republic of the Heart* [Una nueva república del corazón], escribe que la satisfacción en la vida es en gran parte un subproducto de la transición de ser un *buscador* o alguien que desea cierto estilo de vida, a ser un *practicante* o alguien que vive según él mismo. A colación del tema principal del ciclo de ser-hacer, escribe: «Es necesaria toda una vida de práctica constante y regular [...] Siempre reforzamos los circuitos neurales asociados a lo que estamos haciendo en el presente [...] Sea como fuere que seamos, es muy probable que en el futuro seamos de ese modo. *Esto significa que siempre estamos practicando algo*».[2]

Cualquier cambio significativo requiere una práctica significativa. Cuando empieces a hacer hincapié en el *groundedness*, ten presentes los siguientes puntos (ya he hecho referencia a ellos en los capítulos anteriores y pueden servirte de directrices para que logres el éxito en tu práctica).

- No te preocupes por alcanzar un resultado específico. Concéntrate en estar donde estás y en aplicar los principios del *groundedness* como mejor sepas *ahora mismo*. Si te concentras en el proceso, los resultados que esperas llegarán por sí mismos.
- Aplica intencionalidad a todo lo que haces. Vuelve todas las veces que haga falta a los principios del *groundedness* y a tus acciones para vivir según ellos. En la vida hay muchas cosas que no puedes controlar, pero también hay mucho que sí puedes. Concéntrate en esto último.
- Trabaja siempre que puedas con personas afines y no tengas miedo de pedirles ayuda cuando te haga falta. Pedir ayuda no es un signo de debilidad, sino de fortaleza.
- Adopta una visión global y acepta que algún que otro día fracasarás. Si asumes que tendrás fracasos esporádicos no te sorprenderán o te desviarán del camino. Sencillamente, se convierten en parte del proceso, en información de la que puedes aprender y que te ayudará a crecer.
- Contrariamente a las normas culturales del individualismo heroico, no te compares con nadie. Compárate con versiones anteriores de ti mismo y júzgate basándote en el esfuerzo que estás haciendo ahora.

Las tradiciones de sabiduría oriental conceptualizan la práctica como un camino: *tao* para la china y *do* para la japonesa. Esto representa la naturaleza infinita e interminable de la práctica. No hay un destino, solo aprendizaje y pulido continuo, verdaderamente un juego infinito. Concebir la práctica del *groundedness* de esta manera deja espacio al hecho inevitable de que alguna vez te desviarás del camino. Eso es normal. Tu trabajo consiste en regresar a él.

VOLVER AL CAMINO

Esta es una trampa en la que caen muchas personas, incluido yo: leer un libro como este, tener claros los cambios que se van a producir, hacer dichos cambios y sentirte de maravilla y experimentar un fracaso (o varios) e implosionar por completo. Todas las partes de este ciclo son inevitables, salvo la última. Jamás he conocido a nadie que hiciera un cambio importante y no experimentara fracaso. El secreto para realizar un cambio vital con éxito no depende del fracaso, sino de tu reacción a él. Cualquiera puede sentirse inspirado o motivado. Cualquiera puede empezar y ceñirse al programa cuando las cosas van bien. Pero algunos pueden superar el fracaso. Esto no es mera especulación. Cada año, hay una muestra representativa y de gran tamaño de personas que intentan cambiar, que nos demuestran que esto es así. La Universidad de Scranton, una pequeña institución jesuita en Scranton, Pensilvania, sigue el índice de éxito de los propósitos de Año Nuevo. Sus datos muestran que más del cuarenta por ciento de las personas que se fijan un propósito para Año Nuevo tiran la toalla en febrero.[3] Y el noventa por ciento habrá fracasado antes de terminar el año. Esto no es porque sean débiles, sino porque no es fácil cambiar de estilo de vida.

Intuyo que una de las razones por las que las personas fracasan con sus propósitos de Año Nuevo es porque suponen que han de ser perfectas y se frustran consigo mismas cuando no lo son.

Cuanto más difícil es el cambio, más probable es que fracases o recaigas en tu antigua forma de ser. Tu reacción a esto es de suma importancia. Si te indultas a ti mismo por completo («Olvídate. Creo que esto no era para ti»), puedes esperar un mal resultado. Pero también puede ser al contrario.

Si tu voz interior es muy crítica y dura («¿Cómo puede ser que todavía no consiga hacerlo bien? ¡No soy bueno!»), el fracaso o la recaída es probable que se agrave.

En un estudio de 2012, publicado en *Personality and Social Psychology Bulletin*, se observó que las personas que reaccionan al fracaso con autocompasión vuelven a subirse al carro con más rapidez que las que son duras consigo mismas. Para el estudio, Juliana Breines y Serena Chen, investigadoras de la Universidad de California, en Berkeley, pidieron a los participantes que reflexionaran sobre sus debilidades personales y luego manipularon las situaciones para que experimentaran el fracaso. Los participantes que aprendieron técnicas de autocompasión se sintieron mejor al superar sus debilidades y reaccionaron al fracaso implicándose más, en lugar de tirar la toalla. «Estos descubrimientos dan a entender que, aunque parezca paradójico, adoptar una actitud de aceptación del fracaso personal puede motivar más a las personas para mejorar», escriben las investigadoras.[4]

El trabajo de otra psicóloga, Kristin Neff, catedrática adjunta de la Universidad de Texas, revela que si te juzgas por liarla, es probable que te sientas culpable o te avergüences, y suele ser esta culpa o vergüenza lo que impide que te levantes y sigas en el camino. Un tema recurrente en todas las investigaciones de Neff es que ser amable contigo mismo cuando estás en una situación difícil te aporta la resiliencia que necesitas para medrar.[5] La mejor ocasión para hacer lo que deseabas hacer tal vez fuera ayer, pero la segunda mejor ocasión es hoy. Autoflagelarte es una pérdida de tiempo y energía.

Los conocimientos convencionales sobre el cambio de conducta afirman que, por una parte, hemos de responsabilizarnos y levantarnos sin la ayuda de nadie, y por otra, que hemos de ser infinitamente compasivos y amables con nosotros mismos. Aunque estas dos actitudes parezcan contradictorias, lo cierto es que son complementarias, que necesitamos ambas. Hemos de maridar la autodisciplina fuerte con la autocompasión fuerte. En el capítulo dos hemos hablado de la importancia de aplicar la autocompasión, pero me parece conveniente volver a hablar de ello en esta parte del libro. Las prácticas de autocompasión son útiles para abordar el viaje de la transición a una vida más conectada:

- Deja de cargártelo todo a tus espaldas.
- Trata tus fracasos y la voz crítica de tu cabeza como tratarías a un bebé que llora.
- Créate un mantra para interrumpir tus ciclos de pensamientos negativos y ayudarte a volver al camino: «Esto es lo que me está sucediendo ahora» o «Hago todo lo que puedo».[*]

Una mujer con la que he trabajado durante algún tiempo, Lauren, es una de las ejecutivas mejor valoradas de una gran empresa tecnológica en pleno proceso de expansión. Fue una de las primeras trabajadoras. Ahora su empresa cuenta con más de seiscientos empleados y todos los miembros del equipo fundador se han marchado, lo cual hace que ella sea la más antigua (no por edad, solo tiene treinta y tantos, pero sí como empleada) de su empresa. Es una líder y un ser humano increíble. Su principal problema es que se preocupa, a veces, demasiado. Siente que la empresa es su

---

[*] N. del A.: Para más detalles, véase las páginas 57 y 58, donde hemos hablado extensamente de estas prácticas.

bebé y que su deber es guiarla hacia el futuro. Sí, en nuestras sesiones de *coaching*, trabajamos todos los principios del *groundedness*, pero quizás lo que más trabajamos fue la autocompasión.

El poeta T. S. Eliot escribió el famoso «Enséñanos a preocuparnos y a no preocuparnos». Esto último no formaba parte de la naturaleza de Lauren. Llegó a un extremo en su meteórica carrera donde no era su cabeza (impecablemente aguda y racional) lo que le impedía sentirse sólida, fuerte y realizada. Era su corazón. Tenía que ablandarse un poco, lo cual puede ser especialmente difícil para las mujeres ejecutivas, a las que a veces se tacha erróneamente de blandas. Con las práctica mencionadas, Lauren aprendió a permitirse sentir todas sus emociones, y luego, hacer el trabajo duro de crear espacio para albergarlas; así no se vería arrastrada por ellas. Cuando unió su disciplinada, incisiva y racional mente con un corazón más blando y espacioso, se sintió más conectada e imparable como líder. Pero lo más importante es que se volvió una persona más sana y centrada.

LA MENTE Y EL CORAZÓN

Uno de los mantras más populares en Oriente es *Om mani padme hum*. La traducción burda del sánscrito al castellano es 'la joya en el loto'. A pesar de sus múltiples significados, el psicólogo y maestro budista Jack Kornfield ofrece la siguiente explicación de su simbolismo: «La compasión surge cuando la joya de la mente descansa en el loto del corazón».[6]

En Occidente solemos separar la mente del corazón. La mente es racional cuando piensa. Conoce verdades duras y objetivas. Dictamina qué es bueno y qué es malo, juzga si algo es correcto o incorrecto. El corazón es emocional y blando. Si le prestamos demasiada atención, nos debilitará o nos desviará del camino. Pero la verdad reside fuera de esta dicotomía. La mente es más poderosa cuando se sitúa en el corazón, cuando esforzarse e intentar hacer algo bien se lleva a cabo con amor y compasión. Como escribe Kornfield, y experimentó Lauren, la mente en el corazón adquiere «una claridad diamantina». De ahí la joya en el loto.

Si nosotros (tú, yo, cualquiera) queremos tener éxito en nuestra transición a una vida conectada, sería aconsejable que situáramos nuestra mente en el corazón. Hemos de reconocer y ver con claridad cuándo nos desviamos del camino. Y hemos de mostrarnos a nosotros mismos la comprensión y la amabilidad que necesitamos para volver al camino todas las veces que haga falta. Hasta que intentamos aplicarlos, en nuestra mente, los principios del *groundedness* son intelectuales, bonitos y ordenados. Pero el mundo real es caótico. Poner en práctica las lecciones de cambio de vida que contiene este libro dependerá por completo del espacio que creemos en nuestro corazón y en nuestra mente.

Permanece en el camino. Apártate de él. Vuelve a él. Es tan fácil y tan difícil como esto.

CONCLUSIÓN

A comienzos de 2021, cuando estoy terminando de escribir este libro, el COVID-19 sigue causando estragos en el mundo. Al mismo tiempo, por Estados Unidos y Europa están teniendo lugar manifestaciones masivas a favor de la justicia social. Aunque estos eventos puedan parecer especialmente significativos, y lo son, no suponen la primera ola del cambio y de disrupción en nuestra vida, ni tampoco serán la última. Pero lo que están consiguiendo estos eventos es hacer que la gente tome distancia y se pregunte: «¿Qué es lo que represento? ¿Cómo quiero vivir? ¿Qué quiero hacer con el breve tiempo que estoy en esta tierra?». Tanto si lees este libro en 2021 como en 2051, estas son el tipo de preguntas que siempre deberías hacerte. Son preguntas perennes.

En las páginas anteriores, he mencionado que el tipo de éxito convencional al que tanto tiempo y energía dedicamos —dinero, fama, importancia, estar ocupados, seguidores— no merecen el esfuerzo. No me refiero a que nunca debamos esforzarnos, sino que hemos de dedicar más tiempo y energía a concentrarnos en la esencia interna y profunda (la base) de la cual surgen todos los esfuerzos. Cuando conseguimos hacerlo, cambia nuestra definición del éxito y la satisfacción de experimentarlo. Todavía tenemos la oportunidad de conquistar grandes cimas, pero lo hacemos desde una base más sólida. Nos sentimos mejor. Rendimos más. Y nos convertimos en mejores miembros de nuestra comunidad.

Ten presente esto: Aldous Huxley, en su icónica novela *Un mundo feliz*, presentó una imagen distópica de lo que les sucede a las personas cuando están controladas por fuerzas invisibles que se adueñan de su mente. Las emociones superficiales conducen a la vida más anodina y a la pérdida del pensamiento independiente y del propósito, y cualquier cosa que se acerque remotamente a lo profundo precipita la erosión de la sociedad. No vivimos en *Un mundo feliz*... todavía. Pero no cabe duda de que nos estamos acercando a la comodidad. Ahora es el momento de retroceder. Vivir de acuerdo con los principios del *groundedness* es tanto una acción cívica como individual.

Espero que este libro te haya abierto la mente a una nueva forma de pensar respecto a cómo quieres vivir tu vida. Y que te haya aportado las prácticas para realizarlo. Elegir la aceptación, en vez del engaño y los buenos deseos. Elegir la presencia, en vez de la distracción. Elegir la paciencia, en vez de la rapidez. Elegir la vulnerabilidad, en vez de la invencibilidad. Elegir la comunidad, en vez del aislamiento. Elegir moverte, en vez de sentarte. Elegir el *groundedness*, en vez del individualismo heroico.

Una vida conectada puede empezar como un proyecto personal, pero el *groundedness* se expande y se desarrolla en las comunidades. Si consideras que este libro es valioso, compártelo con tu familia, amistades, vecinos y compañeros de trabajo. Cuantos más seamos los que emprendamos este proyecto juntos, mucho mejor.

AGRADECIMIENTOS

La publicación de este libro ha sido una tarea conjunta. Estoy profundamente agradecido a todas las personas que han participado en ella.

En primer lugar, me gustaría dar las gracias a todos mis clientes de *coaching* (cuyos nombres reales han sido cambiados) por permitirme acompañarlos en sus respectivos caminos. Es un privilegio trabajar con estas personas. Aprendo tanto de ellas como lo que yo les enseño. También quiero dar las gracias a todos aquellos cuyas historias he narrado. Aprecio mucho que hayáis sido tan francos y vulnerables conmigo, y en algunos casos, con el público en general. Me gustaría dar las gracias particularmente a Steven Hayes, Sarah True, Mike Posner y Andrea Barber por abrirse conmigo y contarme algunos de sus momentos más conmovedores.

A continuación, desearía mostrar mi agradecimiento a mi círculo interno, a las personas que están siempre conmigo día tras día, en lo bueno y en lo malo. No sé qué sería o dónde estaría sin vosotros. A mi colaborador, Steve Magness. A mi amigo, Justin Bosley. A mi hermano, Eric Stulberg. Y a mi terapeuta y *coach*, Brooke van Oosbree. Os quiero a todos.

También quiero dar las gracias a algunos compañeros, mentores y amigos en concreto que han tenido una influencia directa en la elaboración de este libro. A mi psiquiatra, Lucas van Dyke, por diagnosticarme el TOC y ayudarme a entender mejor mi mente y a sanarla. A Judson Brewer, mi maestro de meditación, por enseñarme a prestar atención profunda. A Ryan Holiday y Cal Newport por animarme a escribir este libro, y a hacerlo para Portfolio. A David Epstein por ser mi guía en prácticamente todo (el hombre realmente tiene recursos). A Liana Imam por todas nuestras conversaciones y lecturas, y por ser tan generosa compartiendo sus grandes conocimientos literarios. A Adam Alter por escucharme al describirle los conceptos de este libro una y otra vez y remarcarme, siempre sutilmente: «Creo que la palabra que estás buscando es *arraigado*». A Mario Fraioli por todos los kilómetros que hemos hecho caminando y por nuestras conversaciones sobre el «éxito», que se convirtieron en la génesis de este libro. A Shalane Flanagan, no solo por dejarme compartir su historia, sino por nuestra estrecha amistad. A Rich Roll y a Emily Esfahani Smith por ser mis amigos, socios de pensamiento y coconspiradores en lo que respecta a redefinir lo que nuestra cultura piensa del éxito. A los miembros de mi grupo de correo electrónico que todavía no he mencionado: Mike Joyner, Christie Aschwanden, Alex Hutchinson, Jonathan Wai y Amby Burfoot, todos vosotros me hacéis más inteligente por osmosis, aunque sea virtual. A Adam Grant, Kelly McGonigal y Dan Pink por animarme siempre a escribir, escribir y escribir, ¡además libros! A Toby Bilanow por corregir mis ensayos y darme mi apreciado espacio en *The New York Times*, donde exploré por primera vez algunas de las ideas de este libro. A Matt Skenazy y a Wes Judd por ser mis editores desde hace tanto tiempo en la revista *Outside*. Me siento muy orgulloso del trabajo que hemos hecho juntos. Partimos para marcar la diferencia en la forma en que la gente concibe la salud, el bienestar y el rendimiento, y lo conseguimos. A Kelly Starrett, Brett Bartholomew y Zach Greenwald por enseñarme tanto sobre el ejercicio físico. A Bob Kocher por ser un magnífico mentor y amigo. Y por último, pero no menos importante, gracias a mis buenos amigos Jason Dizik y Brandon Rennels por nuestras infinitas conversaciones sobre los temas de este libro.

A continuación, cito a las personas cuyas obras me ayudan a encontrar el sentido de mi existencia, muchas de las cuales ni siquiera he llegado a conocer. No obstante, han dejado huella en mí, tanto en el aspecto personal como en mi trabajo. A los escritores y maestros Mark Epstein, Thich Nhat Hanh, George Leonard, Tara Brach, Erich Fromm, Robert Pirsig, Richard Rohr, Jon Kabat-Zinn, Joseph Goldstein, Jack Kornfield, Leslie Jamison y David Whyte. A los músicos Sara Bareilles, Trevor Hall, Avett Brothers, Benjamin Haggerty y Mike Posner.

Ahora les toca el turno a los que están en las trincheras editoriales conmigo. Ted Weinstein, por ayudarme a iniciar mi carrera como escritor. Laurie Abkemeier, por ser la mejor agente, *coach* y compañera de pensamiento literario. Escribir para Laurie es como jugar al baloncesto con Phil Jackson. Simplemente, es la mejor. A todo el equipo de Portfolio, por creer en este libro desde el principio: a mi editor, Adrian Zackheim, que me escuchó cuando le expliqué la idea y me dijo «lo he captado» y luego animó a su equipo con entusiasmo para que este libro viera la luz. A mi editora Niki Papadopoulos, que me ha animado de todas las mejores maneras posibles y ha hecho que este libro sea mucho mejor. Cuando entregué mi primer borrador, Niki me dijo: «Esto está muy bien, pero esto es lo que lo hará extraordinario...». Le hice caso y tenía razón. A Leah Trouwborst, por llevar el manuscrito más allá de la línea de meta y liderar el proceso creativo de la portada, que ha dado lugar a un título y subtítulo, que creo que es bastante radical (¡tarea nada fácil!). A Kym Surridge, Will Jeffries, Karen Ninnis y Katie Hurley, por corregir todos mis errores y ayudarme a que brillara mi escritura. A Kimberly Meilun por coordinar todas las piezas sueltas. Y a Tara Gilbride y su equipo de *marketing* por hacer todo lo posible para ayudarme a que este libro llegara a los lectores en cualquier parte.

Quiero dar las gracias a mis padres por educarme con valores sólidos y a mi familia política por apoyarme siempre. Y por encima de todo, quiero darle las gracias a mi mejor amiga y compañera de vida, Caitlin (también mi principal editora). Soy sumamente afortunado de estar en este juego infinito contigo. Te quiero. Y gracias a mi hijo, Theo, no tengo palabras.

LIBROS RECOMENDADOS

En mi proceso de pensar, escribir y depurar el proceso para *Máxima conexión*, he tenido todos estos libros en una estantería que tengo justo encima de mi mesa de despacho. Los he citado repetidas veces y estoy seguro de que seguiré haciéndolo en el futuro. Todos ellos han influido mucho en mi forma de pensar, de escribir, de ejercer como *coach* y de vivir. Doy gracias por su existencia. Lo que viene a continuación es una lista de libros recomendados, clasificados por capítulos. Como sucede con los principios del *groundedness*, muchos de estos libros se complementan. Aunque no es una ordenación perfecta, ha sido la mejor que he podido encontrar.

1. Conectado a tierra antes de volar

En palabras del Buddha: una antología de discursos del canon pali, Bhikkhu Bodhi, (Barcelona, Kairós, 2019).

El corazón de las enseñanzas de Buddha: el arte de transformar el sufrimiento en paz, alegría y liberación, Thich Nhat Hanh (Barcelona, Planeta, 2018).

Discourses and Selected Writings [Discursos y escritos seleccionados], Epicteto (Nueva York, Penguin Classics, 2008).

Meditaciones, Marco Aurelio (Madrid, Edaf, 2020).

El arte de la buena vida: un camino hacia la alegría estoica, William Irvine (Barcelona, Paidós, 2019).

Tao Te Ching, Lao Tzu, Stephen Mitchell (Madrid, Dojo Ediciones, 2022).

Cartas a Lucilio, Séneca (Madrid, Cátedra, 2018).

Ética a Nicómano, Aristóteles (Madrid, Visión Libros, 2002).

La vida secreta de los árboles, Peter Wohlleben (Barcelona, Obelisco, 2018).

El verdadero creyente: sobre el fanatismo y los movimientos sociales, Eric Hoffer (Madrid, Tecnos, 2009).

Cómo vivir una vida con Montaigne: en una pregunta y veinte intentos de respuesta, Sarah Bakewell (Barcelona, Ariel, 2011).

Tao, el camino: todo lo que la filosofía china puede enseñarte para tener una vida mejor, Michael Puett y Christine Gross-Loh (Barcelona, Martínez Roca, 2018).

Psicoanálisis de la sociedad contemporánea: hacia una sociedad sana, Erich Fromm, (Madrid, Fondo de Cultura Económica Europea, 1990).

2. Acepta donde estás ahora para llegar a donde quieres ir

Aceptación radical: abrazando tu vida con el corazón de un Buddha, Tara Brach (Madrid, Gaia, 2018).

El héroe de las mil caras: psicoanálisis del mito, Joseph Campbell (Madrid, Fondo de Cultura Económica Europea, 2013).

Una mente liberada: la guía esencial de la terapia de aceptación y compromiso (ACT), Steven Hayes (Barcelona, Paidós, 2020).

Después del éxtasis, la colada: cómo crece la sabiduría del corazón en la vía espiritual (Barcelona, La Liebre de Marzo, 2001).

El proceso de convertirse en persona, Carl Rogers (Barcelona, Paidós, 2011).

La huella de los días: la adicción y las repercusiones, Leslie Jamison (Barcelona, Anagrama, 2020).

Going to Pieces Without Falling Apart [Hacerte pedazos sin romperte], Mark Epstein (Estados Unidos, Harmony, 1999).

Almost Everything: Notes on Hope [Casi todo: notas sobre la esperanza], Anne Lamott (Nueva York, Riverhead Books, 2018).

3. Permanece presente para controlar tu atención y tu energía

Vivir con plenitud las crisis: cómo utilizar la sabiduría del cuerpo y de la mente para enfrentarnos al estrés, el dolor y la enfermedad, Jon Kabat-Zinn (Barcelona, Kairós, 2016).

Céntrate: las cuatro reglas para el éxito en la era de la distracción, Cal Newport (Barcelona, Península, 2022).

Minimalismo digital: en defensa de la atención en un mundo ruidoso, Cal Newport (Barcelona, Paidós, 2021).

El libro del mindfulness, Bhante Gunaratana (Barcelona, Kairós, 2012).

Mindfulness. Una guía práctica para el despertar, Joseph Goldstein (Málaga, Sirio, 2015).

La mente ansiosa, Judson Brewer (Paidós Argentina, 2018).

Irresistible: ¿quién nos ha convertido en yonquis tecnológicos?, Adam Alter (Barcelona, Paidós, 2018).

El juego interior del tenis, Timothy Gallwey (Málaga, Sirio, 2010).

Del tener al ser, Erich Fromm (Barcelona, Paidós, 2007).

El arte de amar, Erich Fromm (Barcelona, Paidós, 2017).

Devotions [Devociones], Mary Oliver (Londres, Penguin, 2020).

Fluir (Flow): una psicología de la felicidad, Mihaly Csikszentmihalyi (Barcelona, Kairós, 1997).

La quietud es la clave, Ryan Holiday (Barcelona, Reverte, 2020).

La sabiduría de la inseguridad: mensaje para una era de ansiedad, Alan Watts (Barcelona, Kairós, 1987).

Zen y el arte del mantenimiento de la motocicleta, Robert Pirsig (Madrid, Sexto Piso, 2010).

Lila, Robert Pirsig (Madrid, Sexto Piso, 2009).

Divertirse hasta morir: el discurso público en la era del show business, Neil Postman (Barcelona, Ediciones de la Tempestad, 2012).

Superficiales: qué está haciendo Internet con nuestras mentes?, Nicholas G. Carr (Barcelona, Punto de lectura, 2011).

4. Ten paciencia, llegarás antes

Crossing the Unknown Sea Work as a Pilgrimage of Identity [Cruzar el mar desconocido: el trabajo como una peregrinación hacia la identidad], David Whyte (Nueva York, Riverhead, 2001).

Mastery: The Keys to Success and Long-Term Fulfilment [Maestría: la clave del éxito y de la satisfacción duradera], George Leonard (Nueva York, Plume, 1992).

The Way of Aikido: Life Lesson from an American Sensei [El camino del aikido: lecciones de vida de un *sensei* americano] (Londres, Plume, 2000).

Amplitud (Range): por qué los generalistas triunfan en un mundo especializado, David Epstein (Barcelona, Empresa Activa, 2020).

5. Acepta la vulnerabilidad para desarrollar la verdadera fortaleza y autoconfianza

Consolations: The Solace, Nourishment and Underlying Meaning of Everyday Words [Consolaciones: el consuelo, el alimento y el significado subyacente de las palabras cotidianas], David Whyte (Langley, Washington, Many Rivers Press, 2015).

The Heart Aroused [El corazón encendido], David Whyte (Australia, Currency Press, 2007).

Sounds Like Me [Suena a mí], Sarah Bareilles (Nueva York, Simon&Schuster, 2015).

Sin barro no crece el loto, Thich Nhat Hanh (Barcelona, Kitsune Books, 2018).

Más fuerte que nunca, Brené Brown (Barcelona, Urano, 2016).

Desafiando la tierra salvaje, Brené Brown (Barcelona, Vergara, 2019).

The Fearless Organization: Creating Psychological Safety in the Workplace for Learning, Innovation and Growth [La organización valiente: crear seguridad psicológica en el puesto de trabajo para aprender, innovar y crecer], Amy Edmondson (Hoboken, Nueva Jersey, John Wiley & Sons, 2019).

Teaming: How Organizations Learn, Innovate and Compete in the Knowledge Economy [*Teaming*: cómo aprenden, innovan y compiten las organizaciones en la economía del conocimiento], Amy Edmondson (Nueva York, Jossey-Bass, 2012).

Sobre el amor, Rainer Maria Rilke (Madrid, Alianza Editorial, 2009).

6. Construye una comunidad sólida

Tribu, Sebastian Junger (Madrid, Capitán Swing Libros, 2020).

Friendship: The Evolution, Biology and Extraordinary Power of Life's Fundamental Bond [La amistad: La evolución, biología y poder extraordinario del vínculo fundamental de la vida]*,* Lydia Denworth (Nueva York, W.W. Norton&Company, 2020).

Middlemarch, George Eliot (Barcelona, DeBolsillo, 2004).

El miedo a la libertad, Erich Fromm (Barcelona, Paidós, 2006).

El suicidio, Emile Durkheim (Madrid, Editorial Losada, 2004).

Deacon King Kong [Diácono King Kong], James McBride (Nueva York, Riverhead Books, 2020).

7. Mueve tu cuerpo para que tu mente no se disperse

Spark: The Revolutionary New Science of Exercise and the Brain [Chispa: la revolucionaria nueva ciencia del ejercicio y el cerebro], John Ratey (Nueva York, Little, Brown Spark, 2008).

The Joy of Movement: How exercise helps us find happiness, hope, connection and courage [La dicha del movimiento: cómo nos ayuda el ejercicio a hallar felicidad, esperanza, conexión y valor], Kelly McGonigal (Nueva York, Avery, 2019).

The Ultimate Athlete [El atleta definitivo], George Leonard (California, North Atlantic Books, 2001).

8. De los principios a la acción

Caer y levantarse: una espiritualidad para la segunda mitad de la vida, Richard Rohr (Barcelona, Herder, 2015).

El juego de los abalorios, Hermann Hesse (Madrid, Alianza Editorial, 2018).

El arte de vivir, Thich Nhat Hanh (Barcelona, Urano, 2018).

Mindfulness en la vida cotidiana: dondequiera que vayas, ahí estás, Jon Kabat-Zinn (Barcelona, Paidós, 2017).

Becoming Wise: An Inquiry into the Mistery and Art of Living [Volverse sabio: una indagación en el misterio y arte de vivir], Krista Tippett (Estados Unidos, Penguin, 2016).

9. Concéntrate en el proceso, deja que los resultados vengan por sí mismos

A New Republic of the Heart: An Ethos for Revolutionaries – A Guide to Inner Work for Holistic Change [Una nueva república del corazón: un *ethos* para revolucionarios – Una guía para el trabajo interior para un cambio holístico], Terry Patten (Berkeley, California, North Atlantic Books, 2018).

The Life We Are Given: A Long-Term Program for Realizing the Potential of Body, Mind, Heart and Soul [La vida que nos han dado: un programa a largo plazo para desarrollar el potencial del cuerpo, la mente, el corazón y el alma], George Leonard y Michael Murphy (Nueva York, TarcherPerigee, 2005).

Un mundo feliz, Aldous Huxley (Barcelona, DeBolsillo, 2000).

NOTAS

1. Conectado a tierra antes de volar

1. Brad Stulberg, «When a Stress Expert Battles Mental Illness», *Outside*, 7 de marzo de 2018, https://www.outsideonline.com/2279856/anxiety-cant-be-trained-away.

2. Émile Durkheim, *El suicidio*, Madrid, Editorial Losada, 2004.

3. National Institute of Mental Health (Instituto Nacional de Salud Mental), «Mental Health Information: Statistics», https://www.nimh.nih.gov/health /statistics/index.shtml.

4. National Institute on Alcohol Abuse and Alcoholism (Instituto Nacional del Abuso del Alcohol y el Alcoholismo), «Alcohol Facts and Statistics», https://www.niaaa.nih.gov/publications/brochures-and-fact-sheets/alcohol-facts-and-statistics; Biblioteca Nacional de Medicina de Estados Unidos, «Opioid Addiction», MedlinePlus, https://ghr .nlm.nih.gov/condition/opioid-addiction#statistics.

5. «Pain in the Nation: The Drug, Alcohol and Suicide Crises and Need for a National Resilience Strategy», Trust for America's Health, https://www.tfah.org/report-details/pain-in-the-nation/.

6. Mary Caffrey, «Gallup Index Shows US Well-being Takes Another Dip», *AJMC*, 27 de febrero de 2019, https://www.ajmc.com/newsroom/gallup-index-shows-us-wellbeing-takes-another-dip-.

7. Jeffrey M. Jones, «U.S. Church Membership Down Sharply in Past Two Decades», Gallup, 18 de abril de 2019, https://news.gallup.com/poll/248837/church-membership-down-sharply-past-two-decades.aspx.

8. Julianne Holt-Lunstad, «The Potential Public Health Relevance of Social Isolation and Loneliness: Prevalence, Epidemiology, and Risk Factors», *Public Policy & Aging Report* 27, n.º 4, 2017, 127-130, https://academic.oup.com/ppar/article/27/4/127/4782506.

9. Ben Wigert y Sangeeta Agrawal, «Employee Burnout, Part 1: The 5 Main Causes», Gallup, 12 de julio de 2018, https://www.gallup.com/workplace/237059/employee-burnout-part-main-causes.aspx; «Burn-out an "Occupational Phenomenon": International Classification of Diseases», Organización Mundial de la Salud, 28 de mayo de 2019, https://www.who.int/mental_health/evidence/burn-out/en/.

10. Pradeep C. Bollu y Harleen Kaur, «Sleep Medicine: Insomnia and Sleep», *Missouri Medicine* 116, n.º 1, 2019, 68-75, https://www.ncbi.nlm.nih.gov/pmc/articles/PMC6390785/; James Dahlhamer y otros, «Prevalence of Chronic Pain and High-Impact Chronic Pain Among Adults –United States, 2016», *Morbidity and Mortality Weekly Report* 67, n.º 36, 2018, 1001-1006, https://www.cdc.gov/mmwr/volumes/67/wr/mm6736a2.htm.

11. Robb B. Rutledge y otros, «A Computational and Neural Model of Momentary Subjective Well-being», *PNAS* 111, n.º 33, 2014, 12252-12257, http://www.pnas.org/content/111/33/12252.full.

12. Daniel Kahneman y Angus Deaton, «High Income Improves Evaluation of Life but Not Emotional Well-being», *PNAS* 107, n.º 38, 2010, 16489-16493, https://www.pnas.org/content/107/38/16489.

13. A. C. Shilton, «You Accomplished Something Great. So Now What?», *The New York Times*, 28 de mayo de 2019, https://www.nytimes.com/2019/05/28/smarter-living/you-accomplished-something-great-so-now-what.html.

14. Bhikkhu Bodhi, *En palabras del Buddha: una antología de discursos del canon pali*, Barcelona, Kairós, 2019.

15. Maestro Eckhart, *Obras escogidas*, Barcelona, Edicomunicación, 1988.

16. Seth Simons, «The New Formula for Personal Fulfillment», *Fatherly*, 12 de octubre de 2018, https://www.fatherly.com/love-money/the-new-formula-for-personal-fulfillment/.

17. Thich Nhat Hanh, *El corazón de las enseñanzas de Buddha: El arte de transformar el sufrimiento en paz, alegría y liberación*, Barcelona, Planeta, 2018.

2. Acepta donde estás ahora para llegar a donde quieres ir

1. Karen Rosen, «After Rio Heartbreak, Triathlete Sarah True "Ready to Rumble" into New Season», Team USA, 2 de marzo de 2017, https://www.teamusa.org/News/2017/March/02/After-Rio-Heartbreak-Triathlete-Sarah-True-Ready-To-Rumble-Into-New-Season.

2. Véase *El proceso de convertirse en persona,* Carl Rogers, Barcelona, Paidós, 2011.

3. Kaare Christensen, Anne Maria Herskind y James W. Vaupel, «Why Danes Are Smug: Comparative Study of Life Satisfaction in the European Union», *BMJ* 333, 2006, 1289, http://www.bmj.com/content/333/7582/1289.

4. Rutledge y otros, «A Computational and Neural Model of Momentary Subjective Well-being».

5. Jason Fried, «Living Without Expectations», *Signal v Noise* (blog), 8 de marzo de 2017, https://m.signalvnoise.com/living-without-expectations-1d66adb10710.

6. Joseph Campbell, *El héroe de las mil caras: psicoanálisis del mito*, Madrid, Fondo de Cultura Económica Europea, 2013.

7. «Highly Cited Researchers (h > 100) According to Their Google Scholar Citations Public Profiles», Ranking Web of Universities, visitado en julio de 2020, http://www.webometrics.info/en/node/58.

8. Véase Steven C. Hayes, *A Liberated Mind: How to Pivot Toward What Matters* [Una mente liberada: cómo centrarte en lo que importa], Nueva York: Avery, 2020.

9. «316: Steven C. Hayes on Developing Psychological Flexibility», en *The One You Feed*, anfitrión Eric Zimmer, podcast, 21 de enero de 2020, https://www.oneyoufeed.net/psychological-flexibility/.

10. *Meditaciones*, Marco Aurelio, Madrid, Edaf, 2020.

11. Epicteto, *Discourses and Selected Writings* [Discursos y escritos seleccionados], Londres, Penguin, 2008, 180-181.

12. *Aceptación radical: abrazando tu vida con el corazón de un Buddha,* Tara Brach, Madrid, Gaia, 2018.

13. Joachim Stoeber, Mark A. Uphill y Sarah Hotham, «Predicting Race Performance in Triathlon: The Role of Perfectionism, Achievement Goals, and Personal Goal Setting», *Journal of Sport and Exercise Psychology* 31, n.º 2, 2009, 211-245, https://repository.canterbury.ac.uk/download/c447b55ea3ec0148c05f2c0754c0527ef311a1f30d7e8c8ca7c-da6f70348f10/277408/Uphill_2009_%5B1%5D.pdf.

14. Andrew J. Elliot y otros, «Achievement Goals, Self-Handicapping, and Performance Attainment: A Mediational Analysis», *Journal of Sport and Exercise Psychology* 28, n.º 3, 2006, 344-361, https://journals.humankinetics.com/doi/abs/10.1123/jsep.28.3.344.

15. David E. Conroy, Jason P. Willow y Jonathan N. Metzler, «Multidimensional Fear of Failure Measurement: The Performance Failure Appraisal Inventory», *Journal of Applied Sport Psychology* 14, n.º 2, 2002, 76-90, https://psycnet.apa.org/record/2002-13632-002.

16. Audre Lorde, *Sister Outsider: Essays and Speeches* [Hermana forastera: ensayos y charlas], Nueva York, Crossing Press, 1984.

17. Craig Smith, «COVID-19 Update from Dr. Smith: 3/29/20», Columbia Surgery, https://columbiasurgery.org/news/covid-19-update-dr-smith-32920.

18. Tara Brach, «Feeling Overwhelmed? Remember RAIN», *Mindful*, 7 de febrero de 2019, https://www.mindful.org/tara-brach-rain-mindfulness-practice/.

19. David M. Perlman y otros, «Differential Effects on Pain Intensity and Unpleasantness of Two Meditation Practices», *Emotion* 10, n.º 1, 2010, 65-71, https://www.ncbi.nlm.nih.gov/pmc/articles/PMC2859822/.

20. UMass Memorial Health Care Center for Mindfulness (Centro para el Mindfulness del Centro de Salud Memorial de la Universidad de Massachusetts), https://www.umassmed.edu/cfm/research/publications/.

21. Philippe R. Goldin y James J. Gross, «Effects of Mindfulness-Based Stress Reduction (MBSR) on Emotion Regulation in Social Anxiety Disorder», *Emotion* 10, n.º 1, 2010, 83-91, https://www.ncbi.nlm.nih.gov/pmc/articles/PMC4203918/.

22. Igor Grossman y Ethan Kross, «Exploring Solomon's Paradox: Self-Distancing Eliminates the Self-Other Asymmetry in Wise Reasoning About Close Relationships in Younger and Older Adults», *Psychological Science* 25, n.º 8, 2014, 1571-1580, https://pdfs.semanticscholar.org/799a/d44cb6d51bbf6c14ef8e83d6dc74d083f2af.pdf.

23. Özlem Ayduk y Ethan Kross, «From a Distance: Implications of Spontaneous Self-Distancing for Adaptive Self-Reflection», *Journal of Personality and Social Psychology* 98, n.º 5, 2010, 809-829, https://www.ncbi.nlm.nih.gov/pmc/articles/PMC2881638/.

24. Juliana G. Breines y Serena Chen, «Self-Compassion Increases Self-Improvement Motivation», *Personality and Social Psychology Bulletin* 38, n.º 9, 2012, 1133-1143, http://citeseerx.ist.psu.edu/viewdoc/download?doi=10.1.1.362.5856&rep=rep1&type=pdf.

25. Séneca, *Cartas a Lucilio*, Madrid, Cátedra, 2018.

26. Ephrat Livni, «To Get Better at Life, Try This Modern Mantra», *Quartz*, 8 de mayo de 2019, https://t.co/biGWjp3tBs.

27. Para el pensamiento, Daniel M. Wegner y otros, «Paradoxical Effects of Thought Suppression», *Journal of Personality and Social Psychology* 53, n.º 1, 1987, 5-13, http://psycnet.apa.org/record/1987-33493-001; y para el sentimiento, Jutta Joormann e Ian H. Gotlib, «Emotion Regulation in Depression: Relation to Cognitive Inhibition», *Cognition and*

Emotion 24, n.º 2, 2010, 281-298, https://www.ncbi.nlm.nih.gov/pmc/articles/PMC2839199/.

28. Judson Brewer, *The Craving Mind: From Cigarettes to Smartphones to Love —Why We Get Hooked and How We Can Break Bad Habits* [La mente caprichosa: de los cigarrillos a los *smartphones* y el amor (por qué nos quedamos colgados y cómo podemos romper los malos hábitos)], New Haven, Estados Unidos, Yale University Press, 2017, 111.

29. Bud Winter y Jimson Lee, *Relax and Win: Championship Performance in Whatever You Do* [Relájate y gana: rendimiento en los campeonatos y en todo lo que hagas]*,* Oak Tree, 1981.

3. Permanece presente para controlar tu atención y tu energía

1. Séneca, *Sobre la brevedad de la vida*, Barcelona, Gredos, 2011.
2. «Multitasking: Switching Costs», Asociación Estadounidense de Psicología, 20 de marzo de 2006, https://www.apa.org/research/action/multitask.aspx.
3. Jim Sollisch, «Multitasking Makes Us a Little Dumber», *Chicago Tribune*, 10 de agosto de 2010, https://www.chicagotribune.com/opinion/ct-xpm-2010-08-10-ct-oped-0811-multitask-20100810-story.html.
4. Steve Bradt, «Wandering Mind Not a Happy Mind», *Harvard Gazette*, 11 de noviembre de 2010, https://news.harvard.edu/gazette/story/2010/11/wandering-mind-not-a-happy-mind/.
5. *Communications Market Report*, Ofcom, 2 de agosto de 2018, https://www.ofcom.org.uk/__data/assets/pdf_file/0022/117256/CMR-2018-narrative-report.pdf.
6. «Americans Don't Want to Unplug from Phones While on Vacation, Despite Latest Digital Detox Trend», nota de prensa, Asurion, 17 de mayo de 2018, https://www.asurion.com/about/press-releases/americans-dont-want-to-unplug-from-phones-while-on-vacation-despite-latest-digital-detox-trend/.
7. Véase Adam Alter, «What Is Behavioral Addiction and Where Did It Come From?», en *Irresistible: ¿quién nos ha convertido en yonquis tecnológicos?*, Barcelona, Paidós, 2018.
8. Susana Martínez Conde y Stephen L. Macknik, «How the Color Red Influences Our Behavior», *Scientific American*, 1 de noviembre de 2014, https://www.scientificamerican.com/article/how-the-color-red-influences-our-behavior/.
9. Jim Davies, *Riveted: The Science of Why Jokes Make Us Laugh, Movies Make Us Cry, and Religion Makes Us Feel One with the Universe* [Remachado: la ciencia de por qué los chistes nos hacen reír, las películas nos hacen

llorar y la religión nos hace sentirnos uno con el universo], Nueva York: Palgrave Macmillan, 2014, 91, 175.

10. Alan Watts, *La sabiduría de la inseguridad: mensaje para una era de ansiedad*, Barcelona, Kairós, 1987.

11. *El arte de vivir*, Thich Nhat Hanh, Barcelona, Urano, 2018.

12. Bill Thornton y otros, «The Mere Presence of a Cell Phone May Be Distracting: Implications for Attention and Task Performance», *Social Psychology* 45, n.º 6, 2014, 479-488, https://metacog201415.weebly. com/uploads/3/9/2/9/39293965/thornton_faires_robbins_y_roll- ins_in_press_presence_cell_phone_distracting.pdf.

13. Seneca, *Sobre la brevedad de la vida*.

14. Mihaly Czikszentmihalyi, *Fluir (Flow): una psicología de la felicidad*, Barcelona, Kairós, 1997.

15. Séneca, *Cartas a Lucilio*.

16. Bradt, «Wandering Mind Not a Happy Mind».

17. Matthew A. Killingsworth y Daniel T. Gilbert, «A Wandering Mind Is an Unhappy Mind», *Science* 330, n.º 6006, 2010, 932, http://www. danielgilbert.com/KILLINGSWORTH%20&%20GILBERT%20 (2010).pdf.

18. Scott Stossel, «What Makes Us Happy, Revisited», *Atlantic*, mayo de 2013, https://www.theatlantic.com/magazine/archive/2013/05/ thanks-mom/309287/.

19. George Leonard, *Mastery: The Keys to Success and Long-Term Fulfillment* [Maestría: la clave del éxito y de la satisfacción duradera], Nueva York: Plume, 1992, 40.

20. Billboard, «Mike Posner, "Cooler Than Me"», Chart History, https://www.billboard.com/music/Mike-Posner/chart-history/HBU/ song/644778.

21. La cita es la letra de una canción de Mike Posner, «Come Home», del álbum *Keep Going*.

22. Mike Posner, «Naughty Boy, Mike Posner –Live Before I Die», 14 de noviembre de 2019, vídeo musical, 4:02, https://youtu.be/uXeZNX- du-gs.

23. Mike Posner (@MikePosner), publicación en Twitter, 29 de mayo de 2019, https://twitter.com/MikePosner/status/1133743829322948 608?s =20.

24. Erich Fromm, *El arte de amar*, Barcelona, Paidós, 2017.

25. Ayelet Fishbach, Ronald S. Friedman y Arie W. Kruglanski, «Leading Us Not unto Temptation: Momentary Allurements Elicit Overriding

Goal Activation», *Journal of Personality and Social Psychology* 84, n.º 2, 2003, 296-309.

26. Jon Kabat-Zinn, *Vivir con plenitud las crisis: cómo utilizar la sabiduría del cuerpo y de la mente para enfrentarnos al estrés, el dolor y la enfermedad*, Barcelona, Kairós, 2016.

27. Bhante Gunaratana, *El libro del mindfulness*, Barcelona, Kairós, 2012.

28. «How the Internet May Be Changing the Brain», *Neuroscience News*, 5 de junio de 2019, https://t.co/rUgy7hPkJg.

29. Wumen Huikai, el autor se cita en la web Great Thoughts Treasury, http://www.greatthoughtstreasury.com/author/author-209.

30. Annie Dillard, citas, Goodreads, https://www.goodreads.com/quotes/530337-how-we-spend-our-days-is-of-course-how-we.

4. Ten paciencia, llegarás antes

1. «Akamai Reveals 2 Seconds as the New Threshold of Acceptability for Ecommerce Web Page Response Times», Akamai, 14 de septiembre de 2009, https://www.akamai.com/us/en/about/news/press/2009-press/akamai-reveals-2-seconds-as-the-new-threshold-of-acceptability-for-ecommerce-web-page-response-times.jsp.

2. Steve Lohr, «For Impatient Web Users, an Eye Blink Is Just Too Long to Wait», *The New York Times*, 29 de febrero de 2012, http://www.nytimes.com/2012/03/01/technology/impatient-web-users-flee-slow-loading-sites.html.

3. Teddy Wayne, «The End of Reflection», *The New York Times*, 11 de junio de 2016, http://www.nytimes.com/2016/06/12/fashion/internet-technology-phones-introspection.html?_r=0.

4. Janna Anderson y Lee Rainie, «Millennials Will Benefit and Suffer Due to Their Hyperconnected Lives», Pew Research Center, 29 de febrero de 2012, https://www.pewresearch.org/internet/2012/02/29/millennials-will-benefit-and-suffer-due-to-their-hyperconnected-lives/.

5. Aaron E. Carroll, «What We Know (and Don't Know) About How to Lose Weight», *The New York Times*, 26 de marzo de 2018, https://www.nytimes.com/2018/03/26/upshot/what-we-know-and-dont-know-about-how-to-lose-weight.html.

6. *Britannica*, s.v. «Charles Darwin», https://www.britannica.com/biography/Charles-Darwin/The-Beagle-voyage.

7. «Charles Darwin», NNDB.com, https://www.nndb.com/people/569/000024497/.

8. Martin J. MacInnis y Martin J. Gibala, «Physiological Adaptations to Interval Training and the Role of Exercise Intensity», *Journal of Physiology*

595, n.º 9, 2017, 2915-2930, https://www.ncbi.nlm.nih.gov/pmc/articles/PMC5407969/.

9. Lu Liu y otros, «Hot Streaks in Artistic, Cultural, and Scientific Careers», *Nature* 559, 2018, 396-399, https://www.nature.com/articles/s41586-018-0315-8.

10. Jessica Hallman, «Hot Streak: Finding Patterns in Creative Career Breakthroughs», *Penn State News*, 6 de septiembre de 2018, https://news.psu.edu/story/535062/2018/09/06/research/hot-streak-finding-patterns-creative-career-breakthroughs.

11. Jeff Stein, «Ta-Nehisi Coates's Advice to Young Journalists: Get Off Twitter», *Vox*, 21 de diciembre de 2016, https://www.vox.com/policy-and politics/2016/12/21/13967504/twitter-young-journalists-coates.

12. Concepción de León, «Ta-Nehisi Coates and the Making of a Public Intellectual», *The New York Times*, 29 de septiembre de 2017, https://www.nytimes.com/2017/09/29/books/ta-nehisi-coates-we-were-eight-years-in-power.html.

13. Stein, «Ta-Nehisi Coates's Advice to Young Journalists».

14. *The Atlantic*, «Creative Breakthroughs: Ta-Nehisi Coates», interview, 27 de septiembre de 2013, vídeo, 1:15, https://www.youtube.com/watch?v=6voLZDYgPzY&feature=emb_title.

15. Steven Kotler, «Is Silicon Valley Ageist or Just Smart?», *Forbes*, 14 de febrero de 2015, https://www.forbes.com/sites/stevenkotler/2015/02/14/is-silicon-valley-ageist-or-just-smart/#1e987d17ed65.

16. Jake J. Smith, «How Old Are Successful Tech Entrepreneurs?», KelloggInsight, 15 de mayo de 2018, https://insight.kellogg.northwestern.edu/article/younger-older-tech-entrepreneurs.

17. Scott Cacciola, «Eliud Kipchoge Is the Greatest Marathoner, Ever», *The New York Times*, 14 de septiembre de 2018, https://www.nytimes.com/2018/09/14/sports/eliud-kipchoge-marathon.html.

18. Ed Caesar, «The Secret to Running a Faster Marathon? Slow Down», *Wired*, 8 de febrero de 2017, https://www.wired.com/2017/02/nike-two-hour-marathon-2/.

19. Cacciola, «Eliud Kipchoge Is the Greatest Marathoner, Ever».

20. Thich Nhat Hanh, *El arte de poder*, Barcelona, Oniro, 2007.

21. «The Collected Works of D. W. Winnicott», Oxford Clinical Psychology, https://www.oxfordclinicalpsych.com/page/599.

22. Stephen Mitchell, *Tao Te Ching*, Lao Tzu, Stephen Mitchell, Madrid, Dojo Ediciones, 2022.

23. Mitchell, *Tao Te Ching*.

24. Lisa D. Ordóñez y otros, «Goals Gone Wild: The Systematic Side Effects of Over-Prescribing Goal Setting» (documento de trabajo, Escuela de Negocios de Harvard, 2009), http://www.hbs.edu/faculty/Publication%20Files/09-083.pdf.

25. Tim J. Gabbett, «The Training –Injury Prevention Paradox: Should Athletes Be Training Smarter *and* Harder?», *British Journal of Sports Medicine* 50, n.º 5, 2016, 273-280, http://bjsm.bmj.com/content/early /2016/01/12/bjsports-2015-095788.

26. Esta traducción específica de la historia es del libro de Thich Nhat Hanh, *El arte de vivir*.

5. Acepta la vulnerabilidad para desarrollar la verdadera fortaleza y autoconfianza

1. Brad Stulberg, «When a Stress Expert Battles Mental Illness» [Cuando un experto en estrés tiene que luchar contra una enfermedad mental], *Outside*, 7 de marzo de 2018.

2. Brené Brown, *Desafiando la tierra salvaje,* Brené Brown, Barcelona, Vergara, 2019.

3. David Whyte, *Consolations: The Solace, Nourishment and Underlying Meaning of Everyday Words* [Consolaciones: el consuelo, el alimento y el significado subyacente de las palabras cotidianas], Langley, Washington, Many Rivers Press, 2015, audio 4 horas, 2 minutos.

4. Rainer Maria Rilke, *El libro de las horas*, traducido por Federico Bermúdez Cañete, Madrid, Hiperión, 2005.

5. Ronald C. Kessler y otros, «The Epidemiology of Panic Attacks, Panic Disorder, and Agoraphobia in the National Comorbidity Survey Replication», *Archives of General Psychiatry* 63, n.º 4, 2006, 415-424, https:// www.ncbi.nlm.nih.gov /pubmed/16585471.

6. «Any Anxiety Disorder», Instituto Nacional de Salud Mental, https:// www.nimh.nih.gov/health/statistics/prevalence/any-anxiety-disorder-among-adults.shtml.

7. Kevin Love, «Everyone Is Going Through Something», *Players' Tribune*, 6 de marzo de 2018, https://www.theplayerstribune.com/en-us/articles/kevin-love-everyone-is-going-through-something.

8. DeMar DeRozan (@DeMar_DeRozan), publicación en Twitter, 17 de febrero de 2018, https://twitter.com/DeMar_DeRozan /status/96481 8383303688197?s=20.

9. Doug Smith, «Raptors' DeRozan Hopes Honest Talk on Depression Helps Others», *The Star* (Toronto), 26 de febrero de 2018, https://

www.thestar.com/sports/raptors/2018/02/25/raptors-derozan-ho-pes-honest-talk-on-depression-helps-others.html.

10. Campbell, *El héroe de las mil caras*.

11. Sara Bareilles, «Sara Bareilles Shows Her Vulnerabilities on New Album, "Amidst the Chaos"», entrevista a Robin Young, *Here & Now*, WBUR, programa de radio, 4 de abril de 2019, https://www.wbur.org/hereandnow/2019/04/04/sara-bareilles-amidst-the-chaos.

12. Sara Bareilles, *Sounds Like Me: My Life (So Far) in Song* [Suena a mí: mi vida (hasta el momento) cantada], Nueva York, Simon & Schuster, 2015, 40.

13. Mark R. Leary y otros, «Cognitive and Interpersonal Features of Intellectual Humility», *Personality and Social Psychology Bulletin* 43, n.º 6, 2017, 793-813, https://journals.sagepub.com/doi/abs/10.1177/0146167217697695.

14. Bareilles, *Sounds Like Me*, 39.

15. Nick P. Winder e Isabelle C. Winder, «Complexity, Compassion and Self-Organisation: Human Evolution and the Vulnerable Ape Hypothesis», *Internet Archaeology* 40 (2015), https:// www.researchgate.net/publication/277940624_Complexity_Compassion_and_Self-Organisation_Human_Evolution_and_the_Vulnerable_Ape_Hypothesis.

16. «Baby's First 24 Hours», *Pregnancy, Birth and Baby*, https://www.pregnancybirthbaby.org.au/babys-first-24-hours.

17. Mitchell, *Tao Te Ching*.

18. Amy C. Edmondson, *The Fearless Organization: Creating Psychological Safety in the Workplace for Learning, Innovation, and Growth* [La organización valiente: crear seguridad psicológica en el puesto de trabajo para aprender, innovar y crecer], Hoboken, Nueva Jersey, John Wiley & Sons, 2019.

19. Amy Edmondson (@AmyCEdmondson), publicación en Twitter, 7 de febrero de 2020, https://twitter.com/AmyCEdmondson/status/1225830003453124608?s=20.

20. Todd B. Kashdan, «Psychological Flexibility as a Fundamental Aspect of Health», *Clinical Psychology Review* 30, n.º 7 (2010): 865-878, https://www.ncbi.nlm.nih.gov/pmc/articles/PMC2998793/.

21. Smith, «Raptors' DeRozan Hopes Honest Talk on Depression Helps Others».

6. Construye una comunidad sólida

1. Elizabeth Bernstein, «When Being Alone Turns into Loneliness, There Are Ways to Fight Back», *Wall Street Journal*, 4 de noviembre de

2013, http://www.wsj.com/articles/SB10001424052702303936904
579177700699367092.

2. Knowledge Networks and Insight Policy Research, *Loneliness Among Older Adults: A National Survey of Adults 45+* (Washington D. C.: AARP, 2010), https://assets.aarp.org/rgcenter/general/loneliness_2010.pdf.

3. «New Cigna Study Reveals Loneliness at Epidemic Levels in America», Cigna, 1 de mayo de 2018, https://www.cigna.com/newsroom/news-releases/2018/new-cigna-study-reveals-loneliness-at-epidemic-levels-in-america.

4. F. M. Alpass y S. Neville, «Loneliness, Health and Depression in Older Males», *Aging & Mental Health* 7, n.º 3, 2003, 212-216, https://www.tandfonline.com/doi/abs/10.1080/1360786031000101193.

5. Julianne Holt-Lunstad, Timothy B. Smith y J. Bradley Layton, «Social Relationships and Mortality Risk: A Meta-analytic Review», *PLOS Medicine* 7, n.º 7, 2010.

6. London Real, «Esther Perel on Society & Marriage», entrevista a Brian Rose, 14 de julio de 2015, vídeo, 5:08, https://www.youtube.com/watch?v=X9HiXw8Pmbo.

7. Sebastian Junger, *Tribu*, Madrid, Capitán Swing Libros, 2020.

8. Edward L. Deci y Richard M. Ryan, «Self-Determination Theory», en P. A. M. Van Lange, A. W. Kruglanski y E. T. Higgins, eds., *Handbook of Theories of Social Psychology* [Manuel de teorías de la psicología social], Londres, Sage Publications, 2012, 416-436, https://psycnet.apa.org/record/2011-21800-020.

9. Jonathan Haidt, *La mente de los justos: por qué la política y la religión dividen a la mente sensata*, Barcelona, Deusto S.A. Ediciones, 2019.

10. Joan B. Silk, Susan C. Alberts y Jeanne Altmann, «Social Bonds of Female Baboons Enhance Infant Survival», *Science* 302, n.º 5648, 2003, 1231-1234, https://www.ncbi.nlm.nih.gov/pubmed/14615543.

11. Joan B. Silk y otros, «Strong and Consistent Social Bonds Enhance the Longevity of Female Baboons», *Current Biology* 20, n.º 15, 2010, 1359-1361, https://www.ncbi.nlm.nih.gov/pubmed/20598541; Elizabeth A. Archie y otros, «Social Affiliation Matters: Both Same-Sex and Opposite-Sex Relationships Predict Survival in Wild Female Baboons», *Proceedings of the Royal Society B: Biological Sciences* 281, n.º 1793, 2014, https://www.ncbi.nlm.nih.gov/pubmed/25209936.

12. Erich Fromm, *El miedo a la libertad*, Barcelona, Paidós, 2006.

13. John T. Cacioppo y William Patrick, *Loneliness: Human Nature and the Need for Social Connection* [La soledad: la naturaleza humana y la necesidad de conexión social], Nueva York, W. W. Norton, 2008.

14. John T. Cacioppo y otros, «Loneliness Within a Nomological Net: An Evolutionary Perspective», *Journal of Research in Personality* 40, 2006, 1054-1085, https://static1.squarespace.com/static/539a276fe4b0dbaee772658b/t/53b0e963e4b0d621f6aaa261/ 1404103011411/8_10.1016_CacioppoHawkleyBurleson.pdf.

15. Stephanie Cacioppo y otros, «Loneliness and Implicit Attention to Social Threat: A High-Performance Electrical Neuroimaging Study», *Cognitive Neuroscience* 7, n.º 1-4, 2016, 138-159, https://www.tandfonline.com/doi/abs/10.1080/1758892 8.2015.1070136.

16. San Agustín, *Confesiones*, libro 8, Madrid, Akal, 2018.

17. San Augustín, *Confesiones*.

18. San Augustín, *Obras completas de San Agustín, sermón 299*, Madrid, Biblioteca de autores cristianos, 2019.

19. Bodhi, *En palabras del Buddha*.

20. Jacqueline Olds y Richard S. Schwartz, *The Lonely American: Drifting Apart in the Twenty-first Century* [El americano solitario: distanciarse en el siglo XXI], Boston, Beacon Press, 2009.

21. David Whyte, *Crossing the Unknown Sea: Work as a Pilgrimage of Identity* [Cruzar el mar desconocido: el trabajo como una peregrinación hacia la identidad], Nueva York, Riverhead, 2001.

22. Durkheim, *El suicidio*.

23. Andrew Perrin y Monica Anderson, «Share of U.S. Adults Using Social Media, Including Facebook, Is Mostly Unchanged Since 2018», Pew Research Center, 10 de abril de 2019, https://www.pewresearch.org/fact-tank/2019/04/10/share-of-u-s-adults-using-social-media-including-facebook-is-mostly-unchanged-since-2018/.

24. Lydia Denworth, *Friendship: The Evolution, Biology, and Extraordinary Power of Life's Fundamental Bond* [La amistad: la evolución, biología y poder extraordinario del vínculo fundamental de la vida], Nueva York: W. W. Norton, 2020.

25. J. T. Hancock y otros, «Social Media Use and Psychological Well-being: A Meta-analysis», 69th Annual International Communication Association Conference [69 Congreso Anual Internacional de la Asociación de Comunicación], Washington D. C., 2019.

26. Lydia Denworth, «Worry over Social Media Use and Well-being May Be Misplaced», *Psychology Today*, 30 de mayo de 2019, https://www.psychologytoday.com/us/blog/brain-waves/201905/worry-over-social-media-use-and-well-being-may-be-misplaced.

27. Amy Orben y Andrew K. Przybylski, «The Association Between Adolescent Well-being and Digital Technology Use», *Nature Human*

Behaviour 3, 2019, 173-182, https://www.nature.com/articles/s41562-018-0506-1?mod=article_inline.

28. Robbie González, «Screens Might Be as Bad for Mental Health as... Potatoes», *Wired*, 14 de enero de 2019, https://www.wired.com/story/screens-might-be-as-bad-for-mental-health-as-potatoes/.

29. Brian A. Primack y otros, «Social Media Use and Perceived Social Isolation Among Young Adults in the U.S.», *American Journal of Preventive Medicine* 53, n.º 1, 2017, 1-8, https://www.ncbi.nlm.nih.gov/pubmed/28279545.

30. Pavel Goldstein, Irit Weissman-Fogel y Simone G. Shamay-Tsoory, «The Role of Touch in Regulating Inter-partner Physiological Coupling During Empathy for Pain», *Scientific Reports* 7, 2017, 3252, https://www.nature.com/articles/s41598-017-03627-7.

31. Olga Khazan, «How Loneliness Begets Loneliness», *Atlantic*, 6 de abril de 2017, https://www.theatlantic.com/health/archive/2017/04/how-loneliness-begets-loneliness/521841/.

32. Sarah Myruski y otros, «Digital Disruption? Maternal Mobile Device Use Is Related to Infant Social-Emotional Functioning», *Developmental Science* 21, n.º 4, 2018, e12610, https://dennis-tiwary.com/wp-content/uploads/2017/10/Myruski_et_al-2017-Developmental_Science_Still-Face.pdf.

33. Olga Khazan, «How to Break the Dangerous Cycle of Loneliness», CityLab, 6 de abril de 2017, https://www.bloomberg.com/news/articles/2017-04-06/john-cacioppo-explains-the-psychology-of-loneliness.

34. Erich Fromm, *Psicoanálisis de la sociedad contemporánea: hacia una sociedad sana*, Madrid, Fondo de Cultura Económica Europea, 1990.

35. Jean Decety y William Ickes, eds., *The Social Neuroscience of Empathy* [La neurociencia social de la empatía], Cambridge, Massachusetts, MIT Press, 2009, https://psycnet.apa.org/record/2009-02253-000.

36. Kim Armstrong, ««I Feel Your Pain»: The Neuroscience of Empathy», Association for Psychological Science (Asociación para la Ciencia Psicológica), 29 de diciembre de 2017, https://www.psychologicalscience.org/observer/i-feel-your-pain-the-neuroscience-of-empathy.

37. James H. Fowler y Nicholas A. Christakis, «Dynamic Spread of Happiness in a Large Social Network: Longitudinal Analysis over 20 Years in the Framingham Heart Study», *BMJ* 337, 2008, a2338, https://www.bmj.com/content/337/bmj.a2338.

38. Jeffrey T. Hancock y otros, «I'm Sad You're Sad: Emotional Contagion in CMC» (Actas de la ACM Conference on Computer Supported Cooperative Work, San Diego, 8-12 de noviembre de 2008),

http://collablab.northwestern.edu/CollabolabDistro/nucmc/p295-hancock.pdf.

39. Adam D. I. Kramer, Jamie E. Guillory y Jeffrey T. Hancock, «Experimental Evidence of Massive-Scale Emotional Contagion Through Social Networks», *PNAS* 111, n.º 24, 2014, 8788-8790, https://www.pnas.org/content/111/24/8788.

40. Ron Friedman y otros, «Motivational Synchronicity: Priming Motivational Orientations with Observations of Others' Behaviors», *Motivation and Emotion* 34, n.º 1, 2010, 34-38, https://www.researchgate.net/publication/225164928_Motivational_synchronicity_Priming_motivational_orientations_with_observations_of_others%27_behaviors.

41. «Sitting Near a High-Performer Can Make You Better at Your Job», Kellogg Insight, 8 de mayo de 2017, https://insight.kellogg.northwestern.edu/article/sitting-near-a-high-performer-can-make-you-better-at-your-job.

42. Lindsay Crouse, «How the "Shalane Flanagan Effect» Works", *The New York Times*, 11 de noviembre de 2017, https://www.nytimes.com/2017/11/11/opinion/sunday/shalane-flanagan-marathon-running.html#:~:text=.

43. Khazan, «How to Break the Dangerous Cycle of Loneliness».

44. Brad Stulberg y Steve Magness, *Máximo rendimiento: sube de nivel, evita el agotamiento y prospera con la nueva ciencia del éxito*, Málaga, Sirio, 2018.

45. Shelley E. Taylor, *The Tending Instinct: Women, Men, and the Biology of Our Relationships* [El instinto de cuidar: mujeres, hombres y la biología de nuestras relaciones], Nueva York, Times Books, 2002.

46. Jerf W. K. Yeung, Zhuoni Zhang y Tae Yeun Kim, «Volunteering and Health Benefits in General Adults: Cumulative Effects and Forms», *BMC Public Health* 18, 2018, 8, https://www.ncbi.nlm.nih.gov/pmc/articles/PMC5504679/.

47. Randee B. Bloom, «Role Identity and Demographic Characteristics as Predictors of Professional Nurse Volunteerism» (discurso de doctorado, Capella University, 2012), https://pqdtopen.proquest.com/doc/962412634.html?FMT=ABS.

48. «Create the Good», AARP, https://createthegood.aarp.org/.

49. «Religious Landscape Study», Pew Research Center, https://www.pewforum.org/religious-landscape-study/generational-cohort/.

50. Shanshan Li y otros, «Association of Religious Service Attendance with Mortality Among Women», *JAMA Internal Medicine* 176, n.º 6, 2016,

777-785, https://jamanetwork.com/journals/jamainternalmedicine/fullarticle/2521827.

51. Marino A. Bruce y otros, «Church Attendance, Allostatic Load and Mortality in Middle Aged Adults», *PLOS One* 12, n.º 5, 2017, e0177618, https://journals.plos.org/plosone/article?id=10.1371/journal.pone.0177618.

52. Peter Sterling, *What Is Health? Allostasis and the Evolution of Human Design*, Cambridge, Massachusetts, MIT Press, 2020, 102.

53. Kathlene Tracy y Samantha P. Wallace, «Benefits of Peer Support Groups in the Treatment of Addiction», *Substance Abuse and Rehabilitation* 7, 2016, 143-154, https://www.ncbi.nlm.nih.gov/pmc/articles/PMC5047716/.

54. Aristóteles, *Ética a Nicómano*, Madrid, Visión Libros, 2002.

55. Epicteto, *Discourses and Selected Writings* [Discursos y escritos seleccionados], Nueva York, Penguin Classics, 2008.

56. Ed Catmull con Amy Wallace, *Creatividad, S. A.: cómo llevar la inspiración hasta el infinito y más allá*, Barcelona, Conecta, 2021.

57. Hanh, *El corazón de las enseñanzas de Buddha*.

58. Thich Nhat Hanh, «What Is Sangha?» *Lion's Roar*, 7 de julio de 2017, https://www.lionsroar.com/the-practice-of-sangha/.

7. Mueve tu cuerpo para que tu mente no se disperse

1. Felipe Barreto Schuch y Brendon Stubbs, «The Role of Exercise in Preventing and Treating Depression», *Current Sports Medicine Reports* 18, n.º 8, 2019, 299-304, http://journals.lww.com/acsm-csmr/Fulltext/2019/08000/The_Role_of_Exercise_in_Preventing_and_Treating.6.aspx#O3-6.

2. Brett R. Gordon y otros, «The Effects of Resistance Exercise Training on Anxiety: A Meta-analysis and Meta-regression Analysis of Randomized Controlled Trials», *Sports Medicine* 47, n.º 12, 2017, 2521-2532, https://www.ncbi.nlm.nih.gov/pubmed/28819746.

3. Felipe B. Schuch y otros, «Exercise as a Treatment for Depression: A Meta-analysis Adjusting for Publication Bias», *Journal of Psychiatric Research* 77, 2016, 42-51, https://www.ashlandmhrb.org/upload/exercise_as_a_treatment_for_depression_-a_meta-analysis_adjusting_for_publication_bias.pdf.

4. Gordon y otros, «Effects of Resistance Exercise Training on Anxiety».

5. David Cunning, ed., *The Cambridge Companion to Descartes' Meditations* [El compañero de Cambridge de la meditaciones de Descartes], Cambridge, Inglaterra, Cambridge University Press, 2014, 279.

6. Y. Netz y otros, «The Effect of a Single Aerobic Training Session on Cognitive Flexibility in Late Middle-Aged Adults», *International Journal of Sports Medicine* 28, n.º 1, 2007, 82-87, http://www.ncbi.nlm.nih.gov/pubmed/17213965.

7. Brad Stulberg, «How Exercise Shapes You, Far Beyond the Gym», *The Growth Equation*, https://thegrowtheq.com/how-exercise-shapes-you-far-beyond-the-gym/.

8. Megan Oaten y Ken Cheng, «Longitudinal Gains in Self-Regulation from Regular Physical Exercise», *British Journal of Health Psychology* 11, pt. 4, 2006, 717-733, http://www.ncbi.nlm.nih.gov/pubmed/17032494.

9. Birte von Haaren y otros, «Does a 20-Week Aerobic Exercise Training Programme Increase Our Capabilities to Buffer Real-Life Stressors? A Randomized, Controlled Trial Using Ambulatory Assessment», *European Journal of Applied Physiology* 116, n.º 2, 2016, 383-394, http://www.ncbi.nlm.nih.gov/pubmed/26582310.

10. Pirkko Markula, «Exercise and "Flow"», *Psychology Today*, 11 de enero de 2013, https://www.psychologytoday.com/us/blog/fit-femininity/201301/exercise-and-flow.

11. Charles Duhigg, *El poder de los hábitos: por qué hacemos lo que hacemos en la vida y en la empresa,* Barcelona, Urano, 2012.

12. Arran Davis, Jacob Taylor y Emma Cohen, «Social Bonds and Exercise: Evidence for a Reciprocal Relationship», *PLOS One* 10, n.º 8, 2015, e0136705, https://journals.plos.org/plosone/article?id=10.1371/journal.pone.0136705.

13. Kelly McGonigal, *The Joy of Movement: How Exercise Helps Us Find Happiness, Hope, Connection, and Courage* [La dicha del movimiento: cómo nos ayuda el ejercicio a hallar felicidad, esperanza, conexión y valor], Nueva York, Avery, 2019.

14. McGonigal, *The Joy of Movement*.

15. McGonigal, *The Joy of Movement*.

16. Roland Sturm y Deborah A. Cohen, «Free Time and Physical Activity Among Americans 15 Years or Older: Cross-Sectional Analysis of the American Time Use Survey», *Preventing Chronic Disease* 16, 2019, https://www.cdc.gov/pcd/issues/2019/19_0017.htm.

17. Marily Oppezzo y Daniel L. Schwartz, «Give Your Ideas Some Legs: The Positive Effect of Walking on Creative Thinking», *Journal of Experimental Psychology: Learning, Memory, and Cognition* 40, n.º 4, 2014, 1142-1152, https://www.apa.org/pubs/journals/releases/xlm-a0036577.pdf.

18. Centros para la Prevenciónn y el Control de Enfermedades, *The Association Between School-Based Physical Activity, Including Physical Education, and*

Academic Performance (Atlanta, Departamento de Salud y Servicios Humanos de Estados Unidos, 2010), https://www.cdc.gov/healthyyouth/health_and_academics/pdf/pa-pe_paper.pdf.

19. J. Eric Ahlskog y otros, «Physical Exercise as a Preventive or Disease-Modifying Treatment of Dementia and Brain Aging», *Mayo Clinic Proceedings* 86, n.º 9, 2011, 876-884, http://www.mayoclinicproceedings.org/article/S0025-6196(11)65219-1/abstract.

20. Aishwarya Kumar, «The Grandmaster Diet: How to Lose Weight While Barely Moving», ESPN, 13 de septiembre de 2019, https://www.espn.com/espn/story/_/id/27593253/why-grandmasters-magnus-carlsen-fabiano-caruana-lose-weight-playing-chess.

21. Edward R. Laskowski, «What Are the Risks of Sitting Too Much?», Clínica Mayo, https://www.mayoclinic.org/healthy-lifestyle/adult-health/expert-answers/sitting/faq-20058005.

22. Peter T. Katzmarzyk y otros, «Sitting Time and Mortality from All Causes, Cardiovascular Disease, and Cancer», *Medicine and Science in Sports and Exercise* 41, n.º 5, 2009, 998-1005, https://www.flexchair.nl/wp-content/uploads/sites/12/2017/05/sitting_time_and_mortality_from_all_causes.pdf.

23. Gretchen Reynolds, «Those 2-Minute Walk Breaks? They Add Up», *The New York Times*, 28 de marzo de 2018, https://www.nytimes.com/2018/03/28/well/move/walking-exercise-minutes-death-longevity.html.

24. Audrey Bergouignan y otros, «Effect of Frequent Interruptions of Prolonged Sitting on Self-Perceived Levels of Energy, Mood, Food Cravings and Cognitive Function», *International Journal of Behavioral Nutrition and Physical Activity* 13, n.º 113, 2016, http://ijbnpa.biomedcentral.com/articles/10.1186/s12966-016-0437-z.

25. Emmanuel Stamatakis, Mark Hamer y Marie H. Murphy, «What Hippocrates Called «Man's Best Medicine»: Walking Is Humanity's Path to a Better World», *British Journal of Sports Medicine* 52, n.º 12, 2018, 753-754, https://bjsm.bmj.com/content/52/12/753.

26. Emmanuel Stamatakis y otros, «Self-Rated Walking Pace and All-Cause, Cardiovascular Disease and Cancer Mortality: Individual Participant Pooled Analysis of 50,225 Walkers from 11 Population British Cohorts», *British Journal of Sports Medicine* 52, n.º 12, 2018, 761-768, https://bjsm.bmj.com/content/52/12/761.

27. Alpa V. Patel y otros, «Walking in Relation to Mortality in a Large Prospective Cohort of Older U.S. Adults», *American Journal of Preventive*

Medicine 54, n.º 1, 2018, 10-19, https://pubmed.ncbi.nlm.nih.gov/290
56372/.

28. Julia Belluz, «Should You Walk or Run for Exercise? Here's What
the Science Says», *Vox*, 25 de noviembre de 2017, https://www.vox.
com/2015/8/4/9091093/walking-versus-running; «Running Inju-
ries», *Yale Medicine*, https://www.yalemedicine.org/conditions/run-
ning-injury/#.

29. Søren Kierkegaard, *The Laughter Is on My Side: An Imaginative Introduction
to Kierkegaard* [La risa está de mi parte: una introducción imaginativa a
Kierkegaard], eds. Roger Poole y Henrik Stangerup, Princeton, Nueva
Jersey, Princeton University Press, 1989.

30. Yoshifumi Miyazaki y otros, «Preventive Medical Effects of Nature The-
rapy», *Nihon Eiseigaku Zasshi* 66, n.º 4, 2011, 651-656, https://www.
ncbi.nlm.nih.gov/pubmed/21996763 [artículo en japonés].

31. Gregory N. Bratman y otros, «Nature Experience Reduces Ru-
mination and Subgenual Prefrontal Cortex Activation», *PNAS*
112, n.º 28, 2015, 8567-8572, http://www.pnas.org/content/
early/2015/06/23/1510459112.full.pdf.

8. De los principios a la acción

1. Maestro Eckhart, *Obras escogidas.*

2. Maxwell Maltz, *Psicocibernética: el secreto para mejorar y transformar su vida*,
Sevilla, Open Project Books, 2000.

3. Phillippa Lally y otros, «How Are Habits Formed: Modelling Habit Formation in the Real World», *European Journal of Social Psychology* 40, n.º 6, 2010, 998-1009, https://onlinelibrary.wiley.com/doi/
abs/10.1002/ejsp.674.

4. Thich Nhat Hanh, «Dharma Talk: Transforming Negative Habit Energies», *Mindfulness Bell*, verano de 2000, https://www.mindfulnessbell.
org/archive/2015/12/dharma-talk-transforming-negative-habit-
energies.

5. Roy F. Baumeister, Dianne M. Tice y Kathleen D. Vohs, «The Strength Model of Self-Regulation: Conclusions from the Second Decade of
Willpower Research», *Perspectives on Psychological Science* 13, n.º 2, 2018,
141-145, https://www.ncbi.nlm.nih.gov/pubmed/29592652.

6. «BJ Fogg», *Armchair Expert,* presentado por Dax Shepard, *podcast*, 5 de
marzo de 2020, https://armchairexpertpod.com/pods /bj-fogg.

7. Para más información, véase Michelle Segar, *No Sweat: How the Simple
Science of Motivation Can Bring You a Lifetime of Fitness* [Sin sudar: cómo la

sencilla ciencia de la motivación puede aportarte toda una vida de fit-ness], Nueva York, AMACOM, 2015.

9. Concéntrate en el proceso, deja que los resultados vengan por sí mismos

1. James P. Carse, *Juegos finitos e infinitos*, Málaga, Sirio, 1988.
2. Terry Patten, *A New Republic of the Heart* [Una nueva república del cora-zón: un ethos para revolucionarios — Una guía para el trabajo interior para un cambio holístico], Berkeley, California, North Atlantic Books, 2018.
3. «New Years Resolution Statistics», Statistic Brain Research Institute, https://www.statisticbrain.com/new-years-resolution-statistics/.
4. Breines y Chen, «Self-Compassion Increases Self-Improvement Mo-tivation».
5. Kristin Neff y Christopher Germer, *Cuaderno de trabajo de mindfulness y autocompasión: un método seguro para aumentar la fortaleza y el desarrollo interior y para aceptarse a uno mismo*, Bilbao, Desclee de Brouwer, 2020.
6. «The Mind and the Heart», JackKornfield.com, https://jackkornfield.com/mind-heart/.

ÍNDICE TEMÁTICO

A

Abandona los debería 57
Aburrimiento 96
Acción inteligente 56
Aceptación 25, 30, 37, 41, 43, 45, 46,
47, 48, 49, 51, 52, 56, 59, 60, 62,
143, 161, 175, 181, 183, 221, 230,
231, 233, 238, 244, 250
Aceptación radical (Brach) 47, 250, 259
ACP (Asociación para la Ciencia Psicoló-
gica) 162
Activación conductual 59, 60
Actividad física 179, 182, 184, 190, 191,
192, 193, 194, 196, 198, 199, 217
Actividad productiva 78, 79, 80, 90, 91
Adaptación hedónica 24
Adelgazar 98
Adicción 26, 68, 117, 233, 251
Agallas 104
Agustín, san 27, 153, 268
Aislamiento social 154
Alcohol 19, 74, 182, 257
Alter, Adam 67, 246, 251, 261
American Journal of Managed Care 20
American Journal of Preventive Medicine 199,
269, 273
Amidst the Chaos (album) 131, 133, 266
Amistades 171, 172, 244
Amor 27, 48, 49, 50, 57, 60, 72, 74, 79,
100, 139, 142, 171, 215, 230, 241,
253, 261
Ananda 153, 168
A New Republic of the Heart (Patten) 235,
254, 275
Angustia 15, 16, 28, 49, 82, 97, 122,
125, 128, 183
Ansiedad 17, 18, 19, 25, 29, 42, 44,
48, 51, 55, 61, 67, 82, 124, 128, 129,
131, 133, 141, 147, 151, 169, 177,
178, 179, 192, 202, 233, 252, 262
A Real Good Kid (álbum) 75, 76
Aristóteles 170, 171, 172, 250, 271
Arte de vivir, el (Nhat Hanh) 69, 254, 262,
265
Ashley, Maurice 193
Asociación Estadounidense de Personas
Jubiladas (AEPJ) 167
Asociación Estadounidense para el Cora-
zón 203
Asociación para la Ciencia Psicológica
(ACP) 162
Ataques de pánico 128
Atlantic, The 102, 264
Autenticidad 59, 60
Autocompasión 238, 239, 240, 275
Autoconciencia 72, 124, 133
Autoconfianza 121, 133, 187, 252, 265
Autodistanciamiento 55, 174, 225

B

Babuinos 150
Banderolas de oraciones 165
Barber, Andrea 29, 177, 178, 245
Bareilles, Sara 29, 130, 131, 132, 133, 247, 253, 266
Basecamp 40
Batista, Ed 69, 70, 71
BDNF (Factor neurotrófico derivado del cerebro) 191, 192
Beagle 99, 100, 263
Beautiful Struggle, The (Coates) 102
Bebé que llora 57, 239
Ben-Shahar, Tal 24
Bergling, Tim 75
Bhante Gunaratana 87, 251, 263
BMJ 259, 269
Brach, Tara 47, 247, 250, 259, 260
Braintrust 173, 174
Breines, Juliana 238, 260, 275
Brewer, Judson 61, 62, 84, 85, 246, 251, 261
Brigham Young, Universidad de 147
British Journal of Health Psychology 182, 272
British Journal of Sports Medicine 115, 198, 265, 273
Brociencia 189
Brown, Brené 61, 84, 126, 253, 254, 265
Buddha 249, 250, 258, 259, 268, 271
Budismo 26, 72, 125, 165
Buena racha 101, 102
Burnout 16, 26, 29, 44, 49, 51, 112, 114, 115, 149, 233, 258

C

Cacioppo, John T. 146, 147, 151, 152, 159, 161, 166, 267, 268
Calidad del sueño 147, 151, 190
Caminar 76, 125, 186, 189, 193, 195, 196, 197, 198, 199, 200, 201, 229
Campbell, Joseph 40, 41, 250, 259, 266
Cáncer 127, 194
Canon pali 249, 258
Carga de trabajo 93, 101, 115

Carleton, Universidad de 68
Carr, Nicholas 96, 252
Carroll, Aaron 98, 263
Carse, James 235, 275
Catmull, Ed 173, 174, 271
CCP (corteza cingulada posterior) 61
CDC (Centros de Control y Prevención de Enfermedades) 190
Celos 44, 46, 79
Centro Médico Irving de la Universidad de Columbia 50
Centros de Control y Prevención de Enfermedades (CDC) 190
Chen, Serena 238, 260, 275
Ciclo ser-hacer 210, 229, 235
Ciencia del rendimiento 25
Cleveland Cavaliers 127
Coates, Ta-Nehisi 102, 103, 264
Codicia 44, 46, 79, 168
Coherencia 99, 211
Colectivos 145, 166
Colegio Universitario de Londres 40, 219
Compasión 47, 86, 126, 134, 165, 240, 241
Complejidad 218
Compromiso 25, 30, 41, 43, 59, 153, 250
Comunidad sólida 31, 145, 148, 150, 153, 154, 163, 175, 181, 188, 217, 221, 228, 230, 231, 233, 253, 266
Concentración 78, 83, 84, 113, 184, 190, 228
Conexión 22, 31, 76, 77, 117, 126, 134, 135, 136, 137, 139, 142, 143, 149, 150, 152, 155, 157, 158, 159, 161, 179, 188, 227, 254, 267, 272
digital 155, 159
Confesiones (san Agustín) 153, 268
Constancia 68, 98, 112, 120, 186, 229
Convergencia 29, 30
Cooler than Me 74
Correr 16, 42, 64, 72, 95, 101, 107, 108, 112, 178, 179, 181, 183, 186, 189, 193, 194, 199, 201, 234
Corteza cingulada posterior (CCP) 61
Cortisol 147
COVID-19 20, 49, 50, 51, 156, 159,

203, 204, 243, 260
Creatividad 26, 60, 77, 79, 97, 190, 195, 197, 228
Creatividad, S.A. (Catmull) 173
Crossing the Unknown Sea (Whyte) 154, 268
Crouse, Lindsay 163, 270
Csikszentmihalyi, Mihaly 251
Cualidad de coincidencia 104, 105
Culpa 56, 57, 238
Cultivar la visión del «observador sabio» 53
Cultura del éxito 36

D

Dark Horse (Rose y Ogas) 28
Darwin, Charles 99, 100, 104, 263
Davies, Jim 68, 261
Declive cognitivo 147, 192
Deja que las cosas sucedan por sí mismas 110
Dejar que las cosas pasen 95
Del tener al ser (Fromm) 78, 251
DeMar DeRozan, historia de 29, 129, 132, 133, 141, 265
Democracia 160
Denworth, Lydia 157, 253, 268
Depresión 15, 29, 34, 35, 44, 51, 52, 129, 130, 133, 142, 147, 161, 177, 179, 194, 202, 233
Desafiando la tierra salvaje (Brown) 126, 253, 265
Descartes, René 180, 181, 271
Desencadenantes 224, 225
Deshacer la ansiedad (Brewer) 61
Dietas 98
Dillard, Annie 263
Discernimiento 133
Disonancia cognitiva 30, 123, 125, 212
Dispersión 16, 85, 89
Distracción de la tienda de golosinas 80
Distracciones 68, 69, 72, 77, 80, 81, 82, 83, 84, 85, 86, 87, 91, 103, 116, 184, 226
Donna, historia de 93, 94, 95, 110, 111
Dopamina 68, 100, 190
Dualismo cartesiano 180

Duhigg, Charles 185, 272
Duke, Universidad 74
Durkheim, Émile 155, 253, 257, 268

E

Eckhart, Maestro 27, 125, 212, 258, 274
Edmondson, Amy 253, 266
Efecto Shalane Flanagan 164, 230
Efecto «Siento tu dolor» 162
Egoísmo 155
Ejercicio aeróbico 201, 202
Eliot, T. S. 240, 253
Eliud Kipchoge, historia de 107, 264
El miedo a la libertad (Fromm) 150
El origen de las especies (Darwin) 100, 104
Emprendedores 49, 103, 104
Encuentros 159, 160, 170, 223, 228
Endorfinas 188
Energía del hábito 218, 219, 220, 223, 224, 225, 230, 232
Enfermedad mental 124, 179, 265
Enfoque 48, 49, 70, 83, 105, 118, 140, 185, 213, 220
Entre el mundo y yo (Coates) 102
Entrenamiento de fuerza 193, 200, 203
Entrenar 34, 116, 163, 173, 181, 184, 192, 217
Epicteto 45, 173, 249, 259
EPR (exposición y prevención de la respuesta) 82
Epstein, David 104, 246, 247, 251, 252
Esfuerzo correcto 26
Esperar 64, 74, 76, 84, 94, 95, 96, 97, 111, 116, 226, 238
Estado de ánimo 15, 59, 61, 154, 162, 180, 190, 195
Estado de ánimo sigue a la acción 59
Estar ocupado 69, 79
Estar presente 14, 17, 29, 40, 44, 68, 76, 77, 81, 82, 84, 85, 88, 90, 110, 186
Estar sentado 163, 194, 195, 223
Estilo de vida sedentario 205
Estoicismo 26, 125
Estrés 14, 20, 36, 49, 51, 101, 112, 124, 131, 147, 151, 164, 182, 183, 192, 193, 202, 213, 217, 251, 263, 265

Estudio de Harvard sobre el desarrollo en adultos 74
Ética a Nicómano (Aristóteles) 170, 250, 271
European Journal of Applied Physiology 183, 272
European Journal of Social Psychology 219, 274
Evolución 66, 91, 111, 149, 151, 157, 161, 168, 253, 268
Excitación 106, 107, 108, 109, 115, 184
Exposición y prevención de la respuesta (EPR) 82

F

Facebook 4, 103, 146, 159, 160, 163, 268
Factor neurotrófico derivado del cerebro (BDNF) 191
Falacia de la llegada 24, 27
Fatiga 65, 182
Fatiga Zoom 65
Felicidad 15, 17, 24, 25, 27, 29, 37, 39, 40, 44, 73, 74, 77, 96, 98, 108, 139, 163, 188, 209, 251, 254, 262, 272
Flanagan, Shalane 163, 164, 165, 230, 246, 270
Flexibilidad emocional 137, 139
Flow 48, 61, 72, 74, 78, 80, 85, 91, 184, 213, 272
Fogg, B. J. 105, 221, 274
Fortaleza 22, 27, 30, 57, 120, 121, 132, 133, 134, 153, 181, 231, 236, 252, 265, 275
Fracasos 52, 97, 104, 218, 230, 236, 239
Frecuencia cardiaca 183, 185, 192, 202
Fried, Jason 40, 259
Friendship (Denworth) 157, 253, 268
Fromm, Erich 78, 150, 161, 247, 250, 251, 253, 262, 267, 269
Fuerza de voluntad 80, 81, 220, 232
Fumar 74
Función inmunitaria 147
Fusión de identidad 188

G

Gambetta, Vern 186
Gilbert, Daniel 73, 262
Goffman, Erving 123
Groundedness 11, 22, 23, 25, 26, 27, 28, 29, 30, 31, 32, 37, 47, 65, 91, 95, 99, 118, 125, 137, 143, 148, 155, 175, 180, 181, 205, 209, 210, 211, 213, 216, 220, 221, 224, 225, 230, 231, 232, 233, 234, 236, 237, 240, 241, 244, 249
Grupos de lectura 170

H

Habla correcta 173
Hacerse ilusiones 155
Haidt, Jonathan 149, 267
Hamer, Mark 198, 273
Hancock, Jeff 157
Harvard, Universidad de 24, 28, 73
Hayes, Steven 29, 41, 42, 43, 44, 245, 250, 259
Hermoso efecto caos 135, 136
Hiperalerta 66
Hipnosis 151
Hipótesis de la biofilia 202
Homero 80
Homofobia 49
Hormonas del estrés 151
Humildad 132, 133
Huxley, Aldous 244, 255

I

Implicarse 111
Impulso 13, 19, 54, 57, 66, 84, 105, 110, 125, 138, 148
Individualismo heroico 15, 16, 19, 21, 24, 29, 36, 41, 44, 51, 63, 64, 94, 96, 100, 103, 114, 119, 123, 125, 133, 148, 153, 155, 156, 160, 180, 189, 209, 211, 221, 233, 236, 244
Inercia 32, 79, 91, 156, 212, 219, 224, 233
Infeld, Emily 164
Inflamación 147

Insatisfacciones 233
Inseguridad 44, 68, 137, 252, 262
Insight Timer 222, 226
Insomnio 122, 192
Instagram 4, 68, 160
Integridad 22, 60, 77, 79, 151
Inteligencia artificial 63
Intencionalidad 81, 212, 236
International Journal of Behavioral Nutrition and Physical Activity 195, 273
Interrupciones 64, 65, 85, 156
Investigación científica 29, 43
IPhone 73, 104
Irresistible (Alter) 67, 251, 261
I Took a Pill in Ibiza 75

J

JAMA Internal Medicine 167, 270
Jobs, Steve 104
Journal of Sport and Exercise Psychology 259
Journal of the American Heart Association 195
Joy of Movement, The (McGonigal) 188
Junger, Sebastian 148, 253, 267

K

Kabat-Zinn, Jon 247, 251, 254, 263
Kahneman, Daniel 24, 258
Karlsruhe, Instituto Tecnológico de 183
Kenyon College 79
Kierkegaard, Søren 200, 274
Killingsworth, Matthew 73, 262
King's College de Londres 64, 179
Kipchoge, Eliud 107, 108, 115, 264
Kornfield, Jack 240, 241, 247

L

Lao-Tzu 27
La sabiduría de la inseguridad (Watts) 68, 252, 262
La vida es ahora 74
Leonard, George 74, 75, 247, 252, 254, 255, 262
Lesiones deportivas 115
Likes en redes sociales 67, 77, 81, 85, 160

LinkedIn 122, 160
Lista de cosas a evitar 88, 90
Live Before I Die 77, 262
Lonely American, The (Olds and Schwartz) 154, 268
Lorde, Audre 49, 260
Love, Kevin 29, 127, 128, 129, 130, 132, 133, 141, 261, 265
Lue, Tyronn 128

M

Maestros del ajedrez 192
Maltz, Maxwell 218, 274
Mantras 58, 240
Mara 46, 47
Maratones 181
Marco Aurelio 45, 249, 259
Marginalización 49
Markula, Pirkko 184, 272
McDonald, Michele 54
McGonigal, Kelly 188, 246, 254, 272
McMillan, Stuart 66, 67
Meditación 54, 86, 226, 234, 246
Mens sana in corpore sano 181
Mentalidad de proceso 113
Miedos 36, 38, 45, 46, 48, 49, 51, 68, 89, 90, 119, 120, 125, 130, 131, 135, 138, 139, 142, 150, 166, 174, 211, 214, 215, 236, 253, 267
Mindfulness 86, 87, 88, 211, 251, 260, 263, 275
Mitchell, Stephen 112, 250, 264, 266
Motivación 26, 59, 106, 113, 148, 163, 165, 169, 192, 200, 234, 275
Motivation and Emotion 163, 270
Movimiento 30, 53, 103, 126, 133, 178, 179, 180, 181, 183, 184, 185, 186, 187, 188, 189, 190, 191, 192, 193, 194, 195, 196, 197, 200, 201, 203, 205, 221, 230, 232, 233, 246, 254, 272
Muertes por desesperación 19
Multitarea 64
Murphy, Marie 198, 255, 273

N

Necesidad humana básica 148
Neff, Kristin 238, 275
Negación 38, 46, 47, 48, 51, 221
Nhat Hanh, Thich 32, 69, 108, 219, 247, 249, 253, 254, 258, 262, 264, 265, 271, 274
Nirvana 72, 74, 78, 91
Norepinefrina 190
Northwestern, Universidad de 112

O

Obesidad 147, 194
Observador sabio 53, 54, 55, 60, 88, 211
Oferta pública inicial (OPI) 104
Ogas, Ogi 28
Olds, Jacqueline 154, 268
Om mani padme hum 240
OPI (oferta pública inicial) 104
Optimización 18, 22, 63, 69, 175, 209, 221
Optimus 69
Orben, Amy 158, 268
Organización Mundial de la Salud 258
Orientación mercantil 161
Outside 18, 124, 178, 205, 246, 257, 265
Oxitocina 188

P

Paciencia 30, 93, 94, 95, 97, 98, 100, 102, 103, 106, 108, 109, 110, 114, 116, 117, 118, 119, 120, 143, 175, 181, 185, 186, 221, 230, 231, 233, 244, 252, 263
Pan 130, 132
Parábola de la flecha 45, 46, 58, 62
Pasión 17, 23, 131
Paso ligero 198, 199, 200
Passion Paradox, The (Stulberg y Magness) 17, 51
Patten, Terry 235, 255, 275
Pensamiento
  autorreferencial 61
  positivo 45

Perel, Esther 147, 267
Personas de alto rendimiento 28, 29, 164, 165
Pertenencia 31, 147, 148, 149, 150, 159, 161, 175, 188
Pew, Centro de Investigaciones 97, 157, 263, 268, 270
Pixar Animation Studios 173
Players' Tribune 265
PLOS One 168, 271, 272
Posner, Mike 74, 75, 76, 77, 78, 247, 262
Practicar la aceptación 41, 183
Prácticas
  de movimiento 189
  sagradas 168
Preocupación suprema 78
Presencia 30, 46, 60, 65, 66, 69, 70, 71, 73, 74, 75, 77, 78, 79, 80, 81, 83, 85, 86, 88, 89, 90, 91, 108, 109, 113, 116, 117, 143, 159, 175, 181, 184, 185, 187, 221, 230, 231, 233, 244
Presentación de la persona en la vida cotidiana (Goffman) 123
Proceso antes que los resultados 112
Productividad 22, 23, 31, 63, 78, 79, 90, 91, 102, 154, 175
Progenitor helicóptero 111
Promedio del coste del dólar 106
Propósitos de Año Nuevo 237
Przybylski, Andrew 158, 268
Psicoanálisis de la sociedad contemporánea (Fromm) 161, 250, 269
Psicocibernética (Maltz) 218, 274
Puntos muertos 174

R

Racismo 49
RAIN, método 54, 260
Range (Epstein) 104, 252
Razonamiento motivado 36
Recompensas 48, 85, 224, 225
Redes sociales 15, 65, 67, 81, 85, 116, 122, 123, 156, 157, 158, 159, 160, 161, 165, 222, 223, 226, 228
Reflexión formal, práctica 229
Regresión hacia la media 106

Relación social 149, 159
Relájate y gana 61
Rendimiento 13, 14, 17, 21, 22, 23, 25, 28, 29, 30, 37, 38, 44, 48, 49, 51, 61, 65, 66, 71, 98, 101, 103, 115, 120, 121, 124, 135, 136, 139, 148, 163, 164, 165, 175, 184, 191, 192, 193, 194, 195, 196, 203, 215, 220, 246, 270
 mental 193, 194
Resolver problemas 37, 94, 197
Respiración de tres por cinco 222
Respuesta de luchar o huir 166
Reuniones caminando 232
Riego selectivo 79, 221
Rilke, Rainer Maria 127, 253, 265
Riveted (Davies) 68, 261
Rogers, Carl 37, 250, 258
Rohitassa 119
Rose, Todd 28, 267

S

Sabiduría antigua 23, 26, 30, 72, 73, 120, 153, 225, 233
Saint Honesty (canción) 133
Sang, Patrick 107
Sarah True, historia de 29, 34, 52, 245, 258
Satisfacción de la vida 26
Schwartz, Richard 154, 268, 272
Secuoyas de California 22, 31, 145, 162
Segar, Michelle 224, 274
Seguir adelante 26, 50, 128, 174
Seguridad psicológica 136, 137, 231, 253, 266
Selección natural 99
Séneca 57, 71, 90, 250, 260, 261, 262
Ser consciente 217
Serotonina 190
Sesgo de comisión 105, 118
Set-point, teoría de la felicidad 24, 25
Sexismo 49
Silicon Valley 69, 97, 264
Simplicidad 218, 222
Síndrome del impostor 132, 139, 213
Sintonizar tu ser con tu hacer 212
Sistema cuerpo-mente 36, 151, 180

Sister Outsider (Lorde) 49, 260
Smith, Craig 50, 260
Sobrecarga progresiva 185
Soledad 20, 36, 139, 146, 147, 151, 152, 153, 154, 157, 158, 159, 166, 175, 233, 267
Soluciones rápidas 29, 96, 100, 118, 120
Sounds Like Me (Bareilles) 253, 266
Stamatakis, Emmanuel 198, 199, 273
Stanford, Universidad de 105
Sterling, Peter 168, 271
Steven Hayes, historia de 29, 41, 245, 250
Stevens, Evelyn 182
Sufrimiento 28, 36, 44, 46, 47, 49, 75, 119, 124, 162, 175, 249, 258
Suicidio, El (Durkheim) 155, 253, 257, 268
Supercompensación 101
Superficiales (Carr) 96, 252
Surfear las olas de la distracción 85

T

TAC (terapia de la aceptación y del compromiso) 25, 43, 44, 45, 60
Tao Te Ching (Lao Tzu) 112, 250, 264, 266
Taylor, Shelley 166, 270, 272
TCC (terapia cognitivo conductual) 25, 59
TDC (Terapia dialéctica conductual) 25, 59
Tecnología 64, 97, 146, 152, 154, 159, 210
Teléfonos móviles 116
Tending Instinct, The (Taylor) 166, 270
Tensión 49, 61, 101, 122, 134, 212
Teoría de la autodeterminación 148
Terapia
 cognitivo conductual (TCC) 25, 59
 de la aceptación y del compromiso (TAC) 25, 43, 59
 dialéctica conductual (TDC) 25
The New York Times 50, 98, 107, 121, 246
TikTok 160
Tocar la gloria 72
TOC (trastorno obsesivo compulsivo)

17, 18, 37, 38, 39, 44, 98, 121, 123, 125, 139, 177, 245
Toronto Raptors 129
Tranquilidad 47, 107, 108, 109, 110
Trastorno obsesivo compulsivo (TOC) 17
Tribalismo político 20, 160
Tribu (Junger) 148, 253, 267
True, Sarah 29, 33, 34, 35, 52, 245, 258
Twitter 4, 146, 160, 264, 265, 266

U

Universidad
  de Alberta 184
  de California 55, 149, 166, 238
  de Chicago 146
  de Colorado 195
  de Dinamarca del Sur 39
  de Houston 126
  de Kent 48
  de Limerick 179
  de Mannheim 135
  de Michigan 224
  de Nevada 41
  de Nueva York 67, 235
  de Oxford 158
  de Pensilvania 168
  de Pittsburgh 158
  de Texas 238
  de Virginia 95, 116
  de Yale 162
Un mundo feliz (Huxley) 244, 255

V

Vacío 13, 16, 18, 21, 44
Vaillant, George 74
Valores esenciales 59, 60
Van Dyke, Lucas 245

Van Gogh, Vincent 102
Variabilidad de la frecuencia cardiaca 183
Vergüenza 56, 57, 238
Viaje del héroe 41
Vida conectada 207, 241
Vinculación muscular 188
Vísteme despacio que tengo prisa 98
Voluntariado 166, 167
Vulnerabilidad 30, 75, 120, 121, 125, 126, 127, 133, 134, 135, 136, 137, 139, 140, 141, 142, 143, 169, 170, 175, 181, 186, 187, 188, 215, 221, 230, 231, 233, 244, 252, 265
Vulnus 120

W

Waitress (musical) 131
Wallace, David Foster 79
Watts, Alan 68, 252, 262
Wei wu wei 112
Whyte, David 126, 127, 154, 247, 252, 253, 265, 268
Wilson, Timothy 95
Winnicott, D. W. 264
Winter, Bud 62, 261
Wumen Huikai 263

Y

Yo entre bambalinas 123, 125, 140
Yo escénico 123, 125, 137, 140, 169

Z

Zonas de frecuencia cardiaca 185
Zuckerberg, Mark 103